혼영 이야기

한양 이야기

초판 1쇄 펴낸 날   2003. 6. 25
초판 2쇄 펴낸 날   2006. 10. 25

지은이 이경재 | 펴낸이 이광식
편집 곽종구 · 김지연 | 디자인 오경화 | 영업 박원용 · 조경자
펴낸곳 도서출판 가람기획 | 등록 제13-241(1990. 3. 24)
주소 (121-130)서울시 마포구 구수동 68-8 진영빌딩 4층
전화 (02)3275-2915~7 | 팩스 (02)3275-2918
홈페이지 www.garambooks.co.kr | 전자우편 garam815@chol.com

ISBN 89-8435-153-9 (03910)
ⓒ 이경재, 2003

서점에서 책을 살 수 없는 독자들을 위해 우편판매를 하고 있습니다.
수   협 093-62-112061 (예금주:이광식)
농   협 374-02-045616 (예금주:이광식)
국민은행 822-21-0090-623 (예금주:이광식)

조선사회사 총서 ⑲

한양 이야기

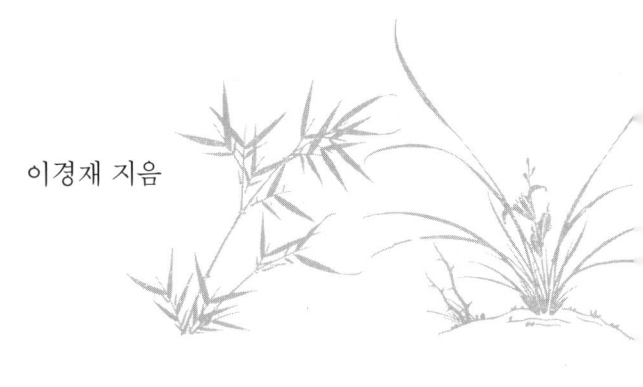

이경재 지음

머리말

태조 이성계가 조선왕조를 창건한 뒤 고려의 수도인 개성을 떠나 수도를
새로운 곳으로 옮기기 위해 한양이냐, 계룡산이냐를 두고 왕조 안에서는 격
론이 벌어졌다. 처음에는 계룡산 신도안에 왕성을 만들고자 여러 공사를 진
행하다가, 계룡산의 풍수가 좋지 않다고 해서 공사를 중단하고 새로운 길지
를 찾아나섰다.

이러한 때 왕심평에 이른 무학대사가 신라의 고승 도선의 말을 듣고 북악산
앞에서 길지를 찾아, 그곳에 새 왕성을 짓고 수도를 한양으로 옮기게 된다.

이때까지 한양은 서울의 개괄적인 통칭이었고, 정식 명칭은 한성이었다.

새로 들어선 참여정부에서 서울의 행정수도를 한강의 남쪽 지역으로 옮
긴다고 하니, 서울의 토박이로 평생을 살아온 필자로선 적지 않게 서운한
일이다.

서울 600년에는 헤아릴 수 없이 많은 역사와 사연이 있었고, 또한 많은 사
람들이 이를 연구해왔다. 서울 600년을 기리면서 '서울학'이란 말이 공식적
으로 등장하기도 했다.

나는 서울에서 태어나 성장하고 서울을 생활의 터전으로 삼아 살아왔으며,
지금도 서울의 한 변두리에서 늙어가고 있다. 그만큼 서울의 체온과 변화를
온몸으로 느끼면서 살아왔다.

내가 젊었을 때 '섬마을 선생님' 이란 노래를 만들었는데, 이 노래에 '서울 엘랑 가지를 마오' 라는 가사가 나온다. 이는 서울에 가지 말라는 뜻이 아니라, 그만큼 서울을 그리워한다는 의미로, 바로 거기에 서울의 정과 체온이 있었다는 것이다. 나는 그 서울의 정과 체온을 서울에 사는 우리의 젊은이들에게 전해주고 싶다. 역사책에서는 찾아볼 수 없는 서울의 숨소리와 따뜻한 얘기들을 오롯이 그들에게 전해주고 싶은 것이다.

행정수도가 어디로 가든 서울의 체온과 숨소리는 사라지지 않을 것이다. 골목 앞에서 소매를 스치며 지나가던 옛 서울 사람들의 살가웠던 정을 다시 한번 느끼고자 이 책을 세상에 내놓는다. 여전히 바쁜 세상살이 속에서, 서울에 얽힌 훈훈한 옛이야기들을 통해 잠시나마 아련한 향수를 느껴보길 바란다.

2003년 5월 이경재

차 례

제3부 개화기의 한양에서 서울까지

제1부
조선왕조 이전의 한양

1. 서울의 어머니 강, 한강

서울의 이름은 시대별로 달라졌었다. 백제 온조왕 때에는 위례성慰禮城이라고 했다. 이 이름은 '나무로 우리를 둘렀다' 는 말과 '우리' 라는 말에서 비롯된 것이라고 한다. 백제 근초고왕 때에는 한산漢山이라고 불렸으며, 고구려 시대에 들어와서는 남평양으로 불렸다.

△ 한강의 원류인 오대산 우룡수.

신라 진흥왕이 한강 유역을 점령한 이후로는 신주新州라고 했고, 한때는 남천주라고 했으나 통일신라 이후에는 한주漢州라고 불렸고 서울에는 한양군을 두었으며, 이때부터 한양이란 이름이 서울의 통칭이 되었다.

고려 태조 때에는 서울 부근을 통틀어 양주楊州라 했고, 고려 문종 때에는 남경이라고 불렸다. 이후 조선왕조가 개성에서 한양으로 수도를 옮기면서 한성漢城이 공식명칭이 됐다. 일제시대에는 한성을 경성으로 고쳐 불렸고, 해방이 되면서 오늘날의 서울이 되었다.

서울의 어머니 강인 한강은 우리 민족이 하나가 된다는 뜻으로 예로부터 줄곧 한강으로 불려왔다. 물론 한강에 재미있는 별명이 붙기도 했다. 백제 때 '왕봉하王逢河'라고 부른 적이 있었는데, 이 명칭에 대해선 다음과 같은 전설이 전해내려오고 있다.

백제 때 행주에 사는 한 처녀가 신분을 숨기고 이곳에 와 있던 고구려의 왕자와 사랑하는 사이가 됐으나, 아버지가 위독하다는 소식을 들은 왕자는 후일을 기약하고 행주를 떠났다. 왕자가 떠난 후 이 지역에 부임한 사또가 처녀를 알게 되면서 수청 들 것을 강요하지만, 처녀는 왕자와의 약속을 지키며 수절을 했다. 급기야 사또는 처녀를 옥에 가두고 갖은 누명을 씌워 마침내 사형에 처하기로 한다. 이때 고구려의 왕이 된 왕자는 군대를 이끌고 행주로 내려와 옥에 갇혀 있는 처녀를 구출한다. 바로 이곳이 한강변의 한 마을이어서 이때부터 한강을 왕봉천(왕봉하)이라고 했다는 것이다.

서울의 이름은 이렇게 시대를 따라 위례성에서 한주로, 또 한양에서 한성으로, 서울로 변해왔지만, 한강만은 별칭이 있긴 해도 옛 이름 그대로 현재까지 유유히 흘러왔다. 한강은 바로 서울과 더불어 수천 년을 흘러 현재 우리 앞에 있는 것이다.

예로부터 한강 유역은 한반도의 중심 지역이었다. 특히 삼국이 대립하던 당시의 한강 유역은 언제나 서로 패권을 다투는 중요한 지역이 되었다. 한강의 북쪽에 자리잡은 한성, 즉 서울은 고려 말기에는 인구 3만 명 정도의 한적한 산간도

시였으나, 1394년 조선왕조의 수도가 되어 정치·경제·사회·문화의 중심지가 되면서 번영하기 시작했으며, 오늘날에는 인구 1천만 명이 넘는 대도시가 되었다.

서울은 한강과 더불어 살아왔고, 한강은 우리 민족의 생존과 밀접한 관계를 맺어온 생명의 물줄기이다.

아득한 옛날부터 우리의 조상들이 이 한강 유역에 모여 살았다는 것은 암사동을 비롯한 한강 유역의 선사시대 유적과 유물이 이를 증명하고 있다.

사적 제267호인 암사동 유적은 한강 유역의 신석기 문화를 대표하는 것으로, 한반도 신석기 문화 연구에 있어서도 빼놓을 수 없는 중요한 유적이다.

이 유적은 서울 강동구 암사동의 강변, 사질 퇴적지에 위치하고 있는 것으로, 1925년 대홍수 때 유물포함층이 노출되어 세상에 알려지게 되었다. 일본인들은 여기서 많은 토기편을 발굴해냈으나, 본격적인 발굴조사가 진행된 것은 1967년 이후의 일이다. 국립중앙박물관의 5차에 걸친 발굴과 서울대학교의 복원을 위한 발굴에 이르기까지 여러 차례의 발굴이 이루어졌으며, 이곳에 20여 채에 이르는 집터들이 확인되었고, 또 많은 빗살무늬토기들, 석기들이 출토되었으며, 최근에는 이 유적의 중요성이 인식되어 이곳에 신석기 시대의 집터가 복원되어 선사유적공원과 야외전시장이 건립되었다.

한성시대의 백제는 온조왕부터 개로왕까지, 즉 기원전 18년부터 475년까지 약 5백 년 동안 존속했다. 이때의 백제 유적으로는 적석총과 토광묘를 들 수가 있는데, 서울 송파구 석촌동과 그밖의 지방에서 발견 조사된 대부분이 하천을 끼고 축조되었으며, 압록강 유역의 무덤 양식을 간직하고 있으면서도 세부적으로는 많은 차이가 있다고 한다. 서울대학교 최몽룡 교수는 백제시대의 유적에 대해서 이렇게 기술하고 있다.

널무덤, 즉 토광묘는 서울 가락동, 석촌동 등지에서 발견되었다. 석촌동 널무덤은 일반적인 널무덤 양식과는 달리 방대형의 분구를 가진 것으로 매장 주체가 지면 위에 있다는 점이 특이하다. 이들 유적들을 중심으로 한성시대 백제의 영역을

△ 1930년대의 한강. 한강 인도교 위로 전차도 다니고 강 위
엔 유람선도 보인다.

고찰해본다면 백제의 중심지는 현재 몽촌토성이 있는 이동을 중심으로 풍납동－
가락동－방이동－석촌동－광주군 서부면 춘궁리 이성산성까지의 직경 10km 범
위 내임을 알 수 있다.

송파구 풍납동에는 풍납리토성이 있는데, 백제 초기의 토성으로서 사성蛇城
에 비정되어 사적 제11호로 지정되어 있다. 1973년 12월에 세워진 풍납리토성
사적비에는 다음과 같이 적혀 있다.

이 토성은 〈삼국사기〉에 나오는 사성, 즉 배암드리로서 그것이 바람드리, 즉 풍
납으로 변화한 것으로 믿어지고 있다. 사성은 백제의 책계왕이 고구려를 막기 위
하여 쌓아 그 안에 궁의 건물들까지 세웠던 거성이었으나, 서기 475년 백제가 고구
려에게 패하고 웅진, 즉 공주로 천도하면서 폐성이 되고 말았다.

△ 처음 세워졌을 당시의 한강 인도교.

지금 한강변에는 신석기 시대로부터 백제 한성시대의 많은 지정문화재들이 산재하고 있다. 백제시대의 유적인 풍납리토성을 비롯해서 광진구 광장동에 있는 아차산성 역시 삼국시대의 유적으로 사적 제234호로 지정되어 있다. 사적 제243호는 석촌동에 있는 석촌동 백제 초기 적석총이다. 암사동에 있는 신석기 시대의 주거지는 사적 제267호로 지정되다. 송파구 방이동에 있는 백제 고분군은 사적 제270호로, 올림픽공원 내의 몽촌토성은 사적 제297호로 지정 되어 있다.

암사수원지의 취수장 건물이 들어선 암사동岩寺洞 산23번지 옆에 우뚝 솟은 암벽 봉우리가 있다. 올림픽대로가 시작되는 이곳의 옛 이름은 광주군 구천면 바윗절이었다. 한강의 하진첨 동쪽 바위 위에 절이 있었다고 해서 바윗절이라 고 불렸고, 이 바윗절 일대에 절이 아홉 개나 있었다고 해서 구암사九岩寺라고 했다. 이 구암사 중에서도 사람들의 입에 가장 많이 오르내린 것이 백중사이다. 백중사에 관해서 서거정의 시가 한 수 전한다.

초제가 푸른 벼랑에 걸쳐 있으니
어느 날 금을 펴고 지었는고.
낙엽을 쓰는 사람도 없는데
빈집에 오는 손이 있네.
산 형세는 물에 다다라 끊겼는데
물굽이는 산에 부딪혀 돌아 흐르고
앉아서 고승과 같이 말을 주고받으니
마음 스스로 티끌이 없어지네.

그런데 암사가 있던 바윗절터라고 생각되는 곳, 취수장 옆 산봉우리의 위치
는 또 다른 유적지, 즉 구암서원 터와 일치하고 있다.

구암서원龜岩書院은 조선 현종 7년(1667)에 건립되어 여말선초의 명신인 둔촌
이집과 거의 비슷한 시대의 인물인 이양중, 조선 성종 때의 인물인 정성근, 인
조 때의 정엽, 같은 시대의 오윤겸, 임숙영을 배향하고 숙종 23년(1697)에 현판
을 사액받았으나 대원군 때에 다른 많은 서원들과 함께 철폐되었다. 지금 그 자
리엔 이태래를 비롯한 이집의 후손들이 세운 조두구기俎豆舊基라는 비석이 서
있어 그 자리에 구암서원이 있었음을 증명해주고 있다.

암사동에서 올림픽대로를 따라 잠실 쪽으로 가다 보면 강변 고수부지에 '누
에나루'라는 이름을 가진 선착장이 보인다. 그러나 옛날 잠실도의 큰 나루였던
삼전도나루·송파나루는 아무데서도 찾아볼 수가 없다. 잠실지구 개발사업과
한강개발사업으로 한강의 물줄기가 바뀌어 지도가 달라졌기 때문이다.

송파장이 있고 송파산대놀이가 있어 더욱 유명했던 송파나루, 지금은 잠실대
교를 건너 송파대로로 해서 강 남북이 연결됐지만, 1925년 이전에는 한강 남안
의 송파로 가려면 뚝섬나루에서 나룻배를 타거나, 자양동에서 잠실섬까지 건

너간 다음 다시 잠실섬에서 송파진까지 나룻배를 타고 건너가야 했다.

송파나루는 한강물이 휘도는 곳이어서 해마다 큰물이 지면 강언덕이 자꾸 침식되어 결국은 석촌호수까지 물길이 생기고, 강 가운데는 부리도와 같은 모래섬이 생겨 강줄기가 두 갈래로 만들어졌다. 그러나 이러한 샛강들은 1971년에 시작된 잠실지구 개발사업으로 모두 육지가 되고 송파나루는 송파대로로 바뀌었다.

광주와 광장동의 상류지역으로 연결되는 곳에 도미진이란 나루가 있었는데, 이곳에는 백제시대의 슬픈 전설이 남아 있다.

지금으로부터 약 1800년 전, 삼국시대 초기 백제의 제4대 개루왕 때의 얘기다. 도미라는 목수와 그의 아내 아랑은 위례성에서 가까운 곳에 살고 있었다. 남편 도미는 비록 지체가 낮은 목수이긴 했으나 의리가 있고 사람됨이 훌륭했으며, 그의 아내 아랑은 용모가 아름답고 행실이 착하기로 유명해 모두가 이 젊은 부부를 부러워했다.

그런데 어느 날 이 두 사람에게 뜻하지 않은 불행이 닥쳐왔다. 아랑의 뛰어난 미모가 백제 온 나라에 퍼져 모르는 사람이 없게 되자, 이 소문이 여색을 좋아하는 개루왕의 귀에까지 들어갔다. 왕은 사람을 시켜 아랑을 불렀으나, 아랑은 왕에게 다음과 같은 글을 써서 올렸다.

왕은 온 백성의 어버이시라 어찌 부르시는 명을 거역하겠습니까. 하오나 소녀는 남편이 있는 몸인지라 남편의 허락이 없이는 상감마마를 뵈올 수 없겠습니다.

아랑의 이러한 편지를 받아본 개루왕은 더욱더 아랑에 대한 욕심을 버리지 못하고 어떻게 하면 이 여인을 손에 넣을 수 있을까 고심하던 끝에 대궐을 짓고 있었던 목수 도미를 불렀다.

"네 아내가 이 나라에서 제일 가는 미인이라는데 그게 사실이냐?"

"제 아내는 그저 평범한 여인이옵니다."

"범절이 바르고 지조가 굳다고 하던데, 그것도 사실이냐?"

그 물음에 도미는 왕의 속셈을 알아차리고 아무 말도 하지 않았다.

"여인은 정절이 으뜸 가는 미덕이지만 나는 여태껏 절개가 굳은 여자는 한 번도 본 적이 없다. 더욱이 미인일수록 유혹에 빠지기 쉽다고 하는데 아마 네 아내도 그럴 것이다."

"사람들의 마음을 다 알 수는 없는 일이오나 소인의 아내는 죽어도 두 마음을 갖지 않을 것이옵니다."

도미는 아랑의 마음을 믿고 이렇게 대답했다. 왕은 도미를 궁 안에 잡아두고는 몰래 아랑의 집을 찾았다.

"내가 네 아름답다는 말을 전해듣고 그리워한 지가 오래되었다. 그런데 오늘 도미와 내기장기를 두어 내가 이겼기 때문에 약속대로 도미가 너를 내게 바치기로 하였으니 이제부터 너는 나의 시중을 들어야 하느니라."

"상감마마께서는 거짓말이 없으신 줄 아옵니다. 그러하오니 어찌 소첩이 상감의 말씀을 따르지 않겠습니까. 상감께서 먼저 방에 드시면 소첩이 곧 의복을 갈아입고 들어가겠습니다."

아랑은 좋은 말로 왕에게 아뢴 뒤 먼저 방에 들어가 기다리게 한 다음, 여종에게 옷을 단정히 입혀 자기 대신 방으로 들여보내 가까스로 위기를 모면했다.

그러나 이 일이 탄로나자 왕은 도미를 잡아 죄를 덮어씌운 뒤 작은 배에 태워 송파강으로 추방했다. 이 소식을 들은 아랑은 한달음에 송파강으로 달려갔다.

"서방님! 어디 계셔요? 이 세상 끝까지라도 당신을 따라가겠어요."

아랑은 이렇게 외치며 강물로 뛰어들었다. 강물은 아랑을 휘감은 채 아무 일 없는 듯 도도히 흘러갔다. 그러나 이게 웬일인가. 물살에 한참을 떠내려간 아랑이 정신을 차리고 보니 바로 옆에 물살에 밀려온 한 사나이가 누워 있었던 것이다. 자세히 보니 그는 남편 도미였다. 하늘이 두 사람을 보살펴준 것이다.

이후 두 사람은 이곳에 살면서 배를 만들어 이 배를 타고 백제를 떠나 고구려 땅으로 가서 살았다고 하는데, 이 도미와 아랑이 떠난 나루를 도미나루라고 했다는 이야기다.

뚝섬을 지나면 두뭇개, 한자로는 두모포豆毛浦, 지금의 옥수동이 나온다. 이곳은 중랑천과 물줄기가 한곳에 모인다고 해서 두뭇개·두물개 등으로 불렸는데 그 발음에 한자를 붙여서 두모포라고 했다.

이곳에는 강 건너에 저자도楮子島가 있었고 동빙고·독서당·사한단·보락당·황화정·유하정·미타사·쌍호정·조대비 생가 등 여러 유적들이 있었다. 〈동국여지승람〉에 의하면 두모포는 도성 동남쪽 5리 밖에 있다고 했는데, 한강물이 호수처럼 잔잔하고 도성 동쪽에 있는 풍광이 명미한 물가라는 의미에서 용산강의 남호, 마포강의 서호의 대칭으로 동호東湖라 부르기도 했다.

명종 20년(1565)에 두모포의 어부가 백어 한 마리를 잡았는데 그 크기가 배(船)만했다. 어떤 이가 말하기를,

"고기가 바다에서 밀려와 강에 이르면 죽는 것이 이치인데, 윤원형의 형衡자가 행行자와 고기 어魚자로 되어 있으니 고기가 죽은 것은 곧 윤원형이 죽을 징조라고 하겠다."

라고 했는데, 이 동호는 윤원형의 첩인 정난정이 정경부인이 되어 이곳에서 자그마치 석 섬이나 되는 고깃밥을 뿌렸다고 해서 백성들의 원성이 자자했던 곳이다.

유하정流霞亭은 세조의 손자인 제안대군의 정자이며 수진궁에 속한 공청으로, 정조 5년(1781) 규장각에 하사하여 여러 신하들이 유상하는 장소로 정했다.

황화정皇華亭은 연산군 12년(1517)에 연산군이 연회를 목적으로 지은 정자인데, 중종반정 이후에 세조의 손자이며 예종의 둘째아들인 제안대군에게 하사했다고 한다. 그런데 같은 지역에 한 왕자가 두 개의 정자를 소유했다는 것은 일반적으로 납득이 가지 않는 일로, 연산군의 황화정을 하사받아 유하정으로 고친 것이라는 해석도 있다.

또한 이곳에는 중종 때의 간신 김안로가 많은 정자를 가지고 있었는데, 특히 보락당이라는 호화스러운 집 때문에 세인들의 빈축을 사기도 했다.

지금 옥수동에서 약수동으로 넘어가는 길을 독서당고개라고 부르고 있다. 원래 독서당은 세종 8년(1420) 집현전 학자들에게 창의문 밖에 있는 장의사藏義寺를 하사하여 그들에게 휴가를 주어 독서하도록 한 것이 그 효시였다. 그러나 독서당 제도를 본격적으로 실시한 것은 성종 23년(1492)부터였다. 지금 옥수동에는 독서당길이란 이름만 남아 있고 독서당 옛터는 어디로 갔는지 아무도 모른다.

쌍호정雙虎亭은 옥수동 295번지 조대비의 생가 뒤에 있던, 노송이 우거진 녹음 속의 정자인데, 조대비가 태어날 때 호랑이 두 마리가 정자의 앞뒤 문을 지키고 있었다고 하여 쌍호정이라 이름지었다고 한다. 조대비는 익종의 비로서, 철종이 승하한 뒤 대왕대비로서 흥선군의 둘째아들을 고종으로 맞이한 풍운의

여걸이다.

광진구 자양동에는 한강변을 끼고 올라간 언덕 위에 낙천정樂天亭이 있었다. 이 언덕은 그 모양이 시루를 엎어놓은 것 같다고 하여 대산甑山 또는 발산이라고도 했다. 태종이 세종에게 양위한 뒤 자신을 위해 이 궁을 짓고 이름을 낙천정이라 지었다고 한다.

동호의 한강변 건너편에 한명회의 별장인 압구정이 있었다. 모든 관직에서 떠나 갈매기와 벗하며 지내겠다고 이 정자를 지었으나, 한명회는 죽을 때까지 이 정자와 더불어 권력을 버리지 못했다. 높이 솟은 아파트에 둘러싸인 옛터엔 지금은 아무런 흔적도 남아 있지 않다.

보광동 강가 언덕 한남대교 북쪽 어귀에 있던 제천정濟川亭이란 정자는 세조 2년(1456)에 세워진 것으로, 세조대부터 명종대에 이르기까지 한강변의 정자 가운데서 왕이 가장 많이 찾은 정자로 알려져 있다. 또한 제천정의 달구경은 한양 십영에도 들어 있다. 〈궁궐지〉에 의하면 인조 2년(1624)에 이괄의 난이 일어나 왕이 왕대비와 종묘 신주를 받들고 한강을 건너 공주로 피난갈 때 제천정에 불을 질러 그 불빛에 의지하여 한강을 건넜다고 한다.

마포구 망원동 절두산 성지를 지나면 한 정자가 말끔한 모습을 드러낸다. 세종 6년(1424)에 세워졌던 망원정이 복원된 것이다. 한강변의 문화유적을 복원하려는 서울시의 계획에 따라 그 기초가 그대로 남아 있던 망원정을 일차적으로 복원하기로 하여 그 공사를 완료했다.

망원정은 세종의 형인 효령대군의 별서로, 세종 7년 왕이 농사 형편을 살피려고 이곳에 거둥했는데 때마침 단비가 내려 온 들판을 흡족하게 적셔 정자의 이름을 희우정喜雨亭이라고 고친 일도 있었다. 연산군은 망원정의 이름을 수려정秀麗亭으로 고치고 이곳에서 창의문 밖 탕춘정까지 수로를 끌어 유흥의 장소를 넓히려고 한 적도 있었다.

지금 한강의 강변로와 올림픽대로에는 차들이 쉴새없이 질주하고 있다. 곳곳에는 병목현상이 수없이 일어나 한강변은 교통 애로의 명소가 되어 이곳저곳 확장공사가 진행중에 있다. 어떤 사람은 한강변을 시멘트로 처발라 멋도, 정취도 없는 한강을 만들어버렸다고 개탄하기도 한다.

한강을 청계천처럼 복개해버리자는 말은 안 나오겠지만, 지금부터라도 옛날처럼 정취있고, 물고기와 새들이 모여드는 살아 있는 한강의 모습을 되찾을 수 있도록 모두가 노력을 기울여야 할 것이다. 도심 속에서 살아 있는 푸른 한강을 다시금 볼 수 있길 기대해본다. 서울의 젖줄인 한강이 생생하게 옛 모습을 되찾는 날, 서울 또한 생기 있는 모습으로 살맛 나는 도시가 될 것이다. 한강은 곧 서울의 어머니이다.

2. 백제 위례성과 몽촌토성

백제의 위례성은 몽촌토성과 풍납리토성, 이성산성 등으로 대표되는 백제의 수도이다. 서기 475년 개로왕 때 고구려의 침입으로 웅진에 천도할 때까지 3백 년의 백제가 의자왕 20년(660년) 때 멸망한 뒤 많은 백제인들이 일본으로 건너가 그곳에 백제식의 산성을 쌓고 신라의 침입에 대비했다. 일본 쓰시마(대마도)에 있는 가네다노기(金田城)와 규슈(九州)에 있는 오노조(大野城)와 기이조(基肄

△ 송파구 방이동 올림픽공원 내에 복원된 몽촌토성의 모습.

城)가 바로 백제인들이 구축한 산성이다. 백제인들은 또한 나라(奈良)의 아스카(飛鳥)로 들어가 새 일본문화를 만들어내는 데 공헌했다.

그 백제인들이 축조한 몽촌토성이 올림픽공원 내에 복원돼 있다.

올림픽공원은 송파구 방이동 옛 몽촌토성 자리에 위치하고 있다. 하지만 예전에는 송파구가 아닌 강동구였다. 오늘날의 강동구 지역은 백제 전기의 왕도였던 하남 위례성과 한성 지역이며, 지금도 많은 유적이 이곳에 모여 있다.

1960년대의 천호동 지역 개발에 이어 70년대 잠실 지역 개발에 따라 1975년에는 강남구가 생겼고, 이 강남 지역의 급격한 발전과 더불어 1979년 10월 1일에는 탄천을 경계로 하여 강남구에서 강동구가 분리, 탄생했다. 그리고 강동구는 후에 다시 송파구와 강동구로 나뉘었다. 한강의 물줄기가 바뀌어 서울의 지도는 크게 변해 '88 서울올림픽을 치렀던 잠실벌의 탄생을 보았다. 그리고 강남과 고급 아파트군과 8학군이라는 것도 탄생했다.

서울 장안에서 잠실벌처럼 기구한 운명을 걸어온 땅도 드물 것이다. 한때는 뽕나무가 우거져 동잠실이라고 했고, 뽕나무가 말라죽자 배추밭이 됐으며, 장마가 들 때마다 육지가 바다로 되던 곳, 임금이 성에서 나와 오랑캐라 일컫던 청나라 황제에게 세 번 절하고 아홉 번 머리를 조아리며 굴욕의 눈물을 흘렸던 삼전도나루….

잠실, 본래의 뜻은 잠실도회蠶室都會가 있던 곳으로, 조선조에 설치된 아차산아래 동잠실도회가 오늘날의 잠실동이 된 것이다.

우리나라의 양잠은 멀리 삼국시대부터 있었다. 그러나 이것을 국가적인 산업으로 육성한 것은 조선조 태종 때에 들어와서였다.

태종 16년(1416) 2월에 왕은 가평, 조종과 미원에 잠실을 설치케 했다.

잠실은 세종 때에도 증설됐고, 한동안 그 폐해가 있기는 했으나 세조 때에 이르러 서잠실과 아차산 아래 동잠실이 설치됐다.

아차산 밑의 잠실은 바로 지금의 잠실동이며, 이는 한강의 강줄기가 변하기 전에는 자양동과 연결돼 있었다.

한편 한강 하원단동에 새로 설치된 신잠실은 지금의 서초구 잠원동이며, 이곳에는 오래된 뽕나무 고목이 그대로 남아 있다. 그러나 잠원동의 신잠실은 동서 잠실과 함께 임진왜란을 겪으면서 유명무실해졌다. 조선말부터 일제시대까지 잠원동에 뽕나무 묘목을 재배하고 잠종을 길러 보급하는 잠업 강습소가 세워져서 전의 잠실도회가 부활하는 듯했으나, 한강의 상습적인 홍수 피해와 더불어 잠실도회는 서울 근교의 배추밭으로 변하고 오랫동안 버림받은 채 한강 속의 고도孤島로 지내왔다.

1971년 2월 17일 정오, 홍수기에는 언제나 한양의 고도로 천 년을 버림받은 수몰지구 잠실 개펄이 동부 서울의 부도심으로 바뀌는, 서울 시정사상 최대의 개발사업이 착수되었다.

한강개발사업의 일환으로 추진된 이 잠실도지구 개발은 서울시가 민자 총 170억 원을 유치, 3개년 계획으로 세운 것인데, 73년 말까지 길이 7km의 제방으로 잠실도 남쪽으로 흐르는 한강을 막아 섬을 육지로 만들고, 매립되는 하천부지 83만 평을 포함, 총면적 283만 평의 개펄에 장차 인구 30만을 수용하는 부

△ 정선의 송파나루 그림(이 송파강의 물길을 바꾸어
   잠실벌이 생겼다).

도심의 터전을 마련하는 것이다.

이 사업으로 얻어지는 면적은 여의도 78만 평의 약 3.5배가 된다. 서울시는 이 잠실지구 총 283만 평 중 146만 7천 평을 택지로, 약 89만 8천 평은 공공용지로 확보하고, 장차 이곳에 15만 평 규모의 국제수준의 종합경기장과 체육대학·체육중고 등 스포츠 센터를 세울 계획을 갖고 있었다.

1971년 4월 15일, 착공한 지 두 달 만에 잠실도 남동쪽과 송파동 성내천 사이의 한강을 막는 공사가 완공됐다.

잠실도는 한강과 그 지류에 둘러싸인 섬으로 나룻배 5척이 유일한 교통수단이었는데, 서울시가 잠실도 매립공사를 착공, 1차 공사구역인 송파나루 샛강 수면 80만 평을 이날 매립 완공함으로써, 이 섬을 둘러싸고 두 갈래로 흐르던 한강은 신천나루 쪽으로 합류되고, 유서 깊은 송파나루가 없어지면서 잠실도는 육지로 이어진 것이다. 송파나루의 매립에 이어 부리도와 무동도 일대의 한강도 매립되니 잠실은 명실공히 섬에서 육지로 탈바꿈한 것이다.

강남구와 강동구를 가르는 내, 탄천.

탄천은 우리말로는 숯내이다. 그러나 지역에 따라 장장포·검내·험천으로 부르고 있다. 이 개천은 경기도 용인시 구성읍 석성산에서 발원하여 용인 서쪽에 이르러 장장포라고 부르고, 다시 광교산을 지나 꺾이면서 북쪽으로 흘러 성남시 판교동에 이르면 기우제를 지내는 검내 또는 험천으로 불린다.

탄천 또는 숯내로 부르게 된 연유는 조선시대 강원도 등지에서 목재와 땔감을 한강을 통해 싣고 와서 뚝섬에서 부려놓았는데, 이를 가지고 숯을 구운 곳이 바로 탄천 주변이었고, 그래서 개천물이 검게 변했다고 한 데서 유래한다.

또 탄천에는 이런 전설도 전해내려온다.

옛날, 염라대왕의 사자가 3천 갑자를 산 동방삭을 잡아오라는 대왕의 명을 받고 광주 땅으로 내려왔는데, 동방삭을 찾을 길이 없자 한 가지 꾀를 생각해냈다.

이 세상에서 아무도 하지 않는 짓을 하고 있으면 이 소문을 듣고 호기심 많고 객기 있는 동방삭이 반드시 찾아올 것이라는 생각이 들어 염라대왕의 사자는 숯 몇 덩이를 들고 아침부터 개천에 나가 냇물에 숯을 씻기 시작했다.

지나가던 사람들은 모두 그를 보고 웃어댔다.

"원 세상에, 별일 다 보겠네. 숯을 물에 빤다고 검은 숯이 희어지나?"

사람들은 이렇게 말하며 그를 비웃었지만, 염라대왕의 사자는 매일같이 똑같은 짓을 되풀이하고 있었다.

어느 날 한 노인이 지나가다가 그를 보고 이상하게 여기며 물었다.

"오, 이 사람이 바로 숯을 냇물에 빨고 있는 바로 그 미치광이군!"

노인은 이런 말을 하며 그의 행동을 한참 동안 구경하다가 발길을 돌리면서,

"정말 별일 다 봤어. 내가 3천 갑자를 살았어도 냇물에 숯을 빠는 놈은 처음 봤다니까."

하는 것이었다.

동방삭이 이렇게 말하자 사자는 재빨리 그에게 올가미를 씌우며 말했다.

"이제 영락없이 잡았다. 3천 갑자 동방삭! 염라대왕의 명으로 너를 잡아가 노라!"

이렇듯 냇물에 숯을 씻어 3천 갑자 동방삭을 잡아갔다고 해서 숯내라는 이름이 생겼다고 한다.

올림픽공원이 자리잡고 있는 송파구 방이동은 글자 그대로 이 마을의 지형이 아늑하고 개나리꽃이 많이 피므로 방잇골로 불리다 한자음으로 표기되면서 방이동이 되었다.

방이동 내에 올림픽공원이 들어선 지역은 전에는 이동二洞이라고 불렸으며, 몽촌 또는 일동네·잣나무골·큰말 등으로 불리기도 했다. 바로 이곳에 몽촌토성이 있다.

1984년 4월 29일 올림픽공원 내에 올림픽경기장이 기공되면서 몽촌토성의 보존이 중요한 문제로 제기되었다. 아울러 이곳과 인접한 석촌동 고분, 방이동 고분, 풍납리토성, 암사동 선사유적지 등에 대한 관심이 높아졌다.

1985년 7월 2일 문공부와 서울시에서 '서울 백제 고도 민족문화유적 종합복원계획'을 발표했다. 이 계획의 취지는 서울이 한반도의 핵심적 문화의 발상지이며, 국민적으로 역사의 복원을 통한 민족사적 정통성을 고취하고 단일민족으로서의 문화적 자긍심을 더욱 튼튼히 정립하기 위한 것이었다.

몽촌토성은 백제의 건국에서 웅진 천도(475)까지 백제의 도성인 위례성을 형성한 백제 초기 토성 중의 하나로, 1982년에 사적 제297호로 지정되었다. 몽촌토성은 성벽의 길이가 2,285m, 총면적 6만 7천 평, 외성을 합칠 경우 9만 3천 평으로, 외국의 여느 고대 성곽도시에 비해 결코 작지 않은 규모다.

몽촌토성은 타원형으로 이어진 야산을 이용하여 그 위에 진흙을 쌓아서 성벽을 이룬 토성이며, 남북의 지름이 750m, 동서의 지름이 500m가 되는 본성과, 이보다 작은 외성으로 이루어져 있다.

이 토성의 둘레는 방어용 개천인 해자垓字 시설이 되어 있고, 성채에서는 목책과 망루도 발견되었다.

△ 잠실에 세워진 올림픽경기장.

이 토성은 신라의 경주 월성과 매우 흡사한 지형에 이룩되었으면서도 보다 넓고 크며, 백제성의 특징 그대로 물이 흐르도록 해자를 파서 적이 밖에서 공격하기가 어렵게 되어 있다.

한편 몽촌토성의 남쪽 900m 거리에는 사적 제11호인 풍납리토성이 있다. 그리고 이 풍납리토성 외에도 6.15km 되는 곳에 삼성동 토성, 4.8km 떨어진 곳에 이성산성이 있으므로 몽촌토성이 중앙에 위치하고 있으며, 비교적 낮은 구릉지에 있으면서도 한강 연안을 모두 내려다볼 수 있는 입지조건을 갖추고 있어 하남 위례성의 주성으로 밝혀졌다.

〈삼국사기〉를 보면 백제가 하남 위례성을 버리고 웅진으로 천도해가는 과정의 한 일화가 나온다.

서기 455년에 백제의 제20대 왕으로 즉위한 개로왕은 고구려의 침공을 늘 염려하고 있었다. 그런데 어느 날 고구려에서 왔다는 도림이라는 중이 개로왕을 찾아왔다.

"소승은 상감께서 바둑의 명수라는 말씀을 듣고 한수 가르쳐주십사 하고 찾아뵈었습니다."

"나하고 바둑을?"

"네. 사실 소승은 고구려에서 장수왕의 미움을 사서 더이상 머물러 있을 수가 없어 국경을 넘어 살기 좋은 백제를 찾아온 것입니다."

개로왕은 도림이 어떤 이유로 고구려에서 쫓겨났느냐고 물었다. 도림은 그간의 경위를 개로왕에게 자세히 설명했다.

"소승은 고구려에서 장수왕의 비호를 받아 포교를 하고 있었으나, 어느 날 모용수라는 사람의 무고로 옥에 갇히는 신세가 되었사옵니다. 소승은 여러 가지로 무고함을 아뢰었으나 장수왕께서는 일방적으로 모용수의 말만을 듣고 소승의 말은 듣지도 않았으며, 결국에는 국외로 추방을 하고 말았습니다."

"그래, 모용수란 사람은 무슨 일로 귀승을 무고했소?"

"모용수는 고구려의 왕족이온데, 그는 소승이 신도들로부터 부당하게 재물을 징수하여 사복을 채웠다고 억지 주장을 하고 있사옵니다."

"귀승이 재물을?"

"승려에게 재물이 무슨 소용이 있겠사옵니까. 소승이 있는 절에서 구제를 하기 위해 얼마간의 금품을 모아가지고 있던 것을 무고한 것입니다. 소승은 국외로 추방을 당하면서, 백제왕께서 바둑을 좋아하신다는 풍문을 듣고 그 길로 발길을 돌려 이곳까지 오게 된 것이옵니다."

도림의 말을 들은 개로왕은 그를 신임하여 곁에 두고 함께 바둑을 즐기곤 했다. 이렇게 해서 개로왕의 측근이 된 도림은 어느 날 이런 말을 꺼냈다.

"신은 이국사람인데 대왕께선 신을 따돌리지 않으시고 은혜를 베풀어주심이 두터웠습니다. 생각하면 신은 오직 한 가지 기능으로 대왕을 섬겼을 뿐이옵고 아직 대왕마마를 위하여 조그마한 이익도 마련하지 못했습니다. 이제 이 나라를 위해서 한 말씀 드리고자 하옵는데 대왕께서는 의향이 어떠신지요?"

개로왕은 기뻐하며 어서 말해보라고 했다.

"우선 궁성과 성곽을 수즙修葺하심이 좋으리라 생각되옵니다. 궁전과 성곽

△ 일본 규슈의 오노 산성 돌담(백제인이 구축했다).

△ 일본 쓰시마(대마도)에 있는 가네다노기 원경과 근경(백제인이 축성했다).

△ 일본 규슈의 기이 산성.

은 바로 국력의 표시인즉 소홀히 해서는 아니되며, 차제에 아울러 제방을 고쳐 쌓아서 수해에 대비하심이 좋을 것이옵니다. 그리고 소승이 보아하니 이 나라에서는 나라의 높은 어른이나 왕족을 장사지내는 데 곽槨이 없이 지내고 계시니 선왕의 유해가 쉬이 상할까 걱정이오니 선왕마마를 비롯하여 조종의 묘실을 수축하시는 일도 시급한 일인 줄 아옵니다."

도림의 건의는 백제의 국력을 한곳에 쏟아 재정이 고갈되도록 하려는 음모였던 것이다. 개로왕은 이 말을 곧이곧대로 듣고는 선왕의 묘를 고치고 궁궐과 성벽을 크게 고치니 차츰 국고가 비어 백성의 원성을 사게 되었다.

도림은 이제 목적을 달성했다고 판단하고 백제를 탈출하여 고구려로 돌아가 장수왕에게 그간의 상황에 대해 보고했다.

도림의 보고를 들은 장수왕은 곧 병사를 일으켜 백제를 침략했다(475).

결국 개로왕은 아차성에서 시해되고, 백제는 위례성을 버리고 남쪽으로 내려가 공주로 천도했다. 이때 개로왕이 고구려와의 싸움에서 패한 곳이 바로 하남 위례성, 즉 몽촌토성이었다.

이 몽촌토성은 1983년부터 1988년까지 다섯 차례에 걸쳐 서울대학교 박물관에 의해 발굴 조사되었다. 그 결과 몽촌토성이 백제의 하남 위례성의 주성임이 밝혀졌는데, 판축움집과 지하저장혈, 철촉, 옹관, 원통형 토기, 회유전문도기 파편 등, 이것을 증명하는 많은 유물들이 출토됐다. 원통형 토기는 백제 초기 일본과의 교류관계를 시사해주고 있으며, 회유전문도기 파편은 중국 서진시대, 즉 265년에서 316년 사이의 도기로서, 이 몽촌토성의 축조시기를 3세기까지 올려볼 수 있는 매우 귀중한 자료이다.

몽촌토성의 주위는 2km이며, 이 성 안이 곧 몽촌 마을이다.

지세가 대개 북·서·남의 삼면이 높고, 냇물을 건너 둔촌동의 원야를 바라보는 동쪽은 낮아 전체가 동향의 지형을 이루고 있다. 따라서 동쪽의 낮은 지대는 토성을 높이 쌓고, 서쪽의 망원봉이 있는 곳은 산봉우리로 성을 대신하기도 했다.

잠실도 남동쪽과 송파동 성내천 사이, 폭 350m, 깊이 4m, 매초 4백 톤의 강물이 초속 7m의 속도로 흐르고 있었다.

2개월간 5백여 대의 중장비로 퍼붓는 흙과 돌! 역사적인 물막이 공사가 성공하자 수천 명의 사람들이 환호성을 터뜨렸다.

잠실의 샛강은 1971년에 이르러 매립됐으나, 이러한 샛강을 막으려는 노력이 이때 처음 시도된 것은 아니었다.

중종 23년(1528)의 일이다. 사복시제조司僕寺提調 정광필이 살곶이의 샛강을 막아 수해의 피해를 줄이자고 제청했다.

"나루가 갈라져 둘이 되어 사람들에게 해를 끼치매 마장 안에 있는 것이므로, 신들이 나가 재보니 780자나 제방을 쌓아야 할 줄 아옵니다. 신이 보건대 세종조에도 석축을 하여 막은 일이 있사오나 거듭되는 홍수로 석축이 떠내려간즉, 이제 감사나 관원을 국문해도 이미 오래된 일이니 불문에 부치시고 새로이 공조의 당상과 사복시 관원으로 하여금 감독해서 돌로 넓게 쌓도록 함이 좋을 줄 아옵니다."

잠실의 샛강을 막는 일은 쉬운 일이 아니었다. 중종 23년에 승군과 수군을 동원하여 샛강을 막았으나 그후에도 장마가 질 때마다 범람했다고 한다.

더욱 해괴한 일은 인조반정 때 일등공신으로 낙흥부원군이 된 김자점이 잠실도의 한강 물줄기를 막으려 했던 일이다. 그러나 김자점이 막으려던 한강 물줄기는 송파 쪽이 아니라 자양동 쪽으로 돌출돼 있던 잠실도의 부분이라고 하니 그는 자연을 역행하려다가 실패한 것이 아니겠는가.

인조가 승하하고 봉림대군이 즉위하여 효종이 되자 김자점은 정승 자리에서 물러나게 되었다. 그의 사랑으로 심복인 역관 이형장이 찾아왔다.

"대감마님, 담별궁에서 청나라 사신 파눌내와 보대평고가 영의정 이경석과 예조 조형을 문초하는 자리에서 역관 정명수란 놈이 영상에게 마구 큰소리를 했다 하옵니다. 아, 그랬더니 다음날 조정에서는 정명수에게 은 천 냥을 내리고 잘 봐달라고 했더랍니다."

"허헛… 그래, 너도 정명수에게 손은 잘 대났을 테지?"

"이르다 뿐이옵니까, 대감마님! 소인이 분명히 얘기했사옵니다. '대감마님께서는 소현세자께서 승하하셨을 때 봉림대군을 옹립하셔서 금상께서 즉위하셨는데, 금상께선 옛 정의를 잊으시고 대감마님을 멀리하시며 청나라를 배척하는 붕당과 더불어 정치를 하고 계시니, 대국의 사신께서는 이 기회에 붕당을 뿌리뽑아야 하옵니다' 이렇게 얘기했사옵니다."

"그것만으로는 미흡하다! 청나라에서 내게 무슨 귀띔이라도 해주면 좋으련만…."

"대감마님! 소인, 비기를 하나 알고 있사옵니다."

"비기를?"

"네! 한강의 물길을 막는 일이옵니다."

"뭐야? 한강의 물길을 막아?"

"한강의 물길을 막으면 왕이 된다는 것입니다."

"누가 왕이 되는가?"

"물론 대감마님이지요. 대감마님께서 승선군을 옹립하시고 일어서시면 왕이 되시는 거나 다름이 없지 않습니까요."

"하지만 도도히 흐르는 한강의 물을 어찌 막는단 말이냐?"

"막을 수가 있습니다! 경진년 홍수 이후로 한강의 물줄기가 구의리 쪽에서 송파 쪽으로 샛강이 생겼사온데, 구의리 쪽 강폭이 좁아져서 한강의 물길을 송파 쪽으로 돌린다면 구의리 쪽의 강을 막는 것은 쉬운 일이옵니다!"

김자점의 한강의 물길을 막는 일은 보기 좋게 실패했고, 그는 그 다음해 역모가 탄로나서 처형됐다.

1971년 4월 송파강을 막을 때, 김자점이 한강을 막으려고 쌓아둔 것으로 추측되는 5,000m³나 되는 돌을 모래 속에서 발굴, 이 돌을 물막이 공사에 사용했다고 한다.

3. 왕십리의 유래

광희문 밖의 왕십리는 마포와 함께 서울의 대표적인 성저 10리城底十里로 서민들의 동네이다.

△ 무학대사의 진영(왼쪽). 무학대사는 도선대사의 말을 듣고 10리를 더 가서 서울의 터전을 잡았다고 한다. '왕십리'로 도읍지를 계시한 도선대사의 진영(오른쪽).

조선조 초기에 무학대사가 도읍 터를 정하기 위해 왕심평往審坪 지경에 와서 지형을 살피고 있었다.

무학대사는 태조 이성계의 왕사로서, 이성계가 왕위에 오르기 전부터 가까이 지냈으며, 이성계가 왕위에 오르자 그에게 새로이 도읍을 정할 만한 곳을 찾아보라고 했던 사람이다.

무학대사가 지경을 살피고 있는데 한 백발노인이 소를 타고 오면서 이렇게 중얼거리고 있었다.

"이놈의 소는 미련하기가 꼭 무학 같구나."

이 소리를 들은 무학대사는 자신의 귀를 의심했다.

'저 사람이 나를 두고 하는 말인가?'

노인은 계속해서 중얼거렸다.

"어찌해서 좋은 자리는 다 놔두고 엉뚱한 곳만 찾아다닐꼬."

무학은 노인에게 다가갔다.

"노인장께서 소승이 무학이라는 것을 아시고 하신 말씀 같사온데, 혹시 좋은 도읍지가 어디에 있는지 아시면 소승에게 가르쳐주실 수 없겠습니까?"

"내 보기엔 동북방으로 10리만 가면 도읍지로 쓸 만한 명당자리가 있을 것인데…."

"동북방으로 10리라고 하셨습니까?"

"그렇소. 왕往 10리＋里 하면 명당자리가 있을 것이오."

노인이 빙그레 웃으며 가려고 하자 무학이 쫓아가서 다시 물었다.

"노인장께선 어디 사시는 뉘신지…."

"나는 무학봉에 사는 사람이오."

노인은 그 말을 마치고 안개 속으로 사라졌다.

무학대사가 그의 뒤를 따라 무학봉으로 올라가보니 과연 작은 암자가 있었는데, 노인의 이름을 아는 사람은 아무도 없었다. 그러나 그 암자는 신라 말기에 도선대사가 수도하던 곳으로, 암자 안에는 도선대사의 화상이 모셔져 있었다.

신라 말기 풍수지리설의 대가인 도선대사의 영혼이 수백 년 후에 나타나서 무학대사에게 좋은 자리를 잡도록 일러주었던 것이다.

무학대사는 노인의 말대로 동북방으로 10리를 가서 백악白岳에 올라보고 경복궁 자리에 궁궐터를 잡았다고 한다.

이것이 바로 왕십리往十里의 동네 이름을 낳게 한 전설이다.

도선대사는 신라 헌강왕 때의 고승으로, 속성은 김씨이고 열다섯 살에 출가하여 불가에 귀의했으며, 운봉산·태백산에서 수도하여 크게 이름을 떨쳐 헌강왕이 궁으로 모셔다가 불법을 듣기도 했다.

또한 도선대사는 세운과 인사의 미래를 예언하는 중국의 도참설을 받아들여 풍수지리설을 주장했는데, 그의 비기도참설秘氣圖讖說은 고려 왕조에 큰 영향을 끼쳤다. 지금도 하왕십리 2동을 그의 이름을 따서 도선동이라고 부른다.

실제로 왕십리는 도성 안에서 10리나 떨어져 있어 성저城底 10리에 속했으며, 이 일대를 왕십리평이라고 불렀는데 이는 왕십리 들판이란 말이다.

도성 안과는 달리 인가가 드문 이곳 주민들의 생업은 대부분 농업이었다.

6·25전쟁 전까지만 해도 왕십리 일대의 주민은 반농반상을 하는 사람들이었다. 주택이 있는 곳은 큰길가였고, 빈터가 많았으며 논밭이 대부분이었다. 이곳 일대를 진퍼리(진펄)라고도 불렀는데, 질펀한 들에 있는 마을이라고 해서 붙여진 이름이다.

이곳 주민들은 주로 채소를 가꾸어 이것을 가지고 도성 안으로 들어가 팔았는데, 특히 동대문 밖 신설동이나 왕십리 사람들의 말투는 도성 안 사람들과 다른 점이 많았다.

당시 도성 안 북촌 일대를 '우대'라 하고 이곳 동대문 밖 일대를 '아랫대'라고 했다.

마포 사람과 왕십리 사람을 구별했던 방법이 재미있다. 마포 사람들은 얼굴이 까맣고, 왕십리 사람들은 목덜미가 까맣게 탄 것으로 구별할 수가 있었는데, 마포 사람들은 서쪽에서 동쪽을 향해 아침 일찍 새우젓 지게를 지고 성안으로 들어오고, 왕십리 사람들은 동쪽에서 해를 등지고 아침 일찍 문안으로 들어오기

△ 종로경찰서를 폭파한 김상옥 의사.

때문에 목덜미가 까맣게 탔다는 것이다.

한편 무학봉 위에는 태고종 안정사安靜寺(일명 靑蓮寺)가 있는데, 이 절은 신라 흥덕왕 2년(827)에 창건됐으며 태조 4년(1395)에 무학대사가 중건했다고 하는데, 6·25 때 소실되었다가 1965년에 복원되었다.

또한 안정사는 일제 때 종로경찰서를 폭파한 김상옥 의사가 도피 중에 일시 은거했던 곳으로도 알려져 있다.

1923년 1월 12일 오후 8시.

고등계 형사에 의한 사상범 체포로 악명을 떨치던 종로경찰서에 난데없는 폭음소리가 울려퍼졌다.

당시 서울의 중심지인 지금 종로 1가 제일은행 본점 뒤에 자리잡았던 종로경찰서는 일찍부터 한민족의 원부가 되어오던 곳이다. 즉, 통감부 시대에는 경무청으로 의병장 등 많은 애국의사들이 이곳에서 폭행을 당하고 옥고를 치렀으며, 3·1운동 후에는 경찰서가 되어 수많은 독립운동 지사들이 수난을 겪었던 곳이다.

종로경찰서 서쪽 모퉁이 길에서 김상옥 의사가 던진 폭탄은 경무계 유리창문을 부수고 큰소리를 내며 폭발했다. 폭력의 본거지인 종로경찰서에 폭탄이 떨어지리라고는 당시로서는 어느 누구도 상상할 수 없는 일이었다.

폭탄을 던진 김상옥 의사는 후암동에 있는 매부 고봉근의 집에 숨어 있으면서 그의 본래의 사명인, 일본 제국의회에 참석하기 위해 떠나는 제등齊藤 총독을 경성역에서 암살하기 위해 동정을 살피고 있었다.

그러나 이러한 제2의 거사를 앞두고 17일 새벽에 그의 은신처가 경찰에 포위당하자 김의사는 이들을 사살한 뒤에 맨발로 포위망을 뚫고 남산으로 탈출했다. 그리고 장충동으로 내려와 눈길을 헤치며 18일 새벽에 이곳 안정사로 오게 되었다.

△ 김상옥 의사가 잠시 몸을 피했던 안정사.

김상옥 의사는 주지승 김봉암에게,

"저는 창신동에 사는 김 아무개라고 합니다. 사정이 있어서 이름은 말씀드릴 수가 없습니다. 장충동에서 노름방을 구경하다가 느닷없이 일본 경찰놈이 들이닥치는 바람에 신발도 신을 겨를이 없이 그냥 도망을 나왔습니다."

하며 하루나 이틀 몸을 숨기게 해달라고 했다. 봉암 스님은 아무것도 묻지 않고 그를 승방으로 안내했다. 그리고 사흘 뒤,

"김상옥 선생, 아무래도 여기 오래 머물러 계실 수 없게 됐습니다."

"아니, 스님께서 제 이름을 어떻게 아셨습니까?"

"선생께서 어떤 일을 하셨는지도 다 알고 있습니다. 경찰의 포위망이 더 좁혀지기 전에 여길 빠져나가시는 게 좋을 것입니다."

하며 봉암 스님은 승복 한 벌과 고무신 한 켤레를 김상옥에게 내주었다.

김상옥 의사는 이때 안정사를 떠나며 고무신을 거꾸로 신어 눈 위에 발자국이 반대방향으로 나도록 했다.

△ 임오군란 때 아랫대(왕십리나 이태원 등지)에 살고 있다가
청군에게 학살당한 구식군대.

　김상옥 의사는 창신동 본가로 내려가 어머니를 뵙고 다시 효제동 친지 이혜
수의 집을 찾아 은신했다.

　22일 새벽, 무장경관 1천여 명이 겹겹이 포위하여 습격해오자 김상옥 의사는
벽장 속에 숨어서 고등계 주임을 쓰러뜨리고 밖으로 나와 총격전을 벌인 끝에,

　"내가 자살을 할지언정 대장부 김상옥은 너희들 손에 잡히진 않는다."

하며 마지막 남은 한 발로 자신의 목숨을 끊으니, 그의 나이 34세였다.

　안정사가 위치한 무학봉 남쪽은 한때 채석장이 되어 높은 석벽이 생기면서 중
턱에 일제 때 만든 방공호의 큰 구멍 두 개가 나타났다. 이 굴의 입구는 안정사
위쪽에 있다. 일설에는 이 굴에 총독부의 비밀서류가 보관되어 있었다고 한다.

　예전에 이 골짜기에는 많은 무당들이 살고 있었으며, 1925년 을축년 대홍수
때 강남의 압구정동 주민들이 수해를 피해 하왕십리 2동에 많이 정착했다고
한다.

안정사 부근에 무학대사가 수도했다는 바위터가 있었고 주변에는 송림이 울창했지만 지금은 주택이 세워져 찾을 길이 없고, 대원사란 왜절 아래쪽에 있던 폭포도 역시 찾을 길이 없다.

임오군란 때 이태원과 함께 많은 피해를 본 곳이 왕십리이다. 왕십리에는 군인과 군인 가족들이 많이 살고 있었다.

군란이 수습되고 대원군이 청국으로 납치되어간 다음, 고종은 청군에게 난군의 잔당을 토벌해달라고 위촉했다.

고종 19년(1882) 7월 16일 야반에서 17일 새벽까지 대토벌작전이 개시됐다.

원세개 이하의 청장들이 왕십리 일대를 목표로 일대 포위작전을 전개하는가 하면, 오장경의 부대는 이태원을 담당하여 잠든 군인들과 그 가족을 상대로 실전과 다름없는 초토작전을 전개했다. 처참한 살육과 나포·약탈의 밤이 지나간 다음 청군이 발표한 전과를 보면, 왕십리 일대에서 150여 명의 난군을 체포하고 이태원에서 20여 명을 체포했다고 한다.

이들은 언어가 통하지 않자 군인들이 몸에 차고 있던 요패腰牌를 보고 군인을 추려냈다고 하는데, 독립국가에서 외국군대를 끌어들여 자기 나라 군인을 학살한 이 사건은 기억조차 하고 싶지 않은 왕십리의 슬픈 역사이다.

왕십리 일대에는 6·25전쟁 전까지만 해도 겨울철이 되면 '깊은사랑' 이라는 움집이 있었다. 이것은 배추밭에서 배추를 다 뽑고 난 뒤에 땅을 깊이 파고 지붕을 씌워서 만든 것인데, 지하 벽에는 짚으로 거적을 엮어서 두르고 바닥 역시 짚을 두툼하게 깐 다음 그 위에 가마니를 펴놓는다. 공기가 통할 수 있는 구멍을 지붕에 내고 출입문을 만들어 전기를 끌어들이면 '깊은사랑' 이 완성된다.

'깊은사랑' 에는 동네 사람 수십 명이 모여 한편에서는 가마니를 짜고 새끼를 꼬기도 했고, 다른 한편에서는 노인들이 모여 담소를 하고 간혹 술자리를 벌이기도 했다. 명절이 되면 노름판이나 윷판이 벌어지기도 했고, 젊은 사람들이 노인들을 위해 노래를 부르고 춤을 추는 등 경로잔치를 벌이기도 했다.

노인들은 대개가 아랫목에 앉곤 했는데, '깊은사랑'에는 난방을 안해도 훈훈했으며, 젊은 사람들은 노인들을 위해 아랫목을 늘 비워두었다.

이 '깊은사랑'의 운기는 바로 왕십리 서민의 따뜻한 운기였으나, 지금은 왕십리 사람들의 독특한 말투와 더불어 모두 찾아볼 수 없는 지나간 추억이 되어버렸다.

4. 도화동과 공민왕 사당

　마포에는 옛 풍경이 전혀 남아 있지 않다. 새우젓도 없고 마포 종점도, 아련히 바라다보이던 여의도 비행장의 불빛도 없고, 시인묵객이 놀던 마포팔경도 없다.

　서울의 한강은 한수 5강으로 불렸다. 5강이라 하는 것은 뚝섬강, 노량강, 용산강, 마포강, 서강 등인데, 그중에서도 용산강과 마포강, 서강은 고려시대까지

△ 마포팔경의 하나인 마포나루의 모습.

는 호수였다고 한다.

마포는 전혀 다른 모습으로 변모했지만, 옛 동명이나 몇 개 안 남은 사당에서 조금은 옛 모습을 느껴볼 수가 있다. 바로 복사골이란 이름에서 나온 도화동과, 고려 공민왕과 그를 섬기던 최영 장군의 영정을 함께 모신 공민왕 사당이 그것이다.

옛날의 마포는 새우젓이나 전국에서 배로 실려오는 여러 가지 물자로 인해 여각과 객주가 번창하는 곳이기도 했지만, 마포강은 일면으로는 풍류의 강이라고도 할 수가 있었다. 그것은 마포팔경이라는 것으로도 설명이 되지만, 마포 강변에는 일찍부터 많은 정자와 누각이 세워졌고 지체 높은 선비들과 시인묵객들이 즐겨 찾던 뱃놀이의 명소로도 유명했기 때문이다.

도화동은 복사나무가 많고, 봄철이 되면 복사꽃이 피어 경치가 좋아 복사골이라고 불린 데서 유래된 이름이다. 옛날부터 우리나라는 봄철이 되면 진달래 · 개나리와 함께 복사 · 살구꽃이 유명했다. 특히 복사꽃은 유실수 꽃이기 때문에 살구꽃과 함께 집 주위에 많이 심어서 감상했다.

옛날에 복사골 하면 봄철에 꽃구경을 가는 등 놀러가는 곳으로 되어 있었다. 마포강변에서 뱃놀이를 하며 강 언덕 위로부터 만발한 복사꽃잎이 강변으로 흩날리는 모습은 상상만 해도 시흥詩興이 절로 나는 광경이 아닐 수 없다. 고대 소설 〈심청전〉에 나오는 황주 도화동도 역시 복사꽃이 많아 그렇게 이름이 지어졌다.

서울에는 마포의 도화동말고도 북악 아래 도화동과 혜화문 밖의 도화동이 있었다. 혜화문 밖의 도화동은 지금의 성북 2동 북쪽에 있는 마을로 역시 복사나무가 1천 그루나 됐으며, 여기에 묵사라는 절이 있어서 묵사동이라고도 했고 홍도동이라고도 불렸다. 또한 이곳에 어영청의 성북둔城北屯이 있었는데 북둔의 복숭아꽃이라고 해서 필운대의 살구꽃, 홍인문 밖의 수양버들, 천연정 연꽃, 삼청동 탕춘대의 수석과 함께 서울의 놀이터로 유명했다.

그런데 북악 아래 도화동이나 혜화문 밖의 도화동은 모두 산속의 계곡을 배경으로 하고 있는 반면에, 마포의 도화동은 언덕을 배경으로 하여 그 아래엔 도도히 흐르는 한강수가 있어, 배 위에서 바라보는 언덕의 복사꽃은 한층 더 멋이 있었을 듯하다.

도화동의 복사꽃은 지금은 다 없어지고 도화동이란 이름만 남아 있지만, 이 도화동에는 옛날의 선경 도원동을 방불케 하는 아름다운 전설이 남아 전해지고 있다.

아득한 옛날옛적에 이곳 복사골에는 마음씨 고운 김씨라는 노인이 살고 있었는데, 김노인에게는 도화라는 무남독녀 아름다운 딸이 하나 있었다. 이 도화낭자는 얼굴이나 모습도 아름답거니와 마음씨 또한 착해서 효녀로 이름나 있었는데, 이러한 소문이 저 하늘나라인 천궁에도 알려져 옥황상제께서 도화낭자를 며느리로 삼겠다고 선관仙官을 내려보냈다. 김노인은 딸이 천궁으로 출가한다는 것은 영광스러운 일이니 기쁘기도 했지만, 한편으로는 애지중지 키워온 외동딸을 천궁으로 보내면 다시는 딸의 모습을 볼 수가 없으니 가슴이 미어지는 것 같았다.

이러한 김노인의 마음을 애처롭게 생각한 천궁의 선관은 천상의 선도 복숭아 한 개를 김노인에게 주고 갔다. 손오공이 천궁에 올라가서 한 개를 먹으면 천 년을 산다는 복숭아를 마구 따먹었다는 얘기에 나오는 바로 그 선도 복숭아였다. 먹으면 천 년을 산다는 복숭아였지만 김노인은 딸을 생각하며 이것을 먹지 못하고 있다가 결국 과일은 썩고 복숭아씨만 남아 이것을 땅에 심었다. 다음 해 씨에서 싹이 트고 가지가 자라자 김노인은 정성껏 이 나무를 키웠다.

나무가 자라서 꽃이 피니 김노인은 천궁으로 시집간 딸 도화를 보는 듯했다.

김노인이 죽은 다음에도 이 복사꽃 나무는 번성했고, 마을 사람들은 김노인과 도화낭자를 생각하며 이 복사 열매를 가져다가 열심히 심어 이 일대가 모두 복사꽃밭을 이루게 됐다는 것이다.

한편 이 도화동에는 고개도 많고 우물도 많았다. 도화 1동에 있는 사창고개는 용산구 효창동의 사창마을로 넘어가는 고개이고, 벼랑고개는 별영창이 있는 청암동 쪽으로 넘어가는 고개이다. 우물로는 대동우물·논우물·박우물·벌우물·안우물·앵도우물·웃우물·짠우물 등의 이름이 전해진다. 또 부군당府君堂 터와 홍문터 등 여러 가지 고적이 있었으며, 은사터 서쪽에 있던 부군당은 일제가 헐어버렸다.

시내에서 여의도로 나올 때 마포대교를 건너다보면 오른쪽에 조금은 푸른 잡초 웅덩이가 남아 있는 섬 같은 것이 있다. 율도栗島, 즉 밤섬이다. 섬 같은 것이라고 한 것은 예전에는 사람도 살고 부군당도 있었는데 지금은 사람은 살지 않고 오직 잡초만이 우거져 있기 때문에 그렇게 표현한 것이다. 명사십리를 자랑하던 예전의 밤섬처럼 섬다운 섬으로 다시 정비할 수는 없을까.

밤섬에는 쓰라린 추억이 두 가지 있다. 하나는 1968년 2월 10일, 한강 개발의 일환으로 이 돌섬을 폭파시켰던 것이고, 또 하나는 바로 1956년 8월 19일, 이 땅에서 처음이자 마지막으로 개최되었던 문화인 사육제가 그것이다.

문화인 사육제는 자유문인협회를 비롯해서 미술협회·음악가협회·국악원·펜클럽·무용가협회·한글학회·배우협회 등 문화계의 인사들을 총망라한 큰 잔치였다. 이날 마포강 건너 밤섬의 명사십리 백사장에 모인 회원이 400여 명, 그리고 이 행사를 구경하러 나온 사람들이 5천여 명. 지금 잡초의 웅덩이만 남은 밤섬에 5천여 명이 모여 인간원시로의 환원을 외치며 다채로운 행사를 진행했다.

낮에 있었던 1부의 행사를 마치고 2부 행사는 밤에 치러졌다. 횃불을 들고 제문을 읽고 그리고 쇠머리에 칼을 꽂고… 축제는 끝날 줄 몰랐다. 모든 행사를 마치고 밤섬을 떠나 마포강변으로 돌아가려고 했을 때 참변이 일어났다. 이날 주최측이 계약한 나룻배는 세 척뿐이었다. 차례를 기다리다 못한 일부 회원들이 모터보트로 밤섬을 떠났는데, 정원초과에다 배에 탄 사람들의 질서의식이 모자랐던지 이 모터보트는 마포강변 50m를 남기고 그만 물 속으로 가라앉고 말았다. 이때 동방문화회관 사장 김동근씨를 비롯해서 여섯 명이 희생되었다.

밤섬에서 사람의 손길이 멀어진 다음, 처음 몇 해 동안은 잡초만이 무성한 무

▷ 도화동 부군당.

▷ 당인동 부군당.

인도가 되었다. 그러나 아무도 모르는 사이에 야생동물이 옮겨오고 철새가 날
아오기 시작했다. 많은 학자들이 밤섬의 자연을 살리자고 주장했다. 밤섬의 자
연은 날이 갈수록 빠른 회복을 보이며 소생하여 이제는 인공과 개발이 무성했
던 서울의 유일한 이방지대가 되었다. 밤섬의 자연이 회복되면서 밤섬은 철새
들의 낙원이 되었고, 사람들은 이 밤섬을 통해 자연이 얼마나 소중한가를 직접
눈으로 보며 깨닫게 되었다.

그러나 2002년 여름의 집중호우는 남한강, 북한강에 버려졌던 모든 쓰레기

◁ 공민왕 사당.

를 이곳에 다 모아놓고 말았다. 아직까지도 곳곳에서 자행되는 인간의 자연 훼손이 얼마나 심각한가를 직접적으로 보여주던 광경이었다.

마포에는 유달리 당집이 많았다. 전에 사대문 안에 있던 부군당 등 당집들은 중종 때에 남산에 있던 국사당만을 남기고 모두 헐렸다. 그러나 성저 10리城底十里인 문밖에서는 민간신앙으로 또 마을의 동제를 지내는 사당으로서 이 당집이 그대로 존속해왔다. 마포 일대에 있던 많은 부군당은 도시 개발로 사라졌으며, 당인동의 부군당은 3백 년 전에 생긴 것으로 50년 전에 당인동 15번지로 옮겨져 있다.

공민왕 사당은 창전동 산2번지, 즉 옛날 광흥창이 있던 자리의 뒤, 와우산 동남쪽 기슭의 오래된 느티나무에 둘러싸여 있다.

고려 공민왕이 한양과 인연을 맺게 된 것은 공민왕 6년(1357), 원나라의 지배에서 벗어나기 위해 왕사인 보우 스님의 도참설에 따라 한양에 궁궐터를 보게한 일이 있었던 것에서 비롯된다.

공민왕은 전례에 따라 원나라에 볼모로 끌려간 뒤 1351년 12월, 22세가 되어왕비가 될 노국대장공주와 함께 귀국했다.

공민왕은 원나라에 있을 때, 원나라 조정에 반대하는 세력들이 각지에서 반란을 일으켜 제각기 나라를 세워 마치 전국시대를 방불케 하는 것을 목격했다. 또한 원나라의 순제順帝는 국정을 돌보지 않고 황음에 빠져 있었고, 권신들은 사리사욕에 사로잡혀 백성들을 돌보지 않아 그야말로 말기 증상을 보이고 있었다.

공민왕은 원나라의 참상을 눈으로 보고 돌아왔기 때문에 감찰대부 이연종의 권유에 따라 원나라의 풍속인 변발과 호복을 폐지하고 오랜 숙원인 실지회복과 국권회복이라는 자주의식을 선양시켰다.

공민왕 3년(1354), 원나라의 강소성 대주국의 장사성을 토벌하는 데 군대를 파견해 협력했으나 그 다음해에는 기황후의 동생인 기철 등이 왕위를 노리고 움직이려 하자 공민왕은 배원파의 중신들과 의논하여 기철을 비롯한 친원파의 거물들을 제거하는 데 성공했다.

또한 길림성 지방의 실지회복을 위하여 원정부대를 보내 대승을 거두고 국권을 튼튼히 한 바도 있었으나 권신들의 불화는 이어졌고, 남쪽에서는 왜구가 쉴새없이 괴롭혔다. 뿐만 아니라 북방에서는 홍건적이 끊임없이 침입하므로 공민왕 6년(1357)에는 왕사 보우 스님의 도참설에 의한 한양 천도설에 귀가 기울어져 왕이 여러 차례 한양을 왕복하기도 했으나 반대파에 의해 한양 천도는 좌절되고 말았다.

이렇듯 배원정책으로 자주성을 회복하고자 애를 썼으나 2차에 걸친 홍건적의 대대적인 침입으로 결국 개경을 빼앗기자, 공민왕은 개경을 떠나 충주를 거쳐 안동까지 몸을 피하기도 했다.

그러나 공민왕 11년(1362)에는 고려군이 반격을 개시하여 다시금 개경을 탈환했다.

한편 김용과 최유 등이 원의 세력을 업고 덕흥군을 옹립하려고 군을 일으키자 공민왕은 최영을 도순위사로 임명하여 이들을 치게 했는데, 이에 동북면의 이성계도 합세하여 그해 10월에 김용과 최유의 반란이 평정됐다.

공민왕은 이렇듯 내우외환을 수습하여 국권을 회복하고 국정을 쇄신하는 데 힘을 썼으나, 말년에는 요승 신돈의 등장으로 그에게 빠져 결국 국정을 그르치게 된다.

공민왕 14년(1365)에는 그토록 사랑하던 노국대장공주가 난산 끝에 세상을 떠나자 공민왕은 슬퍼한 나머지 스스로 노국공주의 초상을 그려 그것만 바라보며 국정을 내팽개칠 정도였다. 이때 신돈은 공민왕에게 노국공주가 살아서 환생한다고 속여 자신의 첩인 반야를 공민왕의 품 속에 보내 그녀에게 빠지도록 했다. 신돈은 승려의 몸으로 국정을 마음대로 농단하고 중신들을 멀리하여 왕권마저 흔들리게 만들었다. 그러나 중신들의 반격으로 요승 신돈은 공민왕 20년(1371)에 실각하고 결국 주살되고 말았다.

한편 공민왕은 신돈의 첩 반야의 소생인 무늬노를 불러들이고 우禑라는 이름까지 내렸다. 그러나 만년의 공민왕은 남색에 빠져 결국 공민왕 23년(1374) 환관 최만생에게 시해되고 만다.

아무튼 홍건적에 의해 개경에서 쫓겨났던 공민왕은 자주 한양에 들러 쉬기도 했으니 그가 머물던 정자가 있음직도 하다.

고려 말 공민왕이 한양에 오면 이곳의 한 정자에 머물며 시화를 즐겼다고 한다. 태조 원년 와우산 기슭에 광흥창을 짓기 위해 지경을 닦고 있을 때의 일이라고 한다. 광흥창이란 모든 관료에게 줄 봉록미를 저장하는 창고로, 한성부에 있어선 상당히 중요한 관청의 하나였다.

그런데 이상하게도 아무리 지경을 닦아도 한쪽 토대의 흙이 까닭도 없이 무너지더란다. 어느 날 이곳 광흥창터 근처에서 오래 살았다는 한 노인이 감역을 찾아왔다.

"사또, 소인이 찾아뵈러 온 것은 다름이 아니라 광흥창을 짓기 전에 한 가지 짚고 넘어가야 할 일이 있어서 그것을 아뢰옵고자 왔습니다."

"짚고 넘어가야 하다니, 무슨 말인고?"

"소인이 이 근처에 살아온 지가 꼭 5대째가 되온데, 사실은 소인이 젊었을 적에 바로 이 근처에 고려의 공민왕께서 작은 정자를 세우시고 노국대장공주와 함께 여러 차례 미행을 하신 적이 있었사옵니다."

"아니, 공민왕의 정자가 있었다니, 그건 또 금시초문이로군."

"그것은 저와 동갑쯤 되는 노인들께 물어보시면 다 아는 일이옵니다."

"그렇다면 그 정자는 어디쯤에 있었나?"

"바로 저기 언덕 위에 느티나무가 한 그루 있사온데 바로 그 밑에 있었습니다. 느티나무는 그대로 있습니다만 정자는 지난 갑술년 홍수 때 무너지고 말았습죠. 하지만 그때는 공민왕께서 돌아가신 뒤라 아무도 다시 손을 대지 않았습죠."

"전조에 있었던 정자라면 무너져도 할 수 없는 일이겠지."

"그런데 소인이 어젯밤에 꿈을 꾸었습니다."

"꿈을? 무슨 꿈을 꾸었단 말인가? 혹시 공민왕의 꿈을 꾼 것이 아닌가?"

"예. 공민왕께서 현몽하셔서 하시는 말씀이, '과인이 전에 이곳에 와서 서강을 바라보니 과연 옛말 그대로 마포의 팔경이 아름다워 풍경을 즐긴 일이 있었느니라. 이제 이곳에 큰 창고를 짓는다니 내가 다시 오더라도 서강의 풍경을 즐길 수가 없게 되었구나. 안타까운 일이로다. 내 말이 믿기지 않으면 가서 느티나무 밑을 파보아라. 그러면 거기 내 화상이 나올 것이다.' 이렇게 말씀하시길래 소인이 오늘 아침에 가서 옛날에 정자가 있었던 느티나무 밑을 파보니 아닌 게 아니라 공민왕의 영정이 나오지 뭡니까."

말을 마친 노인이 한 장의 영정을 꺼내어 사또에게 바쳤다.

이 말을 들은 사또는 무릎을 탁 치며 말했다.

"내 꿈에도 어떤 어른이 나를 몹시 꾸짖으셨는데, 그분이 바로 공민왕이셨구나."

감영의 책임을 지고 있는 사또는 지경을 닦아도 닦아도 자꾸만 토대가 무너지는 것을 이상히 여겨오던 터라 이 말을 듣고 곧 언덕 위 느티나무 아래에 작은 사당을 짓고 공민왕에게 제사를 지내고 나서야 광흥창을 무사히 지을 수가 있었다고 한다.

지금 창전동 235번지 10호에는 전에 광흥창이 있던 자리 위 언덕에 공민왕 사당이 그대로 남아 있는데, 사당에는 공민왕과 함께 최영 장군이 함께 모셔져 있다고 한다. 광흥창 또한 '광흥창터'라는 표석만이 같은 창전동 235번지 10호에 세워져 있다.

제2부
조선왕조 시대의 한양

5. 한 양 천 도

옛부터 서울의 통칭을 한양이라고 했으나, 태조 이성계가 조선의 수도를 옮기면서 한양의 이름은 한성으로 바뀌었다.

이성계가 조선왕조를 창건한 것은 1392년 7월 17일이다. 태조는 개성에 있는 수창궁에서 즉위는 했지만, 예부터 역성혁명의 임금은 반드시 도읍을 옮겼다는 신념 아래 한양으로 도읍을 옮길 것을 결심한다. 즉위한 지 한 달이 안 되는 8월 13일에는 도읍을 한양으로 옮길 것을 명령하고 한양부에 있는 고려의 옛궁을 수리하도록 했다.

그러나 9월에는 중신들 가운데 한양 천도 반대 여론이 일기 시작했다. 한양에는 아직 새 궁궐이 지어 있지도 않고 성곽도 완전치 못하다, 지금 천도하면 많은 사람들이 한양으로 가야 하는데 그렇게 되면 관원들이 민가를 빼앗아 들어가야 한다, 그러면 날씨가 추운데 백성들은 어디로 가야 하느

△ 조선왕조를 창건한 태조 이성계.

냐 등등 그럴듯한 이유를 들어서 우선 한양 천도를 연기시켰다.

사실 그때의 고관들은 모두 개성에 터전을 잡고 살고 있었기 때문에 한양 천도를 달가워하지 않았던 것이다. 태조 이성계로서는 한양에 새 수도를 건설하고 심기일전해서 새 왕조를 건설하려 한 계획에 제동이 걸린 셈이다. 그래서 그 다음해 봄에 나온 것이 바로 〈정감록〉의 내용을 토대로 한 계룡산 신도설이다.

그래서 중신들과 왕사로 모시던 무학대사와 함께 태조 자신이 직접 계룡산으로 내려간다. 이때 풍수지리에 내로라 하는 사람은 모두 데리고 가서 계룡산이 과연 명당인지, 길지인지 보게 했다. 이렇게 해서 결정을 내린 뒤 곧바로 도성과 궁궐의 건설에 착수했다.

고려 말에서부터 개성은 이미 지기地氣가 다해서 더이상 국가의 도읍지가 될 수 없으며, 그곳에 계속 머물면 임금을 바꿀 수밖에 없다는 얘기가 나돌고 있던 참이라 이성계로서는 하루라도 빨리 송도를 떠나고 싶은 생각에, 조금은 결점이 있더라도 서둘러 계룡산을 새 도읍지로 정했던 것이다.

그런데 여기에 뜻하지 않은 복병이 나타난다. 본래 계룡산이란 곳은, 부근의 자연 지리는 남쪽 덕유산에서 갈려 북으로 나오다가 공주 동쪽에 와서 우회하면서 조종祖宗을 돌아보는 것 같은 회룡고조回龍顧祖의 형세라든가, 거기서 다시 산세가 안으로 굽어 돌며 태극도형 같은 형상을 이루고, 수세 또한 동남쪽에서 동북쪽으로 돌아 금강과 합류하면서 계룡산의 북쪽으로 흘러가는 형세가 진기한 느낌을 주는 그야말로 명당자리이다. 그런데 공사에 착수한 지 10개월이 되어가는 즈음 당시 경기도 관찰사 하륜이 반기를 들고나선 것이다.

그 이유인즉 첫째, 도읍이란 것은 나라의 중앙에 있어야 하는데 계룡산은 남쪽에 치우쳐 동·서·북면과는 거리가 멀다는 것이고, 둘째, 계룡산의 산세는 건방乾方, 즉 서북쪽에서 왔는데 물은 손방巽方, 즉 동남쪽으로 흘러가니 이것은 송나라 호순신胡舜臣의 〈지리신법〉에 의하면, 길吉방에서 와서 흉凶방으로 흘러가야 길복이 있는 땅이라고 하는데 계룡산은 그 반대이므로 풍수지리적으로 쇠약·패망이 당장 오게 된다는 것이었다. 태조가 여러 중신들을 시켜 문서를 고증시켜보니 과연 하륜의 말이 옳은지라, 계룡산의 신도읍 건설은 즉시 중

△ 한양의 성곽을 쌓은 삼봉 정도전.

지되고, 결국 '신도안'이란 지명만 지금까지 남게 된 것이다.

계룡산에 도읍을 정하려다가 실패한 태조는 다음해 8월에 다시 신하들과 풍수사, 그리고 무학대사를 거느리고 새 도읍지를 찾아 한양으로 내려가는데, 여러 가지 전해내려오는 전설에는 한양의 도읍지를 찾아낸 자가 무학대사라고 하는데 실록이나 다른 기록에는 그렇지가 않은 것 같다.

무학대사와 이성계의 관계는 서산대사가 지은 〈석왕사기〉에 잘 나타난다. 이성계는 우왕 10년(1384)에 함남 안변의 학성이란 곳으로 이사를 가서 초가를 짓고 살았다. 어느 날 저녁에 잠깐 졸다가 꿈을 꾸었는데, 모든 집의 닭들이 한꺼번에 울고 집집마다 다듬이질하는 소리가 울렸다고 한다. 또 허물어진 집에서 서까래 세 개를 지고 나왔는데, 꽃이 지는 것도 보고 거울이 떨어지는 것도 보았다고 한다. 그래서 꿈을 깨고 나서 옆집 할머니에게 얘기했더니, 여기서 서쪽으로 40리를 가면 설봉산에 토굴이 있는데 거기 살고 있는 혹두타라는 스님에게 물어보라는 것이다.

이성계가 그를 찾아가 해몽을 부탁했더니, 서까래 세 개는 임금 왕자요, 꽃이 지고 거울이 깨지는 것은 새로운 왕업을 이룩하는 것이니, 아무에게도 얘기하지 말고 이 아래 절을 짓고 불공을 드리라고 했다.

그래서 지은 절이 바로 석왕사로, 이것이 인연이 되어 이성계가 즉위한 다음에 무학대사를 왕사로 모시게 된 것이다.

태조 이성계가 계룡산으로 새 도읍을 정하려던 생각을 바꾸게 된 데에는 또 다른 얘기가 있다. 신도읍의 공사가 한창일 때, 하루는 꿈에 신선이 나타나서 이곳은 정씨가 도읍을 할 곳이지 이씨 성을 가진 네가 도읍을 할 곳이 아니니 거기 머물러서는 안된다고 하더라는 것이다. 태조는 일단 계룡산의 신도 건설을 중단하고 하륜에게 고려조의 서운관이 소장하고 있는 비록들을 다 열람하여 다른 곳에 도읍지를 물색해서 보고하라고 했는데, 이때 하륜은 신도읍지로 모악을 추천했다.

모악이라는 곳은 지금 서대문구에 있는 안산鞍山을 말하는 것인데, 이 안산을 등지고 그 앞에 연희동, 신촌동 일대가 도읍지가 될 만하다는 것이다. 아무튼 그쪽에 명당자리가 있긴 있었던 모양이다. 그래서 조준, 권중하 등이 서운관의 풍수지리에 능한 관리들을 데리고 가서 모악 남쪽에 도읍을 할 만한 곳을 찾았는데, 이 두 사람이 실지로 현지답사를 하고 돌아와서 보고하기를, 모악의 명당은 지역이 좁아서 새 도읍으로는 적당한 곳이 못 된다고 했다. 그러나 하륜은 모악의 명당이 좁기는 하지만 개성의 강안전康安殿, 즉 만월대 부근이나 평양의 만수대 아래 장락궁長樂宮에 비하면 좀 넓은 편이라고 모악 신도설을 굽히지 않았다. 그래서 태조는 자기가 직접 가서 보겠다고 하고 일단 결정을 보류했다.

태조 3년 8월에 이성계는 신하들을 거느리고 무학대사와 함께 한양으로 가서 우선 모악의 여러 가지 지리 형세를 살펴보았는데, 이때 서운관의 판사 윤신달이 풍수지리 등의 법으로 비춰볼 때 모악은 도읍지로 적당하지 않다고 했다.

그뿐만 아니라 정도전을 비롯한 중신들도, 모악은 지리적으로 나라 중앙에 위치하고 수륙의 교통이 편리한 점은 있지만, 지형이 옆으로 치우치고 좁아서 궁궐과 관아, 시전 등이 들어갈 수가 없고, 주산이 되어야 할 뒷산이 너무 낮고 물이 막힌 데가 없어서 부적당하다고 주장했다.

이성계로서는 하루라도 빨리 도읍지를 정하고 천도를 해야 할 텐데 여기도 안된다, 저기도 안된다 하니 도대체 어디로 가야 하느냐고 급기야는 화를 내기에 이르렀다. 그래서 곧바로 다음 후보지로 나선 곳이 바로 한양이었다. 고려의 남궁 궁궐이 있던 옛 터전, 그러니까 경복궁의 뒤쪽, 아마 지금의 청와대가 있는 근처쯤 되는 곳에서 한양의 지세를 살피게 된 것이다.

△ 한양의 사산을 둘러싼 성곽(위). 동대문과 연결된 한양의 성곽(아래).

이성계는 다시 윤신달 등에게 이곳은 어떠냐고 물었다.

"우리나라 안에서는 송경, 즉 개성이 제일이요, 그리고 그 다음이 바로 이곳 한양 땅입니다. 다만 유감인 것은 건방, 즉 서북방이 낮고 수원이 마른 것이 유감입니다. 그러나 역시 명당인만큼 꼭 천도를 해야 한다면 한양이 좋겠습니다."

△ 한양의 성곽(인왕산이 보이는 것으로 보아 서대문 밖의 성벽인
듯하다).

이 말에 태조는 비로소 흐뭇해했다.

"개성이라고 해서 어찌 부족한 점이 없겠느냐. 지금 이곳의 지형을 보니, 더구나 조운漕運, 즉 배를 타고 왕래하기에 편하고, 또 길도 여러 군데로 통하고 있으니 새 도읍으로 쓸 만한 곳이다."

이렇게 말하고 곁에 있던 무학대사에게 어떻게 생각하느냐고 물었다. 이때 무학대사는 이렇게 대답했다.

"이곳은 사면이 높고 수려하며 중앙이 평탄해서 도읍지로 적당할 것 같습니다. 그러나 여러 사람의 의견을 물어서 결정하시는 게 좋겠습니다."

무학대사의 도읍지로 적당하는 말은 한양에 도읍을 정하는 데 큰 영향력을 주었다고 볼 수 있다. 그래서 후세에 와서 무학대사가 한양에 도읍을 정했다는 여러 가지 말이 나오게 된 모양이다.

무학대사가 한양에 도읍지를 정했다는 전설 중에 풍수도참설의 대가인 도선대사가 '왕십리' 하라고 가르쳐주었다는 얘기는 앞서 '왕십리' 편에서 얘기한

△ 종묘의 정전. 임진왜란 때 왜장 우키다 히데이에는 여기서 봉
변을 당하자 방화하고 물러났다(위). 종묘 정전 서쪽에 있었던 별
전인 영녕전(아래).

바 있다.

이렇게 해서 제1차 한양 천도는 실현이 됐다.

태조 3년(1394) 8월에 한양을 새 도읍지로 결정한 뒤 9월에는 판문화부사 권
중화, 판삼사사 정도전, 청송백 심덕부 등을 한양으로 보내어 묘사·궁궐·조

△ 종묘 내전 신위.

시 등의 터를 정하게 하여 그해 10월 28일, 송경을 떠난 지 사흘 만에 한양에 도착하니, 지금으로부터 약 6백 년 전의 일이다.

태조가 한양으로 천도하면서 제일 먼저 서두른 일은 종묘를 설치하는 것이었다. 건국하면서 그해 10월에 종묘설치조감을 두고 신왕조의 4대 선조를 개성에 모시게 했으나, 한양에 천도하면서 맨 먼저 종묘의 건축을 시작한 것이다.

태조는 그후에도 종묘의 역사가 진행되는 동안 수시로 현장에 나가 공사 상황을 살피고 관원과 역군을 위로, 격려했다. 종묘가 낙성된 것은 태조 4년(1395) 9월 한성부 동부 연화방으로, 지금의 종로구 훈정동 1번지와 와룡동 2번지 일대가 되는 것이다.

태조가 종묘를 창건한 이후, 태종 때 몇 차례 작은 보수공사가 있었으나, 가장 주목을 끄는 것은 세종 때 종묘 성선 서쪽에 별전인 영녕전을 영건한 일이다.

종묘는 당초 태실, 즉 정전 안에 동당이실의 신실 5칸을 만들어 목조·익조·탁조·환조 등 4대와 태조 자신의 신실을 마련했다. 이렇게 되니 태조 이후의 왕을 생각할 때 종묘의 신실에는 여유가 없었다. 마침내 세종 1년 9월, 정종이 승하하고 3년상이 지나자 정종의 신위를 봉안할 곳이 없었다.

이렇게 해서 영녕전은 본전 4칸에 동서로 협실 각각 한 칸씩을 두며, 기타 문·담장·계단 등의 규모도 모두 종묘와 같이 하기로 하여 착공 2개월 만인 10월 9일에 준공을 보게 되었다. 그리하여 12월에 목조의 신위만을 영녕전 제1

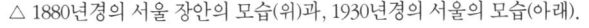

△ 1880년경의 서울 장안의 모습(위)과, 1930년경의 서울의 모습(아래).

실로 옮기고, 익조의 신위를 종묘의 제1실로 서천하고, 탁조 이하의 신위도 차
례로 위로 옮겨서 제5실에 정종과 정안왕후 김씨의 신위를 봉안하게 되었다.

그후로는 추존한 4조를 모두 영녕전으로 이안했고, 성종이 승하하자 종묘를

중축하자는 의논이 있었으나, 종묘 협실에 봉안했던 정종의 신위를 영녕전으로 옮기고 그 자리에 성종을 모셨다.

선조 25년(1592) 임진왜란이 일어났다. 왜적들은 부산에 상륙한 지 20일 만인 5월 3일에 한성에 입성했다. 이보다 앞서 종묘의 신주는 파천하는 선조를 따라 개성으로 향했다.

창덕궁·경복궁·창경궁 모두 불타버렸으나 종묘의 건물은 무사했다. 왜장 우키다 히데이에(宇喜多秀家)가 휘하 장병을 거느리고 종묘에 진주했다.

"이봐라 부장, 내 얘기를 명심해 들어라! 이 경내에 있는 건물들은 조선왕조 조상들의 신주를 모신 종묘의 건물이다. 이 건물이 그러한 신성한 건물이라는 것을 잊지 말고 절대로 훼손하지 않도록 해야 한다. 그리고 또 한 가지! 종묘의 문을 한 발만 나가도 여염집들이 운집해 있다. 약탈이나 부녀자의 겁탈을 엄금한다!"

그러나 종묘 안에서는 해괴한 사건이 꼬리를 물고 일어났다. 모두들 조선왕조 조종의 신령들의 저주를 받아서 그렇다고 했다. 급기야 우키다 히데이에는 종묘에 불을 지르고 남별궁으로 옮겨갔다.

한편 개성에 도착한 선조는 서울이 함락됐다는 소식을 듣고 다시 평양으로 향했다. 그런데 어가가 금교역을 지나 보산참에 이르렀을 때였다.

"신 이수곤 아뢰옵니다. 어가가 황급히 개성을 떠나는 바람에 종묘 신주를 개성에 그대로 두고 떠난 것이 분명하옵니다."

"종묘의 신주를 모시지 않고 떠나왔다고? 도대체 어찌 된 일이냐? 좌상은 소상히 아뢰시오!"

"네, 신이 조금 아까 듣자옵건대 우의정 정창연이 태묘의 신주를 말에 실으면 말 50여 필이 있어야 하는데 창졸간에 말을 준비하지 못하여 송도 목청전 우편에 편안히 묻어두고 떠났다 하옵니다."

좌상 윤두수가 머리를 조아리며 아뢰었다. 이때 대호군 이정립이 왕에게로 가서 아뢰었다.

"전하! 지금 개성을 떠난 지 수삼 일이 됐으며, 들리는 소리로는 적의 선봉장

△ 한양 천도 6백 년이 지난 서울의 모습. 시내 한복판에서는 서울의 사산이 보이지 않는다.

이 이미 개성에 입성했다고 하나 지금이라도 되돌아가서 종묘 신주를 모시고 오는 일이 옳을 줄 아옵니다. 신이 단기로라도 개성으로 되돌아가 종묘 신주를 모시고 오겠사옵니다."

이정립은 오성, 한음과 더불어 3학사라 불려지던 영재로, 판결사 이시무의 아들이다.

선조는 그 자리에서 이정립에게 예조참의를 제수했다.

"내 그대를 예조참의로 제수하니 종묘 제조와 더불어 속히 개성으로 가서 종묘 사직을 모셔오도록 하오!'

이정립이 개성에 이르니 성문은 굳게 닫혀 있었다.

"성문을 열어라! 조선국 예조참의 이정립이 종묘의 신주를 모시러 돌아왔느니라! 어서 성문을 열어라!'

이정립은 성문을 두드리며 소리쳤다. 이때 적장 고니시 유키나가(小西行長)는 문루에서 이 광경을 유심히 보고 있었다.

"대장, 어찌할까요? 목을 베어버릴까요, 아니면 사로잡을까요?"

"아니다. 저런 충신은 베는 것이 아니다. 어서 성문을 열고 목청전까지 안내하고, 저들이 종묘 신주를 말에 실어갈 수 있도록 도와주고 호위해서 보내라!"

이렇게 해서 예조참의 이정립은 무사히 종묘 신주를 모시고 개성을 빠져나와 평양으로 달려갈 수가 있었다.

임진왜란 때 불타버린 종묘가 재건된 것은 광해군 즉위년(1608) 5월이다.

6. 창경궁

1910년 일본이 한국을 강제로 합병한 이후, 서울에 있는 다섯 개의 궁궐에 손을 안 댄 곳이 없지만 그중에서도 경희궁과 창경궁이 가장 심했다. 경희궁은 아예 궁 자체를 없애버렸고, 창경궁에는 동물원과 식물원을 만들어 창경원으로 격하시켰다.

△ 일제는 창경궁에 벚꽃을 심고, 동물원과 식물원을 만들어 창경원으로 격하시켜 일반에 공개했다.

△ 일제시대 벚꽃놀이를 하던 창경원 내의 모습.

창경궁昌慶宮은 조선조 5대 궁궐의 하나로 성종 때 창건되었다. 이 창경궁이 일본인들에 의해 궁궐 안에 동물원이 생기고 일본의 국화인 벚꽃이 심기지면서 한때 창경원昌慶苑이라 불려졌던 것이다. 그리고 이 벚꽃이 피면 궁 안은 수많은 시민들의 행락처가 되었다.

창경원 사쿠라가 막 피어났네!
젊은이 늙은이 우글우글
얼씨구 좋다.

한때 이런 노래가 유행한 일도 있을 만큼 창경원 벚꽃놀이와 밤 벚꽃놀이는 유명했다.

지금의 서울을 고려시대에는 남경이라고 했고, 이곳 창경궁 터는 남경의 궁궐인 수강궁이 있던 곳이다. 또한 조선조에 들어와선 태종 18년(1418), 태종이 세종에게 왕위를 양위하자 세종은 상왕이 거처할 새 궁궐을 이곳에 짓고 옛 이름 그대로 수강궁이라고 했다.

창경궁이 본격적으로 이궁離宮으로 창건된 것은 성종 때의 일이다.

성종 10년(1479), 대왕대비인 정희왕후(세조비)는 창덕궁의 내전을 성종과 새로 책립될 중전에게 내주고 자신을 포함한 세 명의 대비는 전에 태종이 상왕으로 거처하던 수강궁으로 옮기겠다고 했다. 이 소식을 전해들은 성종은,

"대왕대비마마와 대비마마께옵서 수강궁으로 옮기신다는 것은 아니될 일이니, 창덕궁을 수리함과 아울러 수강궁을 대대적으로 수즙하여 세 대비전께서 편히 계시도록 하는 것이 좋겠다."

하며 수강궁을 이궁으로 중창하려고 했다. 그러나 수강궁의 수즙은 바로 시작되지 못했다. 그 동안에 왕비 윤씨의 폐출, 정현왕후의 책립, 윤필상의 여진 정벌 등 내외적으로 많은 일들이 있었고, 또 흉년이 겹쳐 공역은 성종 13년(1482)을 그대로 넘기고 그 다음해 2월에 시작되었다. 그것은 수강궁을 수리하는 것이 아니라 수강궁 터에 새 궁궐을 창건하는 일이었다.

도제조에 광릉부원군 이극배가 임명되었고, 성종 15년 2월에는 모든 전각의 공사가 완성됐는데, 이때 세워진 전각과 문루는 명정전·수녕전·문정전·환경전·인양전·통명전, 그리고 양화당·여휘당·사정각이 있으며, 궁명은 창경궁이라 했고 정문을 홍화문弘化門이라고 명명했다.

2월에 공역을 마친 창경궁은 곧 담장을 넓히고 7월에는 후원에 정자를 지어 환취정이라고 했는데, 후일에 정조는 그 자리에 사도세자의 세자빈이자 자신의 생모인 혜경궁 홍씨를 위해 자경전을 지었고, 일제는 이 자리에다 일본식 천주각의 건물을 본따서 장서각을 지었다. 이 건물은 창경원이 창경궁으로 중창된 후에도 그대로 남아 있어 사람들의 빈축을 사고 있다가 최근에야 철거되었다.

한편 연산군은 창경궁 후원 옥류천 남쪽에 서총대瑞葱臺를 쌓았다. 연산군은 중종반정으로 창경궁에서 선인문으로 나가 연희궁으로 갔다.

임진왜란으로 폐허가 된 창경궁을 재건한 것은 광해군이었다. 광해군은 그의 원년 10월에 인목대비 등 부왕의 비빈을 모시기 위하여 창경궁을 재건하려고 재목 등을 준비했으나 대관들의 공사 중지 요청이 잇따랐다. 이후에도 여러 차례의 옥사로 중단되자 광해군은 지관 이의신의 말을 들어 연산군과 단종이 폐출된 창덕궁을 기피하고 인왕산 아래 새 궁궐을 지을 것을 구상하고 있었다.

광해군은 7년(1615) 5월에 단안을 내렸다.

"임금이 거처할 곳을 어찌 한곳에만 의지할 수가 있단 말인가. 만약에 임금이 왕궁을 옮겨야 할 일이 생긴다면 여염집에 머무를 수는 없는 일이 아닌가. 더구나 지금 창덕궁의 대조전이 어둡고 불편하여 오래 머무를 수가 없으므로 경운궁을 수리하여 이어할 것인즉, 창경궁의 공역을 서둘러 마치도록 하라."

그러나 창경궁의 중건을 시작했는데 또 말썽이 일어났다. 궁궐의 정전인 명정전이 다른 궁궐의 정전과 마찬가지로 남향을 해야 한다는 것이다. 그러나 일부에서는 창경궁의 지세로 보아 명정전은 구제대로 동향을 할 수밖에 없으니 그대로 따라야 한다고 주장했다.

이런 옥신각신 끝에 공사는 지연되었으나, 시공한 지 1년 6개월 만인 광해군 8년(1616) 11월에 드디어 공역을 마쳤다.

그러나 창경궁은 재건된 지 7년도 못 되어 인조반정 때 저승전이 불에 타고 인조 2년(1624) 2월에는 이괄의 난으로 명정전과 홍화문만을 남기고 대부분의 전각이 불에 타버렸다. 이제 명정전만이 조선조 정궁의 정전으로 가장 오래된 건물이 되었다.

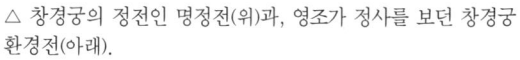
△ 창경궁의 정전인 명정전(위)과, 영조가 정사를 보던 창경궁 환경전(아래).

창경궁 명정전에서 최초로 즉위식을 올린 임금은 인종이다. 한편 명종비 인순왕후가 창경궁 통명전에서 승하했고, 인조비 인열왕후가 역시 통명전에서 승하했으며, 인조의 계비 장열왕후가 숙종 14년 창경궁 내반원에서 승하했고, 그 두 달 후에 장열왕후의 총애를 받던 장희빈이 경종을 생산했는데, 그 장소가 바로 취선당이다.

장희빈을 총애한 숙종은 인현왕후 민씨를 폐하고 장희빈을 왕비 자리에 올렸다.

바로 이 무렵의 일이다.

당시 야순夜巡을 잘하던 숙종이 어느 날 밤 창경궁 궁원을 거닐다가 등촉이 밝혀져 있는 창틈을 통해 안을 들여다보니 한 무수리가 폐서인으로 쫓겨난 중전 민씨의 위패를 모시고 생일 제례를 지내고 있었다. 무수리는 죽을죄를 졌다고 용서를 빌었으나 숙종은 오히려 그 무수리의 정성을 갸륵하게 생각했고 이 무수리에게 관심을 갖게 되었다.

최씨라는 이 무수리는 나중에 숙종의 총애를 받게 되어 임신을 하게 되는데, 이를 안 장희빈이 질투하여 무수리를 잡아다가 독을 씌우고 고문하던 것을 숙종이 알게 되어 무수리는 무사히 풀려나고 원자를 생산하니, 이가 바로 조선조에서 최장수를 누린 영조인 것이다.

영조가 창덕궁 내 보경당에서 탄생하던 바로 그해, 즉 숙종 20년(1694) 4월, 폐비 민씨는 안국동 사저에 폐출된 지 6년 만에 다시 복위되었다. 그리고 장희빈은 중전에서 희빈으로 강등되었다가 숙종 27년(1701)에 사약을 받게 된다.

숙종의 뒤를 이은 경종은 창경궁 시민당에서 정사를 보았으며, 경종 원년 8월에는 최숙의 소생인 연잉군(후의 영조)을 왕세제로 책봉했으나 이때부터 노론과 소론의 극심한 대립이 나타났고, 소론의 수령 조태호는 경종이 왕세제에게 대리 섭정케 한다는 말을 듣고 창경궁 선인문으로 돌입하여 소란을 피우기도 했다.

경종의 뒤를 이은 영조는 창덕궁과 경희궁에 있었으나 세자인 사도세자는 주로 창경궁에서 기거했으며, 따라서 창경궁은 다시 한번 비극의 씨앗을 품게 된다.

영조 26년(1750), 왕은 왕세자에게 대리를 명하여 중요치 않은 서정庶政은 왕세자에게 위임하고 중요한 정사만 친재했는데, 이때 정치의 중심지는 창경궁이었다.

왕은 대개 창경궁 환경전에서 정사를 보고 왕세자는 시민당에서 서정을 결재했다. 숭문당에서는 태학생들을 불러 친시親試를 행하고 어주를 하사했으며, 함인정에서는 문무과의 장원 급제자를 소견하고, 명정전에서는 조하를 받았다.

그런데 영조는 세자를 달갑지 않게 여겼고 세자는 부왕을 두려워하여, 이때부터 부자간의 사이는 멀어지기 시작했다.

영조 32년(1756)에 명정전 남쪽의 저승전 낙선당에서 발생한 화재는 청음정·경극당·양생당·취선당·숭경당 등 명정전 남쪽에 있던 전각과 낙선재 주위에 있던 전각들을 모두 태우고 말았다.

혜경궁 홍씨의 〈한중록〉에 의하면, 영조는 세자가 궁전에 불을 지른 것이 아닌가 하고 몹시 노여워하며,

"네가 불한당이냐? 불은 왜 지르느냐?"

하고 심히 꾸짖었다고 한다.

세자는 영조 37년(1761) 평안도 관찰사 정휘량 등의 계교에 빠져 평양에 비밀리에 놀러갔다 왔는데, 이를 알게 된 영조의 노여움은 한층 더했다. 이때 영조는 세자의 평양행을 노론측과 맥을 같이하는 화완옹주와 문숙의 등으로부터 알게 되어 3정승을 차례로 불러들여 세자의 동정을 조사 보고하라는 엄명을 내렸다. 영의정 이천보, 좌의정 이후, 우의정 민백상은 이 사실을 보고할 수도 안 할 수도 없는 처지였다. 결국 이들은 차례로 자결을 함으로써 책임을 졌다. 이 사실을 알게 된 왕은 그들의 충성에 감격하여 이 문제를 불문에 부쳤다.

노론 일파는 세자의 난행에 부채질을 하는 한편, 윤급의 종인 나경언에 의해 세자의 비행 10여 종목이 든 상소가 올려졌다. 크게 노한 왕은 나경언을 참형에 처해버렸다.

그 일이 있은 지 20여 일 만인 윤 5월 13일, 영조가 기우제를 지내기 위하여 창덕궁으로 행차해 세자에게 참여하도록 했는데 세자는 몸이 불편하다는 평계로 참여하지 않았다. 이에 왕은 크게 노하여 어영군사로 하여금 세자를 데려오게 하고, 일찍이 궁녀를 죽이고 승려를 입궐시켰던 일과 몰래 평양에 다녀온 일들을 들어 그 자리에서 세자를 폐위시키고 자결할 것을 명령했다.

△ 일제가 그들의 천수각을 본따서 창경궁 자경전 자리에 세운
장서각.

　세자가 자결을 하지 않자 왕은 큰 뒤주를 가져오게 하여 그 속으로 들어가라
고 했다. 이때 여러 시신과 별감 등이 말리려 하니 왕은 별감 한 사람의 목을 베
어 시신들을 모두 내쫓았다. 이때 왕세손이 쫓아와서 세자를 살려달라고 애원
했으나 영조는 끝내 들어주지 않았다. 세자가 하는 수 없이 뒤주 속으로 들어가
니 그 즉시 큰 못을 박고 자물쇠를 채웠다.

　"아바마마! 잘못했으니 살려주십시오! 이제는 하라는 대로 무엇이든지 하겠
습니다. 아바마마! 아바마마!"

　영조는 세자의 울부짖음에 귀를 막고 말았다.

　다음날 왕은 뒤주를 선인문 안뜰로 옮기고 풀과 두엄으로 덮어 숨을 쉬지 못
하게 했다. 뒤주에 들어간 세자는 이레째 되는 날까지 숨소리가 들렸고, 뒤주를
흔들면,

　"어지러우니 흔들지 말라."

하고 말하더니 드디어 여드레째 되는 날 숨을 거두고 말았다. 이것이 바로 '선

△ 사도세자의 변이 있었던 선인문.

인문의 변' 이다.

　영조 28년(1752) 창경궁 경춘전에서 탄생한 정조는 정조 원년(1777) 5월에 명정전 뒤 언덕 위에 어머니인 사도세자의 비妃 혜경궁 홍씨를 위해 자경전을 세웠다.

　순조 30년(1830)에는 또다시 창경궁에 큰불이 일어났다. 세자의 빈궁으로 사용하던 환경전에서 불이 일어나 함인정 · 공묵당 · 경춘전 · 숭문당 · 영춘전 · 오행각 · 빈양문 등이 연소됐다.

　창경궁의 재건은 순조 32년(1832) 8월에 착공하여 34년(1834) 8월에 영건이 끝났다.

　창경궁은 순종 융희 3년(1909)경부터 일제시대로 접어들면서 크게 변모하게 된다.

　순종 원년(1907) 11월에 순종 황제가 덕수궁에서 창덕궁으로 이어한 후 창경

궁은 자주 황제의 산책 소요, 또 빈객을 접견하는 곳이 되기도 했다. 이때 통감부의 한 관리가 데라우치 통감에게 희한한 제안을 했다.

"지금 창덕궁은 순종 황제가 기거하고 있는만큼 큰불이라도 일어나기 전에는 손을 댈 수가 없으나, 그 옆에 있는 창경궁을 대대적으로 개조해버린다면 일단 유사시에 황제가 피신할 수가 없을 것입니다. 그러기 위해서는 여러 행각이나 전각들을 헐어버리고 그곳에 동물원과 식물원 그리고 박물관 등을 설치하면 궁궐의 생명은 끝나는 것입니다. 그리고 그것을 일반 시민에게 공개한다면 왕궁의 권위는 땅에 떨어지고 말 것입니다."

이러한 동물원의 설비는 순종이 창덕궁으로 옮긴 이듬해부터 시작하여 그해 가을까지 제1단계의 시설이 끝났으며, 여러 종류의 조수류가 사육되고 정부 일에 종사하는 관원들에게도 때로 공람되었다. 그리고 순종 원년에는 권농장 터에 못을 파서 고기를 기르고 연을 심었는데, 춘당대 앞이라 하여 춘당지라 했다.

그 북쪽에는 일본식 수정을 세우고 수정 뒤에는 식물원을 설치했으며, 자경전 터에는 장서각을 지어 황실도서관을 만들고, 시민당 부근에는 표본실을 지어 각종 식물의 표본을 진열했다.

△ 복원된 창경궁 전경.

이러한 동안에 60여 채의 전각과 궁잠과 궁문들이 헐리고, 심지어는 기단 초석까지 파내는 등 유구의 흔적조차 찾기 어렵게 만들어버리고 말았다. 그리고 궁내에 일본으로부터 벚꽃나무를 갖다 심어 1911년 4월에는 일반에게 공개하면서 창경원으로 불리게 되었다.

1977년 서울시에서 서울대공원 계획이 추진되어 창경궁의 동·식물원을 그곳으로 이관하기로 결정함에 따라, 문화재관리국은 창경궁을 왕궁 본래의 모습으로 재정비하여 국민교육의 도량으로 활용하고자 창경궁을 중건하기로 결정했다.

1982년 2월에는 창경궁의 정비계획이 문화재위원회에서 통과됨에 따라 설계방침과 설계자를 선정하고, 1983년 8월에는 창경궁 복원 정비공사 제1차 계획이 확정되었다. 이에 따라 12월 1일부터 1984년 6월 27일까지 60여 동의 동물사와 유기장 시설이 철거되고 창경궁 복원의 방침을 결정했다.

발굴조사가 진행되면서 많은 유구가 노출되었다. 문정전지 기단의 장대석

2·3단이 잔존하여 기단의 규모를 알 수 있었고, 북편 월랑지와 빈양문지 연결 관계의 규명 등 복원에 필요한 많은 고증자료를 얻을 수가 있었다.

발굴조사가 마무리되면서 발굴 결과에 따라 창경궁 중창공사추진위원회는 중건 기본방침을 결정하고 공사에 착수, 창경궁은 다시금 예전의 모습으로 복원되었다.

이러한 원칙에 의하여 창경궁은 다시금 복원되었다. 창경궁의 복원에는 동궐도 및 동궐도형과 〈궁궐지〉가 결정적인 참고자료가 되었음은 말할 필요도 없거니와, 이러한 문화재의 복원은 우리의 자랑과 자긍심을 되찾았다는 데 더 큰 의의를 부여해야 할 것이다.

7. 선정릉과 태릉

　조선왕조 역대 왕과 왕비가 한 군데 묻혀 있지 않고 따로따로 묻혀 있는 것은 아주 드문 일로, 태조가 동구릉 건원릉建元陵에 있는데 그의 계비 신덕왕후 강씨의 능은 정동의 정릉貞陵에 있다가 지금의 정릉동의 정릉에 모셔져 있고, 세조에 의해서 폐출된 단종의 능은 영월 장릉壯陵에 있는 데 반해 단종비 송씨의 능은 양주군 사릉思陵에 있다.

△ 문정왕후의 능인 태릉. 문정왕후는 고양시에 있던 중종의 정릉을 봉은사 곁으로 옮겼으나, 자신은 외로이 태릉에 혼자 묻히게 되었다.

이렇게 따로따로 묻혀 있는 세번째 예로 조선조 11대 왕인 중종의 정릉靖陵과 그의 계비 문정왕후의 태릉泰陵이 있다. 문정왕후의 경우는, 고양시 희릉禧陵에 있는 중종의 능을 지금의 정릉으로 옮겼으나, 지대가 낮아 물이 들어오는 바람에 문정왕후는 여기 같이 들어가지 못하고 따로 태릉에 모셔진 것이다.

선정릉宣靖陵, 즉 조선왕조 제9대 왕인 성종과 계비 정현왕후를 모신 선릉과, 제11대 왕인 중종을 모신 정릉은 동일사적으로 지정되었다(사적 제199호).

정릉의 주인인 중종은 성종과 함께 선릉에 묻힌 정현왕후의 아들이다.

연산군 12년(1506) 9월 1일에 일어난 중종반정으로 연산군을 내쫓고 왕위에 오른 중종에게는 신씨라는 왕비가 있었다.

중종반정에는 인척관계가 복잡하게 얽혀지는 일막이 있다. 중종반정이 일어날 당시 좌의정으로 있던 사람이 신수근이다. 신수근은 연산군에게는 처남이 되는 사람이고 또 반정군이 추대하기로 한 진성대군에게는 장인이 되는데, 신수근의 태도가 모호했던 것이다.

반정의 주모자인 박원종과 성희안은 일단 3정승의 내락을 얻어두는 것이 좋다는 생각에 영의정 유순과 우의정 김수동의 의중을 타진한 결과 찬성을 얻어낸 다음, 예정을 앞당겨서 신수근과 임사홍을 먼저 없애고 군사를 일으켜 창덕궁을 포위하고, 경복궁에 있던 정현왕후를 찾아 진성대군을 받들고 반정을 일으켰던 것이다.

반정은 성공해서 진성대군이 중종으로 즉위했는데, 그들에게는 역적이나 다름없는 신수근의 딸이 중전으로 임금의 옆에 있으니 박원종과 성희안은 불편하기 짝이 없는 일이었다. 그래서 그들은 다음날부터 중종에게 왕비를 폐해야 한다고 조르기 시작한 것이다.

중종은 어찌 조강지처를 버리겠느냐고 버텼지만, 역적의 딸을 국모로 모실 수 없다는 박원종과 성희안의 주장에, 그들의 힘으로 왕위에 오르게 된 중종으로서는 어쩔 도리가 없었다. 그래서 왕비 신씨는 중종반정으로 중종이 즉위한 날인 9월 2일에 왕비가 됐다가 1주일 후인 9월 9일에 폐서인이 되어 대궐에서

△ 중종을 모신 정릉. 임진왜란 때 왜군에 의해 도굴당하고, 시신을 찾지 못해 관을 태운 재를 긁어모아 개장을 했다.

쫓겨나고 말았다.

신씨는 영조 때 왕비로 복위되어 경기도 장흥면 온릉溫陵에 홀로 묻혀 있다.

중종의 첫번째 계비는 윤여필의 딸로, 이 장경왕후는 왕비가 된 지 10년 만에 세자인 인종을 낳은 뒤 건강을 회복하지 못하고 스물다섯 살에 세상을 떠났는데, 지금의 서삼릉 안에 있는 희릉에 묻혔다.

장경왕후가 세상을 떠나고 두번째 계비로 책정된 이가 저 유명한 문정왕후 윤씨다.

문정왕후가 섭정을 하면서 맨 먼저 일으킨 일은 을사사화였다. 인종이 승하한 지 한 달도 못 돼서, 장례도 치르기 전에 인종의 외숙인 윤임을 비롯해서 좌의정 유관, 이조판서 유인숙 등 인종과 가까운 사람과 소윤의 반대파 인물들 60여 명을 억울한 죄명을 씌워 죽이거나 귀양을 보냈다.

그리고 윤원형이 조작하여 언문 편지 사건을 일으켰다. 이것은 윤임이 인종의 왕비 박씨에게 보내는 편지로, 명종이 즉위하기 전에 계림군으로 하여금 대를 잇게 하자는 내용의 편지를 조작해서 궁중에 떨어뜨리니, 이것을 궁녀들이 주워서 문정왕후에게 바쳤다.

계림군은 성종의 아들 계성군의 양자였는데, 그들과 함께 복성군까지 없애버렸으나 인종비에게는 손을 댈 수가 없었다.

명종 2년(1547)에 일어난 일이다.

중종이 승하하고 장경왕후의 소생인 인종이 즉위했는데, 병약한 인종이 즉위 1년 만에 또 승하하니, 문정왕후의 아들인 명종이 열두 살의 어린 나이로 즉위했고, 중종의 계비인 문정왕후가 섭정으로 수렴청정을 하게 되었다.

윤대비가 득세하자 대비의 오라비인 윤원형은 자기에게 맞서는 선비들을 모조리 내쫓고 세도를 부리기 시작했다.

이러던 중 광주 양재역에 붉은 글씨로 낙서를 써붙인 해괴한 사건이 일어났다. 낙서의 내용은 다음과 같았다.

　　　여주女主가 위에서 집정하고 간신 이기 등이 아래에서 권세를 농간하니 나라의 멸망이 가까워졌구나! 어찌 한심한 노릇이 아니냐.

누가 써붙인 것인지 이 벽서는 길 가는 행인들의 눈길을 끌었고 소문은 온 장안에 퍼졌다.

보고를 들은 부제학 정언각과 선전관 이노 등이 즉시 벽서를 떼어다가 윤대비에게 보였다.

이를 본 대비는 펄쩍 뛰었다.

"대비마마! 이러한 소행은 필시 을사년 이후에 소위 대윤大尹의 잔당이 남아 있어서 민심을 교란하기 위해서 한 것임에 틀림이 없사옵니다."

"이것은 분명히 글을 배운 선비의 짓이오! 아니, 양재역 찰방은 이런 벽서를 붙이는데 눈 감고 있었단 말이냐. 즉시 잡아다 엄중히 문초하여 엄벌에 처하도록 하라!"

문정왕후의 엄명이 떨어지자 양재역 찰방 배수광과 유생 전의성을 잡아들여 추궁했으나 증거가 없어 석방할 수밖에 없었다.

이 사건으로 잔잔하던 시국은 다시 시끄러워지게 되었다. 좌상 이기와 윤원형이 주동이 되어 이 사건의 관련자라 하여 봉성군과 송인수 · 이약빙 등을 사사하고, 이약빙의 아들 이홍윤은 윤임의 사위였으므로 충주로, 큰아들 이홍남은 영월로 귀양을 보냈다.

정부에서는 양재역 벽서사건의 범인을 잡으려고 백방으로 애를 썼으나 범인은 좀처럼 잡히지 않았다.

그런데 얼마 후, 영월로부터 해괴한 편지 한 통이 궁으로 날아들었다.

시생은 양재역 사건의 연계로 영월에 유배되어온 이약빙의 아들 홍남이라 하옵니다. 시생의 사제舍弟 홍윤은 본래부터 성질이 나빠 함창의 술사 배광의와 더불어 부동이 되어 조정의 대신을 점치며, 연산군 때는 갑자년과 을축년에 사람을 많이 죽이더니 병인년에 임금이 쫓겨난다 했으며, 금상전하도 오래지 않아 쫓겨날 것이라 하고 또 윤대비를 욕하는 일이 있더니, 아마도 양재역의 벽서도 그 일파들의 소행이 틀림없사옵니다.

이것은 이약빙의 아들 이홍남이 평소부터 사이가 좋지 않던 자기의 동생을 모해하고 자신이 살아보고자 서울에 있는 그의 친구 정유길과 처형 원효섭에게 보낸 편지인데, 이 편지를 받은 정유길과 원효섭은 즉시 정원으로 뛰어가 그대로 상변했다.

오랫동안 양재역 사건의 범인을 잡지 못하던 윤원형은 좋은 기회라 생각하고 진위를 가리지도 않은 채 이홍윤을 잡아오라고 했다. 또한 이홍남도 불러올렸다. 이홍남은 자기 아버지의 상중이었으므로 상복을 입은 채 말을 달려 상경했다.

윤대비는 즉시 이홍남을 인견하고 칭찬하며 술까지 하사했다.

"대의를 위하여 동기간의 죄까지 숨기지 않고 고변한 것은 참으로 용기있는 사람이 할 수 있는 일이다. 참으로 가상한 일이다."

한편 정원에서는 이홍윤을 국문했다. 이홍윤은 고문에 못 이겨 나오는 대로 불어댔다.

"강유선이 대장이 되고 김의순·이언적 등이 통솔자가 되어 무기를 만들고 병사들을 훈련시켜 서울로 들어와 모산수를 임금으로 내세울 작정이었소."

이로써 동생을 무고하여 이홍윤의 옥이 벌어지니 30여 명이 연좌됐으며, 이홍윤이 살고 있던 충주 일대의 선비들까지 일망타진되었다. 이것이 바로 양재역의 벽서로 일어난 사건인데, 이것을 벽서의 옥 또는 정미사화丁未士禍라고 한다.

한낱 여인의 야심이 궁중에 피바람을 일으키기를 30년….

문정왕후도 사람을 그렇게 많이 죽이고 마음이 편치 않았던지 만년에는 불교에 귀의하고 보우대사에게 의지하여 불사를 크게 일으켰다.

문정왕후의 후광을 업은 보우대사는 크게 불법을 펴 봉은사를 선종禪宗, 봉선사를 교종敎宗의 본산으로 삼아 승과僧科를 부활시켰다. 보우대사는 현실 속에서 불교적 이상을 실현하고 타협하려 애쓰던 불자였다.

보우대사가 비록 문정왕후의 후광으로 판사가 되고 승과를 부활시켰으나, 이때 두 사람의 명승을 배출시켰다. 임진왜란 때 승병을 이끌고 왜적과 싸운 서산대사와 사명대사가 바로 보우에 의해서 배출된 명승들이다.

보우대사는 고양군 남원당리에 있는 정릉靖陵을 봉은사 옆으로 옮기고 봉은사를 중종의 원찰로 할 것을 건의했다. 문정왕후는 좌의정으로 있는 윤원형을 불러 이 문제를 의논했다.

"내가 선왕마마의 정릉을 옮기자는 것은 장경왕후의 희릉은 그대로 두고 정릉만을 옮긴다면 능을 찾기도 좋고, 또 내가 죽은 뒤에는 대왕 곁에 갈 수가 있을 것이 아니겠소."

정릉은 문정왕후의 뜻대로 성종의 능인 선릉宣陵 곁으로 옮겨졌다. 이것이 명종 17년(1562)의 일이며, 3년 후에 문정왕후 자신이 승하했으나 정작 문정왕후는 정릉 곁에 중종과 함께 묻히지는 못했다.

살아서도 장경왕후나 왕후의 소생을 미워하던 문정왕후는 죽어서도 중종을 독차지하려고 했지만, 새로 모신 정릉은 장마가 지면 물이 들고 하는 바람에 다시 다른 곳으로 옮길 생각을 했으나, 그전에 문정왕후가 세상을 떠나자 물이 드

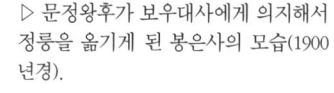
▷ 문정왕후가 수렴청정을 하며 권세를 마음대로 휘두르던 대조전.

▷ 문정왕후가 보우대사에게 의지해서 정릉을 옮기게 된 봉은사의 모습(1900년경).

▷ 보우대사에 의해 창건된 봉은사 선불당의 모습.

는 정릉에는 모실 수가 없어서 따로 태릉에 모시게 된 것이다. 결국 중종은 정릉에, 중종비는 온릉에, 첫번째 계비 장경왕후는 희릉에, 두번째 계비 문정왕후는 태릉에 따로따로 묻히게 된 것이다.

임진왜란 때 일본군이 들어와 저지른 여러 가지 만행이 있지만, 그러한 만행 가운데서도 선릉과 정릉에 대한 만행은 가장 악질적인 것으로 그 참상이 우리 기록에 남아 있다. 왜병들은 임진년(1592) 9월에 선릉과 정릉을 파혜쳤는데, 이

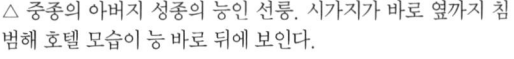
△ 중종의 아버지 성종의 능인 선릉. 시가지가 바로 옆까지 침범해 호텔 모습이 능 바로 뒤에 보인다.

러한 사실은 경기도사 심주명이 가지고 온 감사성영의 서신에서 선릉과 정릉에 왜적의 참변이 극심한 지경에 이르렀다고 증명해주고 있다.

선조는 영의정에게 군관을 보내 조사하게 했으나 그때는 서울에 왜적이 들어와 있는데다가 길이 막혀 갈 수가 없었고, 그 이듬해인 1593년 4월에 가서야 현장의 상황을 확인할 수가 있었다.

도 체찰사 유성룡이 군관을 현지에 급파해서 진상을 조사하도록 했다. 그때의 보고에 의하면, 정릉은 수도隧道(즉, 파고들어간 터널을 말하는 것이다)를 파헤친 깊이가 15척(약 465cm)쯤 되고 넓이가 역시 15척쯤 됐는데, 수의는 관 밖에 옮겨져 있는 것 같고, 광중에는 다른 물건은 없었고 수도 안에는 기왓조각과 돌이 쌓여 있으며, 능 근처에 조각난 의복이 있었는데 썩어서 손을 대면 부서진다고 했다.

또 선릉은 굴의 깊이가 7척(약 217cm)쯤, 넓이가 5척(약 155cm)쯤 파헤쳐져 있었고, 구덩이 안에 별다른 물건은 없었으나 축회築灰(즉, 광중의 주위를 회를 다져서 단단하게 한 것을 말한다) 밖에 설치했던 엷은 판자들은 거의 타버리고 두어 조각만 남아 있었으며, 왕후의 능은 수도의 깊이가 6척쯤이고 넓이는 4척쯤으로

△ 임진왜란 때 선정릉으로 가려면 이런 나룻배를 타고 가야
했다.

파헤쳐져 있었고, 판잣조각은 역시 타버렸으나 회벽은 그대로 남아 있었다고
했다.

제일 먼저 현장을 수습한 수문장 이홍국과 서개동의 말에 의하면, 정릉에 있
는 중종의 옥체는 이미 양주의 송산에 있는 인가에 옮겨 모셨다는 것이다. 이때
대신들은 정릉 광중 밖에 있었다는 시신이 과연 중종의 옥체인지 확인하기 위
해서 중종의 생전에 중종을 가까이 모셨던 덕양군 부인과 상궁 박씨, 서릉군의
어머니, 종친 몇 사람, 모도정, 검열을 지낸 고로 등 6, 7명을 보내 시신을 확인
하게 했다. 이때 그들이 중종의 특징을 증언한 것을 들어보자.

1. 중종은 보통 사람보다 키가 컸다. 2. 임금의 얼굴은 수척한 편이고 갸름했
다. 3. 수염은 많지 않았고 한 치 반 가량 됐는데 약간 황자색이었다. 4. 허리 둘
레는 풍만하지 않았으며 훤칠한 편이었다. 5. 콧등은 높고 양 눈 사이에 녹두알
만한 사마귀가 있었다. 6. 용안은 갸름하고 얼굴에는 약간 얽은 흔적이 있었다.

이런 정보를 얻은 대신들은 그들을 차례로 송산으로 보내 중종의 시신을 만

겨보며 살피게 했다. 옥체는 수의가 모두 없어졌으므로 직접 만져보며 확인해야 했는데, 모든 사람이 한결같이 중종의 시신이 아닌 듯하다고 했다. 또한 송산에 있는 시신은 48년 전에 승하한 중종보다 더 오래된 시신 같다고 했다.

대신들은 시신을 발견했다는 이홍국 등을 다시 문초했으나, 이들이 중종의 옥체를 발견했다는 것으로 공을 세우려고 말을 꾸며댄 듯하다는 것으로 결론을 내렸다. 결국 대신들은 의논 끝에 송산의 시신은 따로 입관하여 능 가까운 곳에 매장하고, 대신 불에 타다 남은 재를 걷어 광중에 모시고 개장을 하는 것이 옳다고 하여 선조도 이에 따랐다고 한다.

역사가들은 이것을 두고 왜병들이 단순히 무덤 안에 들어 있을지도 모르는 부장품이나 보물을 탐내서 한 행동이라기보다, 왜장들이 마치 우리나라에 대한 원한이 있어서 한 짓과 다를 바가 없다고 기록하고 있다.

임진, 정유재란이 끝난 후 대마도의 종의지가 우리나라의 통신사를 파견해달라고 애걸을 할 때, 우리나라에서는 먼저 선릉과 정릉을 파헤친 왜장과 왜병을 가려내서 처벌하라고 요구했었다. 이때 그들은 엉뚱한 왜병 몇 사람을 잡아 보내면서 이들의 소행이라고 얼버무리며 신의 없는 행위를 했던 것이다.

8. 이태원

불과 4백여 년 전 임진왜란 때 이태원은 끔찍한 수난을 겪었다. 그로부터 3백 년이 지나 이곳은 또 한 번의 수난을 겪어야 했다. 임오군란을 수습한다고 구군인과 그 가족들이 살고 있는 왕십리와 이태원을 청국 군대가 덮친 것이다.

△ 지금의 이태원 거리.

△ 임진왜란의 상황을 보여주는 〈동래부 순절도〉.

그 옛날 거리와 지금의 이태원의 변모는 아무도 상상할 수가 없었을 것이다.

선조 25년(1592) 일본군이 서울에 당도한 것은 고니시 유키나가(小西行長)가 5월 2일이었고, 가토 기요마사(加藤淸正)가 5월 3일이었다. 고니시 유키나가는 양근을 경유, 용진을 건너 서울 동로東路에 이르렀고, 가토 기요마사는 죽산·용인을 경유하여 한강 남안에 도착했다.

가토 기요마사는 이태원에 있는 운종사라는 곳에 진을 쳤다. 그런데 이날 밤부터 난장판이 벌어지기 시작했다. 고국을 떠난 지 4개월여 동안 모진 전장에서만 지내왔는데 그들이 진을 친 곳이 하필이면 여승이 수십 명이나 있는 암절이었던 것이다.

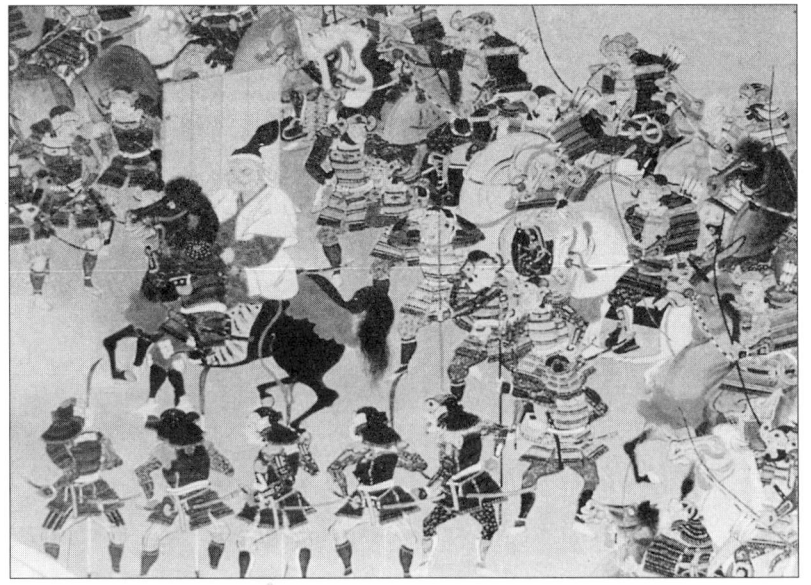

△ 이태원에 진을 친 왜병들의 모습.

물론 가토 기요마사는 여승들에게 손을 대는 자는 엄벌에 처한다는 엄명을 내렸으나 거칠 대로 거칠어진 왜군의 병사들이 여승들을 그대로 놔둘 리가 없었다. 해가 지면서 여승들은 하나둘 군인들의 막사로 끌려들어갔고 여기저기서 비명소리가 들리기 시작했다.

"제발 목숨만 살려주세요!"

"네 나이가 몇이냐?"

"이제 겨우 열다섯입니다."

"홋홋, 참으로 꽃다운 나이로구나. 이리로 가까이 오너라."

"제발 목숨만….."

"그러니까 가까이 오라 하지 않느냐. 무장의 말을 안 듣고 도망을 가려다가 칼에 맞아 죽은 여승을 보지 못했느냐!"

"……."

"옳지 옳지! 눈 꼬옥 감구 있거라."

여승들은 이 막사에서 저 막사로 끌려다니며 욕을 당했다.

"세상에 이럴 수가 있습니까? 부처님이 보시는 앞에서 천벌이 두렵지도 않으시오?"

늙은 여승은 일본 무장에게 이렇게 항의했으나 소용이 없었다.

"이거, 눈요기만 시키고 우리 같은 졸자한테는 차례조차도 안 오는구나."

절에 여승들이 수십 명 있었으나 군사는 수천 명이었다.

"이봐! 손가락만 빨고 있을 게 아니라 우린 밖으로 나가자!"

여승들을 겁탈하는 광경을 막사 사이로 지켜보던 군졸들은 밖으로 몰려나갔다. 그리고 성난 이리떼처럼 마을을 휩쓸며 여자라면 닥치는 대로 겁탈을 했다.

이태원은 본래 평화스러운 마을이었다. 성현의 〈용재총화〉에서는 이태원을 이렇게 묘사하고 있다.

이태원은 목멱산 남쪽에 있는데, 그곳에는 맑은 샘물이 산에서 쏟아져 내려오고 절의 동쪽에는 큰 소나무들이 동학에 가득하니, 성안의 부녀자들이 피륙을 세탁하고 바래기 위하여 그곳에 많이 모였다.

또 이태원 마을 사람들은 삼을 심고 홍아를 경작하는 일을 좋아한다고 했으며, 배나무가 많아서 오얏 이李자 또는 참배 이梨자를 써서 이태원(李泰院, 梨泰院)이라고 했던 것이다.

이렇듯 평화스러운 고장 이태원에 불어닥친 회오리바람은 너무나 큰 상처를 남겼다.

가토 기요마사는 북정을 계속하기 위해 이태원을 떠나면서 운종사에 불을 질렀다. 왜놈이 물러간 다음, 왜놈의 씨앗을 잉태한 것을 알게 된 여승 가운데 더러는 한강물에 몸을 던져 목숨을 끊었다. 그러나 마음 약한 여승과 가족이 있는 여염집 여자들은 죽지도 못하고 남의 눈을 피해가며 근근이 목숨을 이어나갔다.

선조 26년 4월에야 왜적이 서울에서 물러갔는데, 그때의 일을 〈연려실기술〉에서는 이렇게 적고 있다.

4월에 적이 항복한 우리 백성을 모조리 죽이고 군사를 거두어 남쪽으로 내려갔다. 그때 백성 중의 어리석은 자와 미처 도피하지 못하고 숨어 있던 사람들은 적이 백성을 죽이지 않는다 하면서 차츰 모여들어 시장과 상점을 벌이기까지 했다. 적장들은 물러가게 되자 이들을 모두 찔러 죽일 것을 비밀히 의논하고 백성들을 결박하여 남문 밖에 열을 지어 세워놓고 위쪽에서부터 처형하여 내려오는데, 우리 백성들은 칼을 맞고 모두 죽을 때까지 한 사람도 탈주하지 못했다.

이태원에서도 마찬가지로 많은 사람들이 왜군들에게 참사를 당했다.

"원, 왜놈들이 물러갈 때 천일정 아래에서 사람들을 모두 불태워 죽인 게 여태까지 냄새가 코에 배서 요샌 음식을 먹어도 온통 그 냄새뿐이니…."

"어머니, 그때 천일정에서 운종사에 있던 여승들도 많이 죽었다지요?"

"그랬단다. 하기야 인생이 가엾긴 하지만, 왜놈들한테 몸을 맡긴 보살들이 살아 있으면 온전하겠니."

"모두가 다 강제로 당했다는데…."

"그래서 관가에선 애를 가진 여승들을 부군당 아래에 토막을 짓고 살게 했다더라."

"잘됐네요. 그런데 의주댁 행랑에 사는 과부댁이 요새 좀 이상해요."

"아니, 그게 무슨 소리야?"

"아무래도 애를 가진 모양이에요."

"뭐야? 과부댁이 애를 가져?"

"왜놈한테 당한 모양이에요. 그래서 말인데요. 자꾸만 배는 커가구 남의 눈에 띄면 창피하구. 그러니까 어머니께서 이태원 찰방한테 얘기해서 부군당 토막에 들어가 여승들과 같이 살게 해주었으면 좋겠어요."

이렇게 해서 관가에서 만든 부군당 토막에는 운종사 여승들뿐 아니라 이태원에서 왜군에게 당하고 아이를 갖게 된 여자들이 모여 살게 됐고, 그 아이들이 성장하자 관가에서 노비로서 노역에 종사하게 했다. 그래서 이태원은 다를 이異자 아이 밸 태胎자를 써서 이태원異胎院으로 불리기도 했다고 한다.

이태원은 본래 역원驛院이었다. 역원이란 조선조 세조 때부터 역로에 세워 국가가 경영하던 일종의 여관으로, 각 도와 통하는 길 옆에 세우는 것과, 인가가 드문 곳에 행려의 편의를 위하여 세우는 두 가지가 있었다.

조선시대의 역로행정은 〈경국대전〉에 의하여 일단 체제를 완성했다. 병조를 최고 관할기관으로 하고 각 도에는 종6품인 찰방察訪과 종9품인 역승驛丞을 파견하여 도내의 역정을 관할하게 했다. 역은 서울에서 각 지방에 이르는 30리마다의 도로에 설치했다.

원院은 공용여행자의 숙식을 제공하기 위해 각 요로에 설치되었다. 이 원은 역과 같은 장소에 설치하는 경우가 많아서 역과 원을 합해 역원이라 부르기도 했다.

서울 근처에는 서대문 밖의 홍제원, 동대문 밖의 보제원, 남대문 밖의 이태원,

△ 이태원에 있는 부군당. 임진왜란 당시 왜인의 아이를 밴 여
인들이 이 부군당 근처에 토막을 짓고 살았다.

△ 지금도 계속 행해지는 부군당 당제의 모습.

◁ 이태원을 휩쓴 청군의 대장, 원세개.

광희문 밖의 전관원이 있었는데, 홍제원과 이태원만이 지명으로 지금껏 남아
있다.

　이태원의 수난은 또 한 차례 있었다. 고종 19년(1882) 6월, 서울 장안은 불안
과 불만에 가득 차 있었다. 일본군에 의해 훈련을 받으며 새로 태어난 별기군
에 비해 천대를 받고 언제 해산될지도 모를 구식군인인 무위영 소속 훈련도감
병사들이, 13개월간이나 밀린 봉록미를 받기 위해서 선혜청 도봉소에 모여들
었다.
　선혜청 도봉소에서 돌과 겨가 절반인 쌀을 받은 군인들은 불만을 품고 난동
을 일으켰다. 그들은 대원군을 믿고 군란을 확대해서 대궐로 들어가 민겸호를
살해하고 민비를 내놓으라고 했다. 임오군란을 일으킨 것이다.
　고종은 대원군을 영입하고 사태 수습을 의뢰했으나, 대원군은 청군에 납치
되어 보정부에 갇히는 몸이 됐다.

한편 임오군란은 청, 일 양군을 불러들이는 결과를 가져왔다.

그리고 고종은 청군에게 왕십리와 이태원에 남아 있는 난군의 잔당을 소탕해달라고 했다. 이러한 청을 받은 청군은 오장경·마건충 등과 조영아·어윤중 등이 빈번히 왕래하며 심상치 않은 작전계획을 세웠다.

7월 16일 밤부터 17일 새벽까지 청군부대는 왕십리와 이태원 일대의 군인부락을 습격했다. 원세개袁世凱 이하 오주유·장관정·하승오 등의 청군이 왕십리 일대를 대상으로 야반에 포위작전을 전개하는가 하면, 제독 오장경의 부대는 이태원을 스스로 담당하여 잠든 군인들과 그 가족을 상대로 실전과 다름없는 초토작전을 감행했다. 처참한 살육과 나포·약탈이 끝난 뒤, 청군이 발표한 전과에 의하면 왕십리 일대에서 150여 명의 난군을 체포했으며, 이태원에서 20여 명을 체포함과 동시에 훈련도감의 군졸 수십 명을 참수했다고 했다.

이들은 언어가 통하지 않자 군인들이 몸에 차고 다니던 요패腰牌만 발견하면 함부로 체포하여 올바른 신문도 하지 않고 살육까지 서슴지 않았다. 이것이 임오군란 당시 이태원 학살의 진상이다.

일제 36년 동안 용산 일대가 일본군의 군용지가 되면서 이태원은 빛을 보지 못했으나, 해방 후 신용산 일대에 미군부대가 주둔하면서 이태원 일대에는 미군부대를 상대로 하는 상가가 형성되고, 한편으로는 미군 상대의 유흥가가 자리를 잡기 시작했다.

그런데 언제부터인지 이태원이 탈바꿈을 하기 시작했다. 즉, 낮에는 국제적인 관광 쇼핑가로, 밤이면 젊음이 넘실거리는 유흥가로 불야성을 이루는 거리가 된 것이다.

1.4km의 이태원 거리는 해밀턴 호텔을 가운데 두고 서쪽은 쇼핑 상가, 동쪽은 유흥가가 형성돼 있다.

이태원의 유흥가는 80년대 초까지만 해도 주로 미군을 상대로 했던, 소위 텍사스 골목 일대뿐이었으나, 지금은 한남동 고개를 넘어 그 범위를 확대해가고 있으며, 고객도 내국인이 더 많아지고 있는 추세라고 한다.

이태원의 참모습은 유흥가 쪽보다 국제상가 쪽에 더 비중이 있다. 어떠한 상품이든 값싸게 살 수 있는 이태원. 이태원 상가가 관광 쇼핑 상가로 발돋움하기 시작한 것은 1983년 서울에서 열린 미주여행업자 총회, 즉 아스타에 참석한 각국 대표들이 이곳을 돌아본 것이 계기가 됐으며, 그후에도 국제의회연맹총회 등 각종 국제회의의 참석자들이 이곳을 찾으면서 이태원은 더욱 국제적인 명성을 얻게 되었다. 더구나 '88 서울올림픽을 치르고 난 이태원은 이제 가짜가 아닌 진품을 세계 어느 곳보다 값싸게 파는 국제상가로서의 탈바꿈을 준비하고 있다.

9. 남한산성과 북한산성

1637년 1월 30일 조선왕조의 임금이 청나라 오랑캐에게 무릎을 꿇고 삼전도 나루에 세웠던 삼전도비는 나라의 치욕이라 해서 한강변에 묻혔다가 다시 파내 지금의 석촌동 마을 가운데 서 있다. 굴욕의 한恨의 비인 것이다. 두 번에 걸친 몽골의 침략은 남한산성뿐만 아니라 강화도에도 끔찍한 참상을 남겼다.

△ 복원된 남한산성의 모습.

남한산성이 위치한 남한산은 천연의 요새지로 외부로부터의 공격을 방어하기에 좋은 조건을 갖추고 있다. 대개의 고원지대는 해가 늦게 뜨고 일찍 져서 낮의 길이가 짧기 때문에 소위 주단야장晝短夜長의 폐가 있지만, 남한산성이 위치한 남한산만큼은 주단야장과는 반대로 주장야단, 즉 낮이 길고 밤이 짧은 특성을 가지고 있어서 옛날부터 일장산日長山 또는 주장산晝長山이라고 불려왔다.

남한산에 제일 먼저 성을 쌓은 것은 〈삼국사기〉에 나오는 기록으로 보아 신라의 문무왕으로, 문무왕 12년(672)에 한산주에 주장성을 쌓았는데 그 둘레가 4,360보가 됐다고 한다.

옛날 우리나라 지도나 측량에 있어서 1보는 약 1,543m가 되니까 4,360보라고 하면 약 6,727m가 된다. 그러니까 조선조에 들어와 축성된 산성의 안쪽의 주위가 6,297보(약 9,688m), 바깥의 주위가 7,295보(약 11,256m)나 되니까, 신라 때 쌓은 산성은 현재의 남한산성보다는 훨씬 적은 규모라는 것을 알 수 있다.

남한산은 옛날에는 주로 한산이라고 불렸는데, 〈고려사〉 지리지의 기록을 보면 백제 온조왕 13년(기원전 6년), 신라의 문무왕이 주장성을 쌓았다는 672년보다 678년이나 전에 한산 아래 입책立柵, 즉 담장을 쌓고 위례성의 백성을 옮겨 마침내 궁궐을 세워 여기서 지내다가 다음해에 도읍을 옮기고 남한산성이라고 불렀다고 되어 있다.

그러나 온조왕이 궁궐을 세운 곳이 과연 어디냐 하는 것은 아직도 학계에서 의견이 분분하지만, 적어도 온조가 도읍한 성은 지금의 남한산성이 아니라는 것만은 확실하다. 오히려 광주의 도읍이 전의 온조왕이 도읍한 곳이라는 설이 유력하다.

남한산성은 고려시대에는 별로 중요하게 여기지 않았던지 축성을 했다거나 수축을 했다는 기록은 없다. 조선조에 들어와서 〈세종실록지리지〉에 남한산성의 기록이 나오는데, 일장산성은 광주의 남쪽에 있는데 성내에는 군자고가 있으며, 우물이 일곱 군데나 되는데 가뭄에도 마르지 않는다고 되어 있다.

남한산성은 조선조 초기에 군사적으로 중요한 산성으로 인식돼왔으나 산성을 보수하는 일은 별로 없었던 모양이다. 그러나 군사적으로 그리고 외교면에서도 크게 정비를 해야겠다는 것을 느끼게 된 것이 바로 임진왜란을 겪고 나서이다. 광해군 13년에는 남한산을 처음으로 보장지지, 즉 나라의 요새로 정하게 된다.

그러나 그때의 남한산성에 대한 기록은 아무것도 남아 있지 않다.

오히려 훨씬 후대에 와서, 즉 정조 3년(1779) 광해군 때보다 150년이나 후에 남한산성의 옛성을 수축할 때 공사를 하는 사람이 성의 서쪽에서 두 개의 바윗돌을 발견했는데 그 바윗돌에 천계월일, 즉 하늘 천天자와 열 계啓자를 새긴 것이 있었고 나머지 글자는 모두 뭉개져서 무슨 글자인지 알 수가 없었지만, 이 천계라는 것은 명나라 말년 희종 때의 연대로, 바로 천계 원년은 광해군 13년에 해당하는데, 그때 남한산성을 수축했다는 것을 알 수가 있다. 당시 중국 대륙에서는 벌써 후금이 세력을 뻗치고 있을 때였으므로 조선에서 이 후금의 위협을 느껴 남한산성을 수축했음을 짐작할 수 있는 것이다.

만주에서 일어난 누르하치가 전 여진족을 통일하고 후금이라는 국호로 나라를 세우고 황제로 즉위한 것은 서기 1616년, 광해군 8년의 일이다. 당시 명나라는 후금의 누르하치를 치기 위해 군사를 일으키고 우리나라에도 원병을 청해 왔다.

광해군은 강홍립을 도원수로 삼아 1만 3천 명의 군대를 파견했는데, 이때 광해군은 아주 현명한 판단을 내렸다. 그것은 노쇠한 명나라가 후금의 세력을 과연 당해낼 수 있을지 미지수이나 명나라는 임진왜란 때 우리를 도와준 의리가 있기 때문에 원군 파견은 하지만, 현지에서 상황을 잘 살펴서 어느 쪽에 붙을 것인지 마음대로 결정하라고 몰래 일러주었던 것이다.

아나나 다를까, 누르하치가 명나라 군사를 쳐부수고 크게 승리하자 강홍립은 누르하치에게 항복을 하고 우리나라의 사정을 잘 설명했다. 누르하치는 이에 따라 우리나라와 화맹을 하자는 글을 보내왔다. 광해군은 명나라와 후금 사이에서 교묘한 정책으로 평화를 유지해왔던 것이다.

하지만 광해군은 폐모론 등의 이유로 재위 15년 만에 왕의 자리에서 쫓겨난다. 그리고 1623년에 인조가 들어섰는데, 이때의 조정 대신들은 유교적 대의명분과 명나라에 대한 사대사상으로 후금을 오랑캐라고 규정하고 아예 무시하는 태도로 나왔다. 이때 후금에서도 누르하치가 세상을 떠나기에 앞서 수도를 심양으로 옮겼고, 그의 여덟번째 아들인 혼타이지가 왕위에 올랐는데, 그는 누르하치보다 더 과격하고 용맹도 대단했다.

우리나라에서는 인조 2년에 남한산성의 대대적인 개축공사에 들어갔는데, 공사는 지지부진했고 2년이나 걸린 후에야 겨우 완성을 보았다. 이렇게 남한산성이 완성되고 수어청을 둔 그 다음해에 혼타이지가 곧바로 대군을 동원해서 의주를 기습공격하게 된 것이다.

1626년 1월 13일에 의주를 공격한 후금은 불과 8일 만에 정주를 함락시킨 뒤 안주에 육박했고, 안주가 함락되자 그 다음부터는 아무런 저항도 받지 않고 평양과 황주를 거쳐 평산까지 육박했다.

이때 조정에서는 다급한 나머지 역대 국왕의 위패를 전주로 옮기고, 조정은 강화도로 피난을 갔다. 조정에서는 최명길이 화평을 주장하고, 후금과 통행을 하던 강홍립이 강화도와 평산을 왕래하면서 중재역할을 한 끝에 3월에는 강화에서 후금과 형제의 맹약을 맺었다. 이때 후금은 세공과 무역을 하는 조건을 정한 뒤 철병했는데, 이것을 정묘호란이라고 한다.

전쟁은 일단 이렇게 끝났으나 후금은 그후에도 계속해서 무리한 요구를 해왔다. 또한 우리나라에서는 명에 대한 대의명분을 내세워 후금, 즉 청을 여전히 오랑캐로 취급했기 때문에 후에 다시금 병자호란의 큰 전쟁을 겪게 된다.

인조 2년 당시 조정에서는 총융사 이서 장군에게 명해서 남한산성을 대대적으로 개축하도록 했다. 이서는 널리 승병을 모집해서 축성의 공역을 담당케 했는데, 이때 축성의 동쪽 부분은 각성 스님에게 분담시키고 서남쪽의 공사를 이회에게 분담시켰다. 남한산성의 지형으로 보아 북쪽의 축성은 비교적 쉽게 축성을 할 수가 있었는데 이회가 맡은 서남쪽의 축성은 지형이 고르지 않아 공사에 어려움이 많았다.

이회는 밤낮으로 축성에 노력했지만 품삯이 모자라 사재를 털어가며 공사를 독려했는데, 그래도 경비가 부족하자 자신의 부인을 고향으로 내려보내 공사비를 조달해오도록 했다.

이회는 자신이 애지중지 기르던 매 한 마리를 부인에게 주면서, 경비 염출이 순조롭게 되거든 이 매를 날려보내라고 일렀다. 한편 동북쪽의 축성을 맡은 각성 스님은 공사가 순조롭게 진행되어 기일 내에 준공시켰을 뿐 아니라 당초에 지급받은 경비에서 절약한 돈을 관에 반납하기까지 했다.

각성 스님의 동북쪽 축성이 완성되자 이회는 의심을 받게 되었다. 급기야는 관에서 지급받은 돈을 착복하고 주색에 탕진하여 공사를 제대로 진행하지 못했다는 모함까지 받게 된다.

드디어 총융사 이서는 이회를 붙들어다 서장대 아래에서 참수형에 처하게 됐는데, 이때 이회가 말하기를, "내 무고하게 죽임을 당하지만 내가 날려보낸 매가 돌아온다면 뒷날 내 무고함을 알게 될 것이다"라는 유언을 남기고 참수형을 당했다. 바로 이때 한 마리의 매가 날아와 바위에 앉아 이회의 목숨이 끊어지는 것을 내려다보다가 어디론가 자취를 감춰버렸다. 이회의 매가 앉았던 바위를 매바위라고 하는데, 지금도 서장대 아래 그대로 남아 있다.

한편 남편의 일을 돕기 위해 삼남지방으로 내려갔던 송씨 부인은 고향에서 모금한 군량미를 배에 싣고 송파강 가까이 올라왔을 때 남한산성에서 날아온 매가 이회의 피 묻은 호패를 입에 물고 있는 것을 보고 이회가 이미 처형됐음을 알고는 배에 실었던 양곡을 물속에 던지고 자신도 물속에 뛰어들어 자결했다. 그래서 한강변에는 후일에 송씨 사당이 생기고 이곳을 쌀섬여울이라고 불렀으며, 남한산성에서는 이회의 무고함이 밝혀져 후일 청량당淸涼堂을 세워 이회의 넋을 위로했다.

청이 수도를 심양으로 옮기고 3만의 군사를 보내 전쟁을 일으킨 정묘호란 전해에, 즉 인조 4년에 남한산성 개축이 완성되었고, 수어청을 두어 일단 유사시에 대비를 했다. 그러나 정묘호란 때에 조선의 조정은 남한산성으로 피난하지 않고 강화로 피난을 했다. 청의 태종(혼타이지)은 조선이 언젠가는 남한산성을 이용할 것을 알고 그의 부장인 용골대를 시켜 남한산성을 정탐하게 한 일이 있었다. 그러나 당시 용골대는 남한산성을 동쪽으로만 살피고 대수롭지 않은 산성으로 알았던 모양이다. 그는 산성의 주변을 둘러보고 대강의 지도를 그려가지고 돌아갔다.

심양으로 돌아간 용골대는 황제를 배알하고 이렇게 보고를 했다. 즉, 조선 군사들은 그 수효가 지극히 미미하고 오합지졸이나 다름이 없으며, 다만 지금 서경에 있는 임경업 장군만 적당히 피해간다면 열흘 안에 조선 왕을 사로잡을 수 있을 것이라고 호언장담을 했다.

이때 용골대는 현지에서 그려온 지도를 황제 앞에 내놓았다. 그런데 그 지도는 남북이 좁고 서북이 긴 것으로 돼 있었다. 실제 남한산성의 지형과는 많은 차이가 있었던 것이다.

청의 황제는 용골대가 그려온 지도를 자세히 들여다보더니, 강은 산성의 어느 편에 있느냐고 물었다. 그러자 용골대는 서쪽에 있다고 대답했다. 또다시 한양은 어느 편에 있느냐고 물으니 용골대는 한양은 도성의 서편에 있다고 했다. 그러나 그 말을 들은 청나라 황제는 갑자기 노기가 충천해서, "네 말대로면 남한산성의 지세는 응당 남북이 길고 동서가 짧아야 하는데 너는 어째서 반대로 그려가지고 왔느냐? 다시 한번 나가서 산성의 나무 한 그루, 돌 한 조각이라도 빠뜨리지 말고 다시 그려오도록 해라! 만일에 명을 어긴다면 당장에 목을 칠 것이다"라고 엄명을 내렸다.

황제의 어명을 받고 용골대는 다시 조선으로 나와 산성뿐만 아니라 이번에는 주변의 지형과 도성과 산성과의 연계까지 상세히 그려가지고 돌아갔다.

용골대가 다시 그려간 지도를 자세히 들여다보던 황제는 동문 밖에 있는 한 바위를 가리키며 이 바위가 틀림없이 성 밖에 있느냐고 물었다. 청 태종은, 우리가 조선에 쳐들어가면 조선 임금이 틀림없이 남한산성으로 피신할 것인데, 바로 이 바위에 정기가 서려 있어서 이것을 깨뜨리지 않으면 산성을 점령하기 어려울 것이니 이 바위부터 깨뜨리라고 했다.

이렇게 해서 청나라 군대는 조선에 쳐들어오면서 남한산성을 포위하고 이 벌

△ 남한산성의 수어장대.

바위를 깨뜨렸던 것이다. 그러자 바위에서 불꽃이 튀어오르고 뇌성벽력이 일어나더니 연기가 오래도록 하늘로 치솟았다는 것이다. 청나라 군대는 벌봉과 한봉에 올라가 대포를 쏘아댔다. 후에 조정에서는 벌바위에 대한 사연을 알게 되고 이 벌바위 주변에 성을 쌓았다. 그리고 청나라 군대가 산성 안을 바라보던 언덕을 한봉이라고 불렀는데, 벌봉이나 한봉이 모두 산성을 공략할 수 있는 지점이기 때문에 그 밖에다 겹성을 쌓게 된 것이다. 이러한 보안축성은 정조 때 이루어졌다.

지금은 행궁 터만이 남아 있지만 행궁에 딸린 건물로는 상궐과 하궐이 있고, 종묘를 모시는 좌전, 사직을 봉안하는 우실, 재덕당, 한남루, 객관으로 쓰던 인화관, 또 관청 건물로 좌승당, 일장각, 수어영, 제승헌, 그밖에 많은 건물들이 들어서 있어서 남한산성 내는 마치 하나의 대궐처럼 보였는데, 이 건물들은 다 없어지고 지금은 수어영으로 쓰던 건물이 연무관이라는 이름으로 그대로 남아 있다.

현재 복원된 건물로는 지화문인 남문을 비롯한 네 개의 문과, 남한산성의 가

장 중요한 건물인 수어장대를 비롯한 몇 개의 건물이 남아 있다.

정묘호란으로 형제의 의를 맺은 후금이 그후에 급속히 세력을 확대하고, 인조 14년(1636)에는 혼타이지가 국호를 대청이라고 하고 황제를 칭하면서, 그해 2월에는 청나라의 사신 용골대 등이 와서 이 사실을 알리고 조선의 왕에게 신하의 예를 취할 것을 요구해왔다.

전에도 후금과 화의를 맺는 데 활약한 최명길은 우리가 힘으로는 도저히 청을 대적할 수 없으므로 평화적으로 해결하라고 주장했으나, 그때까지도 다 멸망해가는 명과의 유교적인 명분론을 내세우는 대신들이 들고일어나서 임금은 국서도 받지 않고 용골대를 만나주지도 않았다. 심지어는 청나라 사신의 목을 베어버리자는 주장까지 나오게 되었다. 결국 용골대는 민가의 말을 훔쳐 타고 심양으로 도망쳐버리고 말았다.

청에서 그대로 있을 리가 없었다. 그해 12월 1일에 10만의 대군을 이끌고 혼타이지가 직접 압록강을 건넜다. 이때 도중의 작은 성들은 거들떠보지도 않은 채 남하해서 14일 만에 개성을 통과했다.

당황한 조정에서는 윤방과 김상용으로 하여금 우선 종묘의 신주를 모시고 빈궁, 원손, 봉림대군, 임평대군 등을 호위하게 해서 강화로 피난을 시켰다. 인조 역시 이날 오후에 강화로 피난을 할 생각으로 대궐을 떠나 남대문까지 왔는데, 이미 적의 선봉이 홍제원까지 왔으며 또 일부는 양천 방면으로 진출해서 강화로 가는 길이 끊어졌다는 소식이 전해졌다.

이때 이조판서로 있던 최명길이 자신이 지금부터 적진에 들어가 그들과 교섭을 벌이는 척하며 진격을 늦출 테니 그 동안에 남한산성으로 피하라고 했다. 인조는 하는 수 없이 최명길을 적진으로 보내고, 자신은 왕자를 데리고 수구문을 빠져나와 남한산성으로 향했다.

9년 전 정묘호란 때 진격해 들어온 청나라 군대가 무차별 학살을 감행했기 때문에 백성들은 극도의 혼란에 빠져 있었다.

인조가 남한산성으로 피난을 할 때 있었던 일이다.

인조는 불과 10여 명의 신하를 거느리고 서울을 떠나 송파나루에 이르러 사공도 없는 배를 타고 한강을 건너 남한산 기슭에 이르렀을 때는 날이 이미 어둑어둑해져 있었다. 날은 춥고 산길은 험한데 눈까지 내리니 신하들이 임금을 번갈아 업고 산을 올라가다가 모두가 지쳐 쓰러졌을 때, 때마침 산에서 나무를 해가지고 내려오던 한 나무꾼이 이 광경을 보고 자기가 임금을 모시겠다고 나섰다. 이 서흔남이란 자가 인조를 업고 남한산성에 무사히 당도하자 인조는 생명의 은인처럼 생각하고 그의 소원을 물었다.

배운 것이 없는 서흔남은 임금이 입고 있는 곤룡포를 달라고 했다. 대신들은 저렇게 무례한 놈이 어디 있느냐고 야단을 쳤지만 임금은 아무 말 없이 자신의 곤룡포를 벗어 상으로 내주었다. 그후 서흔남은 평생 동안 임금의 곤룡포를 소중히 간직하다가, 죽을 때 자신의 무덤에 함께 묻어달라는 유언에 따라 자손들이 그렇게 해주었다는 얘기가 전해지고 있다.

인조가 간신히 남한산성에 도착한 얼마 후에, 청군에게 교섭을 하러 갔던 최명길이 돌아왔다.

청군은 화평을 할 의사가 있고, 또 아직까지는 청군의 주력부대가 도착한 것이 아니기 때문에, 장차 청군과 교섭을 벌이는 동안 남한산성보다는 강화도로

◁ 지금은 석촌동 주택가 속에 옮겨진 삼전
도비.

▽ 복원된 남한산성 성문.

피난을 하는 것이 좋겠다는 것이었다. 당시 영의정으로 있던 김류도 같은 의견
이었는데, 남한산성은 비록 험준한 산성으로 방비하기에는 좋을지 모르나, 다
른 지방과의 연계가 끊어지면 고립을 면할 수가 없기 때문에 그렇게 될 때는 식
량도 문제가 된다고 했다.

　당시 남한산성에는 군사가 1만 3천 8백 명이나 있었고, 또 왕족과 노비들, 관
원들까지 1만 5천 명이 있었는데 그때 산성 안에 있던 식량은 군사 1만 명이 한
달간 먹을 양식밖에 없었기 때문에 다시 강화도로 옮기기로 하고, 14일 밤을 산
성에서 보낸 인조는 다음날 일찍 산성을 나섰다.

　그러나 산길은 험하고 눈이 얼어붙어 인조도 말에서 내려 걸어가야 할 지경
인데 강추위에 동상까지 겹쳐서 강화까지 도저히 갈 수 없게 되자 하는 수 없이
임금 일행은 발길을 돌려 남한산성으로 되돌아갔다.

　따지고 보면 이 병자호란이라는 것이 전혀 예고도 없이 찾아온 것은 아니었

다. 광해군은 외교적으로 청나라를 무마해가며 평화를 유지해왔는데, 인조반 정으로 광해군이 쫓겨나자 그 동안 광해군이 해온 일은 모두 혁파되고, 인조를 둘러싼 대신들은 유교적인 명분만 내세우는 가운데 정묘호란을 맞게 된 것이 다. 그때는 현명한 몇몇 신하들의 노력으로 일단 형제지국으로 화평을 맺기는 했으나 그들이 다시 쳐들어올 위험성은 이후에도 그대로 존속했던 것이다. 정 묘호란이 일어나고 9년 만에 다시 병자호란이 일어난 것을 보면 그 9년 동안 조 정은 무엇을 했는가 한심한 일이 아닐 수가 없다.

조정에서는 어떤 대신의 제청으로 만약 청나라가 다시 쳐들어온다면 그때는 일본군의 힘을 빌려 청군을 물리치자는 데에 의견이 모아졌다. 그래서 이러한 교섭을 벌인 결과 인조 7년에는 일본에서 현방玄方이라는 스님이 왔는데, 이때 그들이 보내온 것은 조총 3백 정과, 칼 3백 자루, 화약 3백 근뿐이었다.

일본이 우리를 위해서 무엇 때문에 피를 흘리며 싸우겠는가? 임진왜란 이후 이런 교섭을 위해서 도쿠가와 이에야스(德川家康)의 사당에 범종을 만들어 기증 하는 등 왕래했던 것이 소위 조선통신사였던 것이다.

그후에도 조정에서는 청군을 과소평가했는지 아니면 설마 또 쳐들어오랴 하 고 방심을 했는지, 고작 한 일이라곤 남한산성에 1만 명의 군사와 한 달의 양식 을 비축하는 정도였던 것이다.

서울에 쳐들어온 청군은 동대문 밖 동묘에 본영을 설치하고 이틀 뒤에는 남 한산성을 포위, 공격했다. 물론 우리 군사들도 성갈퀴에서 총과 대포를 쏘면서 응전하다가, 29일에는 영의정 김류의 주장대로 수백 명이 성 밖으로 뛰쳐나갔 다가 결국 2백 명의 전사자만 내고 말았다.

게다가 강추위는 계속되는 가운데 남한산성의 농성은 차츰 절망적으로 돼가 고 있었다. 성 안에서는 화평을 논하는 자는 역적이라고까지 몰아붙이는 강경 파들이 득세했다. 그 와중에 그렇게 굳게 믿었던 강화도가 적의 수중에 들어갔 다는 소식이 전해졌다.

강화 유수는 몰래 도망을 치고 고관들의 부녀자들이 폭행을 당했으며, 절개 를 지키던 김상용이 강화성 남문에서 자폭을 한 것도 바로 이때였다. 강화도를 점령한 청군은 이번에는 남한산성을 향해 총공격을 개시했다. 급기야 성 안에서도 이들과 화의를 맺자는 주장이 우세하게 되었으나, 이번에는 항복하는 국서를 가지고 왈가왈부하며 나날을 보내고 있었다.

결국 강화도의 참상을 알게 된 임금은 더이상 항전할 수 없다고 판단하고 국서를 보내 항복을 하게 된 것이다.

1637년 1월 30일, 우리나라 유사 이래 처음으로 국왕이 적 앞에 나가 항복을 하는 날이 왔다. 남한산성에서 농성을 시작한 지 47일째 되는 날이었다.

인조는 소현세자와 함께 송파의 한강변 삼전도에 나가 청나라 황제 혼타이지 앞에 머리를 조아리고 항복을 했다. 이로써 우리나라는 명 대신 청을 종주국으로 섬기게 된 것이다.

1894년 일본과 청의 전쟁으로 청의 세력이 이 땅에서 완전히 물러갈 때까지 280년간 우리는 온갖 수모를 겪어왔다. 그 수모의 표시가 바로 오늘날에도 송파에 남아 있는 청 태종 송덕비이다. 병자호란이 끝난 후 3년 만에 세워졌던 이 삼전도비는 원래 한강변 삼전도에 있었고, 자유당 시절에는 나라의 치욕이라고 해서 땅 속에 파묻었던 것을 다시 꺼내서 지금의 자리로 옮겨 세웠다. 이 삼전도비야말로 남한산성과 더불어 우리 역사에서 가장 어두운 면을 가리키는 현장이긴 하지만, 그런 어리석음을 다시는 되풀이하지 않기 위해서라도 잘 보존해야 할 우리의 유적인 것이다.

한편 북한산에 그 흔적이 남아 있는 북한산성은 백제 온조왕 때 처음 성을 쌓았고, 조선왕조에 이르러 숙종 때 몽골의 침략을 대비해서 축성을 했다.

본고구려 때엔 북한산군이라고 하고 일명 남평양이라고도 했다. 백제 온조왕 때, 이 땅을 점거하여 온조왕 4년(BC 5)에 성을 쌓았다. 그후 개루왕 5년(132)에 다시 축성했는데 고구려 장수왕의 습격을 받고 성을 버렸다. 그후 근초고왕의 북진정책에 따라 이곳이 북벌군의 중심 요새가 되기도 했으나 백제가 망하는 바람에 성은 황폐화되고 말았다.

한편 신라 24대 진흥왕은 진흥왕 16년(568)에 북한산에 순행하여 수렵도 하고 민심을 살폈는데, 그후 이곳에 비석을 세웠다. 북한산 비봉 절벽 위에 세운 진흥왕 순수비가 바로 그것인데, 오랜 세월 풍설에 깎여 붕괴될까 염려하여 지금은 국립중앙박물관에 옮겨다놓았다. 순조 16년(1816) 7월에, 추사체를 창시한 김정희가 31세의 나이로 김경연이란 사람과 이곳을 다녀갔고, 이듬해 6월에 다시 찾아와서 비문 68자를 더듬어 판독했다는 고증 사실이 비석 측면에 새겨져 있다.

고려 고종 때(1232) 몽골 군과의 격전이 이곳에서 있었다. 또 고려 현종 9년(1018), 거란이 재차 침입했을 때 강감찬 장군의 건의에 의해서 고려 태조의 재궁을 이곳으로 옮겨 지은 일도 있었다.

이 산을 삼각산이라고 한 것은 백운대·인수봉·만경대(국망봉)의 3봉이 구름 속에 돌출하여 부용처럼 삼각을 이루고 있다 해서 붙여진 이름이다.

백운대는 태조 이성계가 잠저에 있을 때 이 산에 올라와 지은 시에서 따온 이름이다. 백운대 남쪽으로 내려오면 만경대가 있는데, 태조가 무학대사와 이곳에서 국도國都를 논의했다고 해서 국망봉國望峯이라 불려졌고, 인수봉仁壽峯은 백운대 동쪽에 있는데, 인자요산仁者樂山 인자수仁者壽의 뜻을 따서 붙인 이름이다.

이 산들은 깎아지른 듯 경사가 급하다. 그러나 상봉인 백운대 정상에 오르면 북으로 상장봉·노고산·오봉산·도봉산 등 여러 산봉들이 한눈에 들어오는 것은 물론, 멀리 개성의 송악산이 눈앞에 가물거리고, 서남쪽으로는 서해의 강화도·영종도 등이 한눈에 들어와 그 조망이 넓고 시원하다. 또 서남쪽으로는 행주산성 대첩비가 시야에 들어온다.

반면 계곡은 깊고 그윽하며 수석 또한 깨끗하여 소요하기에 더없이 좋은 곳으로, 세검정 계곡, 삼청동 계곡, 정릉 계곡 등 좋은 경치를 자랑한다.

북한산에 오르면 어느 코스를 택하거나 북한산성을 만나게 된다.

북한산은 삼국시대 초기부터 성을 쌓아 삼국간의 각축장이 됐었고, 고려시대에 들어와서도 몇 차례 옛성을 수축한 일이 있으나, 지금 남아 있는 산성의 형태는 조선조 숙종 37년(1711)에 축조된 것이다.

△ 복원된 북한산성과 대성문(위). 북한산 비봉에 서 있던 신라 진흥왕 순수비(비신은 국립중앙박물관에 옮겨져 있다)(아래).

조선왕조는 임진왜란과 병자호란으로 인해 국토가 황폐해지고 국권이 치욕을 당했다. 그후 인조에 뒤이어 왕위에 오른 효종에 의해 북벌론이 전개되었다. 그러나 병자호란으로 맺은 청과의 강화조약으로 인해 조선에서는 새로운 축성이나 옛성의 수축마저 못하게 돼 있었다.

△ 북한산성 내에 있던 많은 사찰은 전란중에 모두 소실됐다.
사진의 중흥사도 지금은 흔적조차 찾을 수가 없다.

숙종 때 이르러 청나라에서 오삼계吳三桂의 반란이 일어나자 진향사進香使로
갔던 영신군 형瀅이 돌아와서 청에서 원군을 청할 것이라는 보고를 했다. 이때
조정에서는 이 일에 어떻게 대처할 것인가에 대해 의견이 분분했다.

영의정 허적을 비롯한 대신들은 청의 요청을 거절해야 한다고 주장했으며,
지사 유혁연은 다음과 같이 북한산 축성을 주장했다.

"이 기회에 병자호란의 치욕을 설욕해야 합니다. 유사시에 임금의 어가가 묵
을 곳이 없는데, 북한산은 산세가 험준하고 사면이 막혀 있어 오직 삼동구 한
길밖에 없으니 축성해야 할 곳이 많지 않습니다. 또한 도성과 가까운 거리에 있
으며, 비록 별안간의 변이 있을지라도 군병이며 병기·식량과 인민을 쉽게 옮
길 수 있는 곳입니다. 북한산의 형세가 이와 같이 편리한 곳이니 산성을 수축할
의논을 정해서 속히 시행하는 것이 좋겠습니다."

그러나 이러한 숙종 원년(1675)에 일어났던 북한산성 축성론은 그후 청에서
원군 요청이 없자 그대로 흐지부지되다가, 숙종 17년(1691)에 가서 우의정 신완

이 당면한 국가정책을 논하는 가운데 북한산성의 중요성을 다시금 지적했다.

"우리나라 산천의 험난함이 천하의 으뜸인데 병자호란 때 청국이 승리를 취한 것은 모두 서북의 국경을 지키지 못하고 도성을 버린 탓이며, 지금 의논하는 자들은 생각하기를 유사시에 남한산성이나 강화도로 피난하자고 하는데, 그곳들은 급할 때 믿을 만한 곳이 못 됩니다. 신이 창의문 밖 탕춘대 옛터를 보니 사면이 험준하여 벽이 깎아세운 듯합니다. 이 산을 이용하여 성을 쌓고 곡식과 무기를 저장하여 도성과 안팎이 되어 힘을 다해 지키면 나라가 어지러움을 당할 때 백성들이 굳게 뭉쳐서 지키게 될 것인즉, 지척에 천연의 요새를 버려두고 있으니 참으로 아깝기 짝이 없습니다."

이러한 북한산성의 축성론은 숙종 36년(1710), 도성의 수리가 끝난 다음해 3월에 산성 축성의 각 부서가 정해지고 4월에 비로소 공사의 착수를 보게 되었다. 북한산성의 축성은 8개월 만에 완성됐다.

북한산성은 전쟁에는 한 번도 사용되지 않았고 대부분의 문루나 전각들은 화재로 타 없어졌으며, 지금의 산성과 보국문·대동문·대서문 등 돌기둥만이 남아 있다.

또 북한산에는 많은 사찰이 있었으나 역시 불에 타 없어지고 산성 내에는 상운사만이 남아 있다.

10. 동대문

동대문이 기울고 있다, 피사의 사탑처럼….

동대문이 움직이고 있다고 한다. 날이 추워지면 남동쪽으로 삐딱하게 기울었다가 날이 풀리면 다시 제자리로 돌아온다고 하니, 동대문은 동녘 동東자가 아닌 움직일 동動자의 동대문動大門이란 말인가.

이것은 최근에 모 대학 정밀기계학과의 교수가 여러 해 동안의 측정을 기초로 해서 발표한 논문에서 나온 말이다.

△ 1850년경, 성벽이 산으로 연결돼 있을 때의 동대문.

우선 동대문(흥인문)의 역사부터 살펴보기로 하자.

태조 이성계가 한양으로 천도한 것은 태조 3년(1394) 겨울의 일이며, 그 이듬해에 도성축조 도감을 두고 도성축조 계획을 세워 태조 5년 1월부터 공사를 시작했다. 1월 9일에 도성축조를 고하는 고유제를 지내고 2월 28일까지 49일간 각처의 장정 118,070명을 징집하여 59,500척의 도성을 쌓았는데, 이때 공사를 지휘한 사람은 영삼사사 심덕부와 평양백 조준 등이었다.

그런데 그해 여름의 장마로 토성이 많이 무너져내렸고, 동대문 부근의 수문이 두 칸이나 무너졌다. 이성계는 도성을 개축할 것을 의논했다. 이에 영삼사사 권중화가 반대하고 나섰다.

"지난 봄에는 49일이라는 단시일 내에 큰 공사를 한 관계로 미비한 점도 많았으나, 금년에는 유독 충해와 한발이 겹친데다가 늦장마가 들어 농사의 작황이 좋지 않으니, 후일을 기하여 농사가 풍년이 들었을 때 도성을 개축하고 성문을 축조하는 것이 좋겠습니다."

그러자 이성계가 역정을 내며 말했다.

"어찌 과인으로 하여금 도성도 없는 궁궐에 머물며 왕업을 달성하라고 하는가."

그리고는 그해 가을에 도성의 축조를 끝내고 8대문의 월단과 문루를 건축하고 도성의 면모를 갖추도록 엄명을 내렸다.

한성 축성의 제2차 공사는 그해 8월 6일에 시작하여 9월 24일까지 역시 49일간 시행되었다. 이때 이성계는 환관 김사행을 데리고 여러 차례 현장을 돌아보았다.

"동쪽이 낮은 것이 흠이다. 수류水流가 선방선(동남쪽)으로 흘러가는 것은 당연하다 치더라도 선방이 낮고 허술한 게 마음에 걸려."

"동대문의 감역관에게 월단을 쌓기 전에 흙과 돌을 넣고 다져서 토대를 높일 수 있을 만큼 높이라고 했습니다."

"동대문은 강원도며 중원과 연결될 뿐 아니라 동북면으로 통하는 요로인데 방비가 허술하면 안될 것이다. 동대문은 중국의 예를 본받아 옹성甕城을 쌓도록 해라. 옹성을 쌓는다면 밖에서는 성문이 보이지 않을뿐더러 작은 성으로도

△ 3 · 1운동 때 군중들이 동대문 성벽 위에 올라가 있다.

적을 방어하고 지키기에 좋을 것이다."

〈조선왕조실록〉에 보면 왕이 여러 차례 동대문에 거둥하여 옹성의 기지를 관찰했음을 알 수 있다.

이성계의 한양 천도에는 풍수지리설이 결정적인 역할을 했다. 이 풍수지리설은 동대문에도 적지 않은 영향을 끼쳤는데 동대문, 즉 흥인문이 유독 네 글자인 흥인지문興仁之門으로 된 것도 이 풍수지리설에 의한 것이라고 한다.

풍수지리설에 의하면 왕도의 동쪽이 낮거나 허하면 적장자가 잘 안된다고 하는데, 조선은 이 적장자의 문제로 여러 차례 진통을 겪었으며, 이성계 자신도 이 문제로 홍역을 치렀다.

동대문은 창건된 지 50여 년이 지난 문종 1년(1451)에 개축했다. 경기 · 충청 · 전라도의 수군을 동원하여 도성을 개축했는데 공사가 예정보다 일찍 끝났으므로 그 군정을 나누어 동대문과 동소문을 개건했다고 하지만 그 규모는 소규모였던 것으로 짐작된다.

단종 1년(1453)에도 대규모의 개축이 있었다. 이는 궁궐이나 도성 · 성문 등을 너무 뜯어고쳐서 민폐가 많다는 사헌부의 상계문에서도 나타난다.

토목의 공사는 공로에서 맡아보거나 선공감繕工監에서 맡아보아야 하는데, 대신이 스스로 감독하여 맡아보는 것이 마땅치 않습니다. 창덕궁을 처음에는 수보한다고 말했으나 지금 주춧돌 하나, 기둥 하나도 고치지 아니한 것이 없으며 …(중략)… 근래에 국가의 일이 많아 두 능(세종과 문종)의 역사가 서로 이어 있는데, 또 홍인문을 개작하고, 그 역이 끝나자 또 수문을 개축하니 민력이 다했습니다.

그후 동대문은 4백여 년을 지내오다가 대원군의 집정기인 고종 5년(1868)에 개건했다. 이때의 동대문 개건은 대대적인 규모의 개건이었다. 1958년 동대문 보수공사 때 문루 천장에서 상량문이 발견됐는데, 문루가 매우 낮아서 문지를 8척이나 돋우고 그 위에 새로 홍아와 문루를 건축했다고 기록돼 있다.

이것으로 보아 이때의 중건은 완전한 개건이었으며, 이때 건축한 동대문은 2층 우진각 지붕, 다포多包 집으로 하층 정면은 5칸, 하층 측면을 2칸으로 했다고 한다. 또 〈조선왕조실록〉을 보면 동대문을 홍인지문이라고 한 것은 고종 이후로 보는데, 철종 이전의 실록에는 다만 홍인문으로 나와 있고, 고종 이후에 대원군의 풍수설 신봉에 의해서 '홍인지문' 넉 자로 고쳐진 것 같다.

옛날부터 동대문은 나라에 큰일이 있을 때마다 한쪽으로 기울었다가 바로 섰다는 말이 있었다.

수양대군에 의해서 단종이 영월로 귀양을 간 후 단종비 송씨는 동대문 밖 정업원 암자에 조용히 칩거하면서 동망봉에 올라 멀리 영월 쪽을 바라보며 눈물을 흘렸다고 하는데, 이 무렵 정업원 앞길에는 동대문 밖에 사는 부녀자들이 머리에 이고 오는 푸성귀를 파는 장이 섰다고 한다. 동대문 밖에 사는 아낙네들이 단종비의 어려운 형편을 도우려고 푸성귀를 갖다 바치기 시작한 것이 어느덧 장으로 바뀐 것이라고 한다.

그런데 어느 날 밖에 나갔던 상궁 한 사람이 급히 단종비가 있는 암자 안으로 뛰어들어왔다.

"마마, 참으로 기이한 일이 있사옵니다!"

◁ 동대문 옹성 앞으로 전 차가 다니던 1901년의 동대 문.

◁ 동대문 옆의 청량리행 전차정류장.

"무슨 일인데 그러느냐?"

"동대문이 한쪽으로 기울어졌다고 하옵니다."

"동대문이 기울어져? 전에 나라에 어려운 일이 있으면 동대문이 기울곤 했다 는 말을 들은 적이 있는데, 그래 동대문이 어느 쪽으로 기울었다고 하더냐?"

"동남쪽으로 기울었다고 하옵니다."

"동남쪽이라면 혹시?"

"그러하옵니다. 바로 상감마마께서 가옵신 영월 쪽이옵니다."

단종비는 가슴이 철렁 내려앉았다. 영월 땅에 있는 단종에게 무슨 변이나 있 지 않을까 해서였다.

동대문이 동남쪽으로 기울기 시작한 얼마 후에 단종은 사약을 받았다고 한다.

동대문이 기울었다는 기록은 또 있다. 광해군의 난정이 극심했던 그의 말년 에 동대문이 북서쪽으로 삐딱하게 기울었다고 한다. 이이첨은 이런 말을 퍼뜨리는 사람을 엄벌에 처했다. 이윽고 인조를 옹립하는 반정군이 바로 한성의 북서쪽인 홍제원에서 기병하여 세검정을 거쳐 창의문을 통해 들어와 광해군을 내쫓았다. 임오군란이 일어나기 얼마 전에도 동대문이 동남쪽으로 기울었다고 한다. 그후에 바로 임오군란이 일어나고, 난군이 대궐을 점령한 사이에 상궁으로 변장한 민비는 간신히 대궐을 빠져나와 동대문을 거쳐 장호원으로 피신을 하고 후일에 무사히 환궁할 수가 있었다. 그런데 이때 민비가 피신한 장호원은 동대문으로부터 동남쪽에 해당한다고 하여, 동대문이 기울면 국난을 예고하는 것이란 말이 퍼지기도 했다.

동대문이 기울었던 사실이 문서로 기록돼 있는 것이 있다. 미국 선교사들이 발행한 영자 신문 〈더 코리아 리뷰The Korea Review〉 1901년 3월호에 이에 대한 기사가 실려 있는데, 기울어져가는 동대문을 바로잡기 위해서 삼으로 꼰 굵은 밧줄로 동대문 다락과 청계천의 수표교를 연결해서 동여매놓았다고 적혀 있다. 동대문이 동북쪽으로 기우는 것을 겨울 동안에 팽팽히 수축한 삼밧줄이 끌어당겨 바로잡았으며, 여름에 비를 맞으면 삼밧줄도 그대로 늘어나서 동대문이 정상 위치로 돌아온다고 하면서, 그들은 한국인의 지혜를 극찬했다. 이 말대로라면 피사의 사탑 근처에 청계천 수표교와 같은 단단한 다리가 있었다면 탑은 많이 기울지 않았을지도 모를 일이다.

이렇듯 오묘한 변화를 보이는 동대문은 무사석武砂石으로 축석하여 축대를 만들고 그 중앙에 홍예문虹霓門을 내어 출입할 수 있도록 했다. 홍예문 위에 가설된 문루는 2층으로 돼 있는데, 남대문과 같이 아래층 전부를 개방하여 바닥에 흙을 깔고 중앙 칸에만 마루를 깔았다.

공포栱包의 수법도 남대문과 큰 차이는 없으나 세부의 수법은 기교적이면서도 나약한 편이다. 남대문은 웅장하고 훨씬 남성적이며 안정된 모습이다. 그에 비해 동대문은 약간은 여성적이며, 비록 주변의 성벽은 모두 헐려 없어졌으나 그나마 남아 있는 옹성에 비해 단아하긴 해도 나약한 모습을 보이고 있다.

1987년 11월 27일 〈동아일보〉에 난 기사는 호사가들의 흥미를 끄는 데 충분

했다. 동대문은 해마다 10월경부터 동남쪽으로 기울어지기 시작해서 이듬해 2, 3월 중에는 최대 9mm까지 기울어진다는 사실이 한양대학교 정밀기계학과 한응교 교수에 의해서 밝혀졌다는 기사가 그것이다.

지하철 4호선의 건설에 따라 바로 그 자리에 있는 보물 제1호인 동대문에 대한 영향을 고려해서 지하철 건설본부에서는 한응교 교수팀에게 용역을 주어 조사를 의뢰했다. 한응교 교수팀은 1983년 10월부터 경사계를 달고 측정을 계속했다. 동대문과 청계천 방향을 X축으로 하고 청량리와 종로 방향을 Y축으로 해서 측정한 결과, 이스턴 호텔 쪽으로 최대 9mm의 변위를 가지고 기울어졌다가 다시 제 위치로 돌아오는 변화를 되풀이하고 있는 것이 밝혀졌다.

이것은 어느 구조물에 있어서도 일어날 수 있는 것으로, 태양열이라든가 지하수의 변동, 또는 계절에 따른 온도의 변화로 수축됐다가 늘어나는 등의 변화로 볼 수도 있는 것이다. 더욱이 측정을 할 때 올라가보니 기둥과 마루나 천장의 이음새가 자연적으로 10mm 이상의 틈새가 있도록 돼 있었다. 이것은 자연적으로 기울어짐으로 해서 응집력을 완화시켜 육중한 지붕의 무게를 지탱시키는 역학적인 구도라고 한다. 그래서 한때 동대문을 보수하는 사람들이 여름과 겨울에 그 틈새의 벌어짐이 심한 차이가 나니까 6mm 가량 두께의 띠쇠를 박아 놓았는데 그것이 모두 부러져나갔다고 했다.

동대문이 이스턴 호텔 쪽으로 기우는 것은, 이스턴 호텔을 지을 때 바로 앞에 있는 동대문보다 높게 지었는데, 이때 동대문에 대해 아주 정중한 고사를 지냈다고 한다. 그래서 동대문이 고사를 잘 받아먹었다는 답례로 그쪽으로 고개를 숙이는 것이라는 우스운 얘기도 나돌았다.

한편 한교수의 조사 자료는 일 년을 주기로 경사 변화를 보여온 동대문이 지하철 4호선 공사로 인한 발파작업 때 심하게 흔들려 기준치를 한때 초과한 사실도 밝혀냈다고 한다. 그러나 지하철공사측에서는 바로 한응교 교수팀의 정밀측정으로 동대문에는 아무런 이상이 없다는 것을 확인하고 공사를 진행시켰다고 얘기하고 있다.

동대문은 보물 제1호이다. 우리 조상들의 슬기를 모아 세워진 소중한 문화유산인 것이다. 그렇게 기울어졌다가 다시 바로 서고, 그런 일을 반복해도 아무런 문제점이 없는 걸까? 우리의 얼굴처럼 단아하고 반듯하던 동대문이 어느 날 한 쪽으로 기울어져 다시는 제 모습을 찾을 수 없게 되는 건 아닌지….

문화재연구소 보존과학연구실장 김동현 박사는 말한다.

"사실은 안 움직이는 것이 제일 좋다. 그러나 도시 개발에 의해서 문화재가 도시 속의 고도孤島처럼 돼버리고, 폭주하는 교통량으로 인한 진동, 지하철 굴착 등으로 지질적인 변화도 있어서 동대문이 원상에서 조금 변했다는 것은 틀림없나. 그래서 여러 가지 대책을 세웠다. 지하철을 만들 때에는 옹벽을 쌓고 일절 진동이 가지 않도록 하고 또한 여러 가지로 정밀검사를 했다. 큰 문제는 없을 것이라고 본다. 목조건물의 특징이 조금 움직이더라도 나무와 나무의 맞춤, 이음에 약간의 여유를 갖고 있기 때문에 그 안에서 움직여도 먼 곳에 영향이 안 가고 그 자체가 해결할 수 있도록, 그러한 기능을 우리나라 전통건축이 갖고 있다. 부분적인 진동이나 약간의 침하가 된다고 하더라도 전체에 영향을 주는 일은 없을 것으로 본다."

11. 마포 이야기

    한양 천도 후 태조 이성계는 정도전을 시켜서 서울의 사산 능선을 따라 성벽을 쌓았다. 성벽 안을 문안이라 했고, 문밖의 10리(약 4km)까지를 성저 10리라고 했는데 마포나 왕십리, 광나루, 뚝섬 같은 곳을 서울에 편입시켰다. 그 성저 10리의 흔적이 지금 성북구 정릉동에 남아 있다. '성저 5리 정계비' 라는 것이 바로 그것이다. 이 정계비는 동소문 밖뿐 아니라 서울의 4대문과 4소문 밖에 모

△ 1900년대 마포나루의 전경.

두 세워졌으나 모두 없어지고 이곳에만 남아 있다.

마포麻浦의 옛 이름은 삼개라고 하는데, 이 삼개의 한자 이름이 바로 마포이다.

마포강변에는 일찍부터 상당히 발달된 어촌과 상가가 형성되었다.

마포는 조선 전기부터 수상교통의 중심지였고, 삼남지방에서 올라오는 세곡을 보관하는 경창京倉이 있었으며, 따라서 마포는 생선이나 새우젓을 잡아서 파는 단순한 어촌이 아니라 강항江港으로서 일찍부터 번성했다.

그러나 마포강은 일면으로는 풍류의 강이었다. 마포강변은 일찍부터 많은 정자와 누각이 세워지고 지체 높은 선비들과 시인·묵객들이 즐겨 찾던 뱃놀이의 명소였다.

용산강 하류에 있는 마포는 남쪽으로는 용산의 높은 언덕이 강변 가까이까지 나와 있고, 북쪽으로는 잠두봉의 석벽이 양화나루 위로 불쑥 나와 있으며, 그 사이에 강폭이 넓고 강물의 흐름이 완만한 포구였다. 또 앞에는 아담한 밤섬이 있어 오고 가는 놀잇배의 한가한 모습이 한 폭의 그림 같은 곳이었다.

마포에서 바라보는 절경이 여덟 가지가 있었는데 이것을 마포팔경 또는 서호팔경西湖八景이라고 했다. 마포의 풍경을 묘사한 마포팔경을 한번 들어보자.

첫째가 용호제월龍湖霽月이니, 용산강 비 개인 하늘에 떠오르는 둥근 달의 모습이요, 둘째는 마포귀범麻浦歸帆이라고 했으니, 마포강 나루로 돌아드는 돛단배의 모습이다. 셋째는 방학어화放鶴漁火라고 했는데, 방학 강가에서 밤에 불을 피우고 고기를 잡는 고깃배들의 불의 모습이요, 넷째는 율도명사栗島明沙라, 밤섬 주변의 맑고 깨끗한 백사장을 말하는 것이요, 다섯째는 농암모연籠岩暮煙, 즉 농바위 부근 마을에서 저녁에 밥 짓는 푸른 연기의 모습을 말한다. 여섯째는 우산목적牛山牧笛이니, 멀리 와우산에서 들려오는 목동의 피리소리요, 일곱째는 양진낙조揚津落照라, 양화나루에 지는 석양 노을의 모습이 절경이었으며, 여덟째는 관악청풍冠岳晴風, 멀리 한강 너머 관악산 허리를 감도는 산안개의 모습을 바로 마포팔경이라고 했던 것이다.

조선 시대에는 많은 풍류객과 시인·묵객들이 이곳 마포를 찾아 정자를 짓

△ 마포나루는 서해로부터 서울로 들어오는 물산의 집산지였다.

고 한가로이 세월을 보내기도 했다.

풍류객으로 유명했던 태종의 큰아들 양녕대군은 만년에 이곳에 영복정榮福
亭을 세우고 경치를 즐겼다. 또 둘째아들 효령대군은 망원동에 망원정望遠亭을
짓고 소요자적했으며, 세종이 이곳 정자에 올라 주석을 마련하기도 했는데, 때
마침 오랜 가뭄 끝에 단비가 내리자 이 정자의 이름을 희우정喜雨亭이라 고치고
변계량에게 기문을 적게 했다. 지금 망원정은 옛 모습 그대로 복원되어 강변도
로 옆에 그 모습을 드러내고 있다.

또한 희우정은 명나라 사신 등 국빈 영접의 연회장이 되기도 했다.

희우정은 뒤에 성종의 형인 월산대군의 소유가 되어 별장으로 쓰였는데, 성
종도 해마다 이곳에 나와 농사의 작황과 수전 연습을 둘러보고 주연을 베풀었
다고 한다.

성종 16년(1485)에 이 정자를 크게 개수하여 이름을 다시 망원정으로 고쳤다.

또 세종의 셋째아들인 안평대군도 이곳에 담담정을 짓고 당대 명사들과 함께
시를 짓고 주연을 베풀며, 때로는 강상에 배를 띄우고 풍월을 즐기기도 했다.

△ 마포나루의 객주들이 물건을 흥정하고 있다.

명종 때의 기인으로 이름난 토정 이지함은 이곳 강촌 사람들을 모아 높이 1백 척의 토실을 만들고, 그곳에 양곡을 저장하고 토실 위에서 거처하면서 이름을 토정이라고 했다. 이 토정은 없어졌지만 동네 이름으로 남아 전해지고 있다.

이 정자에 올라 앉으면 산수간의 먼 경치를 바라볼 수 있다고 해서 붙여진 망 원정. 이 망원정이 근세에 이르러서도 적지 않은 화제를 던지고 있다.

병인양요 때, 즉 고종 3년에 대원군이 천주교도에게 박해를 가하자 이를 피 해 탈출한 신부로 인해 이 사실을 알게 된 프랑스 군함이 강화도를 거쳐 한강 양화진 앞에까지 와서 시위를 벌인 일이 있었다.

이런 사건이 있은 후 대원군은 서양 사람들의 철갑선을 막아낼 수 있는 대비 책을 강구하고자 전국에서 묘안을 모집했다.

이때 여러 가지 안이 나왔는데, 그중에 학우선鶴羽船이란 것이 있었다. 이는 일종의 전투함인데, 학의 날개를 겹겹으로 해서 배를 만들면 배가 가벼워서 민 첩하게 행동할 수가 있으며, 또 총탄으로 구멍이 뚫리더라도 선체가 새털이기

◁ 미국의 제너럴 셔
먼 호(대원군은 이 배
의 엔진을 움직이기 위
해 석탄 대신 숯을 때
서 시험했으나 실패했
다).

때문에 금방 아물어지니까 문제가 없다는 것이다.

이에 대원군은 학의 깃털로 전함을 만들기 위해 전국의 사냥꾼에게 학을 잡
아 그 깃털을 공출하라는 명령을 내렸다. 지금 생각하면 참 억지 같은 얘기다.
마침내 전국에서 모아진 학의 깃털을 엮고 아교를 짓이겨 배를 만들었다. 배는
정말 가벼웠을 것이다.

만약 이 학우선이 진수에 성공했더라면 아마 우리나라에서는 학을 비롯한
큰 날개를 가진 새들은 멸종했을지도 모를 일이다.

배가 완성되자 진수식을 가진 곳이 바로 이 망원정 앞 한강이다. 세종과 성종
때 수전의 연습을 관람하던 곳이자, 또 프랑스 함대가 침입했던 바로 그 현장에
서 이 행사를 거행한 것이다. 여기서 배를 물에 띄우자마자 물이 새들어 배는
어럽쇼 어럽쇼 하는 동안에 가라앉아버리고, 배에 타고 있던 수군장수와 병사
들을 구출하느라 야단법석을 떨었다고 한다.

학우선의 진수로 큰 고배를 마신 대원군이지만, 외적을 막아야 한다는 생각
엔 변함이 없었다. 그 이후로 대원군은 또 한 번의 시도를 하게 된다.

병인양요가 일어나던 해, 즉 1866년 7월에 미국선 제너럴 셔먼 호가 대동강
을 거슬러올라와 통상을 요구하며 시위를 하다가 우리 군대의 습격으로 이 배
가 불에 탄 일이 있었다. 하지만 배는 불에 탔지만 배의 기관만큼은 그대로 있
었던 모양이다. 그래서 새로 동판과 철판으로 배를 만들어 이 새 배에다 셔먼
호의 기관을 장착했다.

△ 양화나루의 잠두봉(위)과 복원된 망원정의 모습(아래).

셔먼 호는 원래 석탄을 때서 움직이는 증기기관선인데 그때 우리나라에는 석탄이 없었기 때문에 대신 숯을 사용했다. 그래서 대원군은 망원정에 거둥하여 이 화륜철선의 진수식을 지켜보았는데, 기관이 요란한 소리를 내며 움직이기 시작하자 망원정과 강둑에서는 함성이 터져나왔다. 그러나 소리만 요란할 뿐 철선은 좀처럼 움직이질 않았다. 한 시간 가까이 기관을 돌렸지만 겨우 열 자 정도 움직였다고 하니, 이로써 대원군은 두번째 실패를 맛보게 된 것이다.

이 망원정은 '88 서울올림픽 이후 한강변 유적의 복원계획으로 제일 먼저 복원되었다.

마포강의 하류를 서강西江이라고 한다. 이는 도성 서쪽에 있는 강이라는 뜻이다. 서강은 뱃놀이로 유명했던 마포와는 달리 많은 조운선漕運船이 모여들어 붐비는 포구였다.

〈동국여지승람〉에는, 서강은 서해안 방면에서 들어오는 어선과 조운선들의 종착점이며, 황해·전라·충청도 및 경기 하류의 조세곡을 실은 배들이 이곳에 모여졌고, 하삼도下三道에서 들어오는 조세곡들도 이곳 광흥창廣興倉에 쌓아 보관했다고 전한다. 광흥창은 서강의 북부 와우산 아래 있다고 했는데, 지금 서강파출소 뒤의 주택들이 밀집해 있는 402번지 일대였던 것으로 알려져 있다.

이렇듯 마포에는 삼남지방과 서해로부터 조세곡을 비롯한 많은 생활 필수품이 배에 실려 들어왔고, 이러한 물건을 파는 시전과 객주집이 많았다.

마포 시전에서 가장 유명한 것은 새우젓으로, 한때는 마포가 새우젓으로 상징되기도 했다. 대흥동과 염리동에 큰 소금창고가 있었으며, 서해로부터 들어오는 소금배는 이곳까지 와서 소금을 부렸고, 오지그릇을 구워내는 옹기마을인 동막東幕도 있었다.

지금 용산에서 당인리로 나가는 용산역 간이역인 동막역 부근의 지명은 옛날부터 '독막' '동막' 으로 불려왔다. 이 동막은 동쪽에 있는 막사를 의미하는 것이 아니라 독, 즉 옹기류를 구워내는 움막들이 있었기 때문에 옹막 또는 옹리를 우리말로 독막·독마을로 불렀던 것이다. 지금도 동막역 부근에는 많은 옹기요 또는 옛터를 볼 수가 있다.

이렇듯 소금과 독이 있고 서해에서 잡아들이는 새우 배들이 모이게 되니 여기가 바로 새우젓을 담그는 곳이 되고, 또 다른 지방에서도 여러 젓갈이 이곳으로 모여 큰 시전을 이루게 된 것이다.

마포가 젓갈의 집산지가 된 것은 인천·속초·군산·흑산도·목포·마산에서까지 모든 젓갈이 마포로 모여들었기 때문이다. 그래서 마포의 젓갈 시전은 한때 남대문 밖 칠패七牌 시전을 장악한 일도 있었다고 한다.

새우젓의 종류도 다양했다. 초봄의 쌀새우로 담근 것을 '새하젓' 이라고 했고, 초여름에서 5월까지 오사리로 담근 젓은 '오젓', 6월의 '육젓' 은 특히 새우가 살이 쪄서 맛이 좋고 오래 두어도 맛이 변치 않아 가을에 담근 '취젓' 이나 겨울에 잔새우로 담근 '동백하' 보다 맛이 일품이고 값도 비쌌다고 한다.

이렇듯 마포의 상업이 성하니 마포강변에는 색주가를 비롯한 시정잡배들이 모여들었고 무수리패들까지 끼여들어 마포는 마치 파시波市처럼 일년 열두 달 흥청거렸다고 한다.

특히 마포 공덕리의 소주는 유명했다. 〈동국세시기〉에도 공덕리의 소주가 유명했음이 적혀 있다.

소주는 공덕·옹막 사이에서 삼맥주三麥酒를 1백 독씩 빚어 제일 유명했다.

그러나 지금 마포강변에는 옛날의 정취를 더듬어볼 수 있는 것은 아무것도 남아 있지 않다.

밤섬은 그나마 지금은 많이 좋아진 모습이 되었지만, 명사십리를 자랑하던 예전의 모습은 찾아보기 힘들고, 차들이 질주하는 강변로 아래 고수부지에는 그 옛날 토정 선생이 살던 토정 터에 깨다 남은 용바위가 쓸쓸히 웅크리고 있을 뿐이다.

밤섬, 일명 율도栗島.

1968년 2월 10일은 밤섬이 한강에서 사라진 날이었다.

한강 개발과 여의도 건설의 일환으로 하구를 넓혀 한강물이 잘 흐르도록 하기 위해서 밤섬을 폭파해버렸다.

밤섬에는 부군신府君神을 모시는 사당을 만들어놓고 17대를 살아온 62가구 443명이 살고 있었는데, 그들을 창전동으로 옮기고 이 돌섬을 폭파해서 여의도

△ 밤섬이 보이는 마포나루(위). 마포나루에서 매년
베풀어지는 마포나루굿(아래).

축석에 필요한 골재를 캐냈다.

서울 마포구 서강동 15통으로 돼 있던 밤섬에는 조선조의 한양 천도와 함께
배를 만드는 기술자들이 정착했고, 〈한경지략〉에 보면 이곳에는 뽕나무를 비롯

해서 많은 약초를 재배했다고 한다.

마포에는 유달리 당집이 많았다. 4대문 안에 있던 부군당을 비롯한 당집은 중종 때 모두 헐렸지만, 성저 10리에는 마을의 수호신을 모신 부군당 등 당집이 그대로 많이 남아 있었으나 이것도 최근의 도시 개발과 함께 대부분 사라져버렸다.

그러나 공민왕 사당은 옛날 광흥창이 있던 자리 뒤 와우산 동남쪽 기슭 오래된 느티나무 아래 그대로 남아 있다.

12. 새문안과 경희궁

요즘 청계천 복원에서 시작해서 없어진 서대문을 복원한다는 말까지 나오고 있다. 복원이란 없어진 옛것을 옛 모습 그대로 다시 세운다는 말인데, 특히 일제가 들어와서 없애버린 옛것을 다시 복원시킨다는 것에 반대할 사람은 없을 것이다. 경복궁의 광화문이 복원됐고, 경복궁 안의 여러 전각이 복원됐다. 그러

△ 1890년경의 서대문. 전차선로도 없고 성벽도 연결돼 있었다.

나 청계천의 복원에는 여러 가지 문제점도 많고 주변 상인들의 반대도 만만치 않다. 그러는 가운데 난데없이 숭례문의 홍아석의 일부가 떨어져나간 것을 접착제로 붙인다는 말이 나왔다. 없어진 것을 새로 복원하는 것도 좋지만 있는 것을 잘 보존, 유지하는 일이 더 중요하고 시급한 일이 아닐까. 서대문 복원 얘기에 앞서 먼저 서대문의 역사를 더듬어보기로 하자.

서대문은 서울 사대문의 하나로 건립됐다.

지금의 신문로는 나중에 한자를 붙여서 나온 이름이고, 이 신문로의 원래 이름은 새문안이었다. 새문안이란 말은 두 가지의 뜻을 가지고 있었다. 그 하나는 처음에 사대문을 지을 때 서대문으로 쓰던 서전문西箭門의 지세가 불편해서 이것을 폐지하고 평지에다 새로운 문인 돈의문을 짓고 이것을 쓰게 했는데, 이 돈의문을 새문이라고 했고 그 문안 동네를 새문안, 돈의문 밖을 새문 밖이라고 했다는 것이다. 이 돈의문은 1915년까지 그대로 있다가 그해 3월에 길을 넓히면서 헐어버렸다.

또 하나 새문안이란 말의 유래는 색문동, 즉 변방 새塞자를 써서 문을 막았다는 뜻으로 다음과 같은 얘기가 전해지고 있다. 태종을 도와 1차 왕자의 난을 처리한 안성군 이숙번이 서대문 안에 큰 집을 짓고 살았는데, 서대문으로 드나드는 사람들의 소리가 하도 시끄러워 서대문을 막아버리고 사람들의 출입을 금했다고 해서 색문(문을 막음)이라 했고, 이숙번을 그 원한의 대상으로 문 막은 집, 즉 색문집이라고 했는데 여기서 색문안, 새문안이란 말이 나왔다는 것이다. 일설에는 이숙번이 돈의문, 즉 새문안을 막았다고 하나, 서전문을 폐쇄하고 돈의문을 설치한 것은 세종 때의 일이니까 이숙번이 막은 문은 돈의문이 아니라 서전문인 것이다.

새문안이 새문의 문안이라는 말보다 문을 막아버렸다는 색문이란 말에서 나왔다는 설이 그럴듯하게 들린다. 정도전이 아직 살아 있을 때의 일이다. 하륜이 정도전의 미움을 사서 충청도 관찰사로 나가게 됐을 때 정원군으로 있던 태종이 그를 위해 송별연을 베풀었는데, 하륜은 이때 일부러 술 취한 척하면서 태

△ 서대문 밖에 있던 천영정과 서지(일본공사관이 여기 있었다).

◁ 일본공사관이 불탄 다음의 황폐한 서대문 밖.

종의 옷에 술을 엎질렀다. 태종이 화가 나서 집으로 돌아가자 하륜은 쫓아가서 사과를 하는 척하며 그의 귀에 대고 신덕왕후 강씨 소생 왕자들의 동향이 심상치 않다는 말을 해주었다. 이에 태종이 어떻게 하면 좋겠느냐고 물으니 하륜은 자신이 외직으로 나가게 되어 진천에 내려가 기다릴 수밖에 없으니 이러한 일은 안성군수로 있는 이숙번을 불러서 일을 맡기면 잘 처리할 것이라고 했다. 그래서 태종은 곧 사람을 보내 이숙번을 급히 한양으로 불러올려 일을 맡겼다. 이때 이숙번은 신덕왕후 강씨 소생의 왕자를 없애기 위해서는 우선 정도전 등을

△ 1910년대의 서대문(전차가 서대문 안으로 드나들었다).

죽여야 한다고 서슴없이 해결책을 상신했던 것이다.

태종의 밀명을 받은 이숙번은 안산의 군사들과 궁중의 종복들을 거느리고 군기감을 빼앗고 경복궁을 포위한 다음 먼저 정도전을 죽이고, 왕자의 난을 획책했다는 이유를 들어 무안대군과 의안대군을 제거하는 데 성공한다. 이숙번은 그 공으로 안성군에 봉해졌고 벼슬이 우찬성에 올랐다.

그런데 그뒤로 이숙번은 오직 자기의 공만을 믿고 같은 벼슬의 군신들을 자신의 종처럼 대할 뿐 아니라, 임금이 불러도 병이 났다는 핑계로 나가지 않으며, 거만하고 방자하기가 이를 데 없었다. 그러니 자기 집이 있는 서대문 근처가 시끄럽다고 해서 서대문을 막아버리는 것은 그에게 있어 아무 문제도 아니었던 것이다. 상황이 이러하니 대간들이 가만히 있을 리가 없었다. 결국 이숙번은 탄핵을 받아 함양군으로 귀양가게 된다.

세종 때 〈용비어천가〉를 짓는다고 할 때 태조와 태종 때의 일을 잘 아는 사람은 이숙번밖에 없다고 해서 그를 유배지에서 잠시 불러들였는데, 이숙번은 여전히 안하무인격으로 굴다가 결국은 〈용비어천가〉가 끝난 다음에 다시 유배지로 보내져서 그곳에서 세상을 떠났다.

신문로 1가와 2가에는 지금은 잊혀진 옛날 자연부락의 이름과 다리들이 있었다. 당핏골이란 동네가 있었는데, 당나라의 의원 피皮씨라는 사람이 살았기 때문에 이런 이름이 붙었다. 동령골은 세종로와 신문로 1가에 걸쳐 있는 마을인데, 동쪽에 황톳마루의 고개가 있었기 때문에 동령골이라고 했다. 동산말은 함춘원의 동산이 있어서 붙여진 이름이다. 백목전다리는 경기여자중학교 입구에 있었던 돌다리로, 백목전이 있었기 때문에 붙은 이름이었다. 경희궁의 홍화문 밖 신문로 2가 59번지에는 군국의 일을 맡아 처리하던 비변사가 있었는데, 명종 때 창설됐다가 고종 때 의정부에 병합됐다.

신문로 1가 169번지에는 궁중과 한성부 중의 토목영선에 관한 일을 맡아서 하는 선공감이 있었다. 당주동과 신문로 1가에 걸쳐 있는 마을로 메주가마골이란 동네가 있었는데, 이곳에 메주를 쑤는 가마가 있었다고 해서 그렇게 불렀다. 또 세종로와 걸쳐 있던 마을에는 송기와 피골이란 동네가 있었고, 아랫방골, 염정수골 등 많은 동네들이 모여 있었다.

서울에 있는 조선왕조의 궁궐 가운데 일제가 가장 철저하게 파괴한 궁궐, 경희궁慶熙宮. 한일합병 이후 일제는 경희궁의 정전을 비롯해 모든 전각을 뜯어내서 그들의 절을 짓고 그 자리에 일본인 관리의 자제를 위한 경성중학교를 세웠다. 나라를 빼앗은 도적들이 무엇인들 못하겠느냐만 해도 너무했다는 생각을 지울 수 없다.

조선왕조 5백 년 동안의 수도였던 서울, 서울에 있는 많은 궁궐들이 역사의 애환을 담고 있지만 그중에서도 경희궁만큼 한과 슬픔이 맺혀 있는 궁궐은 없을 것이다. 경희궁, 지금 그 자리엔 오직 홍화문이란 문루 하나만 서 있다가, 얼마 전에 동국대학 경내에서 정각원이란 법당으로 쓰이던 숭정전이 경희궁의 정전으로 본래 자리에 복원됐다니 참으로 다행한 일이다.

경희궁은 임진왜란 이후, 광해군에 의해서 창건되었다.

광해군 9년(1617) 6월, 이조참의 이정원이 술사 김일룡을 데리고 편전으로 들었다.

△ 경희궁 자리에 복원된 경희궁의 본전, 희정전.

"전하! 지금 항간에는 이상한 풍문이 돌고 있다 하옵니다."

"이상한 풍문이라니? 또 누가 아무개군을 옹립하여 역모라도 꾸미고 있단 말인가?"

"역모가 아니옵고 새문동塞門洞에 왕기가 있다는 말이옵니다."

"새문동에 왕기가? 그게 무슨 소리냐? 어서 소상히 아뢰어라."

"전하! 바로 연전에 능창군의 옥사가 일어나자 장안에 있는 무수리들이 이런 말을 퍼뜨리고 있었습니다. 새문동에 왕기가 서려 있는데 이는 필시 새문동에서 새 왕이 태어날 것이라 했사옵니다."

"그게 무슨 소리냐? 새문동에서 새로이 왕이 또 태어난다면 한 나라에 왕이 둘이 있게 된다는 말이냐?"

"그러하옵니다."

"말도 안 되는 소리! 새문동에는 정원군이 살고 있는데 설마 누가 정원군을 업고 나와 역모를 하고 있다는 말은 아닐 테지?"

"정원군께서는 역심이 없으시옵니다. 이것은 오직 항간에 떠도는 풍설일 따름이옵니다. 새문동에 새 궁궐을 지으시고 전하께옵서 이어하시면 바로 그것

△ 경희궁을 훼철하기 위해서 일제가 먼저 뜯어낸 서대문 (돈의문).

이 새문동의 왕기를 누르시는 일이 되옵니다. 정원군의 집터를 몰수하시고 원장을 크게 늘리시어 새 궁궐을 지으시는 것입니다."

"그러나 지금 새문동 뒤쪽 인왕산 밑에 인경궁을 짓고 있는데 또 궁궐을 지으란 말인가?"

"전하! 궁궐은 하나나 둘 더 있어도 무방하옵니다. 오히려 왕업의 융성하심을 온 백성에게 펴 보이시는 길이 되옵니다. 새 궁궐은 전하의 피우처로서 별궁으로 지으시고 서별궁이라 하시면 되옵니다."

광해군은 인왕산 밑에 인경궁을 짓고 있었는데, 김일룡이 말한 서별궁이라는 말에 더욱 구미가 당겼다. 광해군은 이렇듯 귀가 얇아 남의 말을 잘 들었다고 전해진다. 〈연려실기술〉에 광해군의 성격을 묘사한 대목이 나온다.

광해주가 항상 궁중의 깊숙한 곳에 몸을 숨기고 사람을 시켜 찾게 하여 찾지 못하면 기뻐하고 찾으면 기뻐하지 않았는데, 대저 변이 있을까 염려해서 몸 숨기기를 연습한 것이다.

△ 경희궁의 정문인 흥화문. 일제 때 장충동 박문사(이토 히로부미를 제사한 절)의 정문에서 영빈관의 정문으로 있다가 제자리에 옮겨 복원됐다.

광해군 9년 6월에 새문동에 신궁을 창건하기를 의논하여 궁의 이름을 처음에는 경녕궁 또는 서별궁으로 했으나 8월에는 경덕궁으로 명명했다. 경희궁으로 된 것은 영조 때의 일이다. 경덕궁의 공역은 광해군 9년 8월에 개기 시역하기로 하여 궁이 들어갈 지역의 민가들을 철거케 하고 경기·전라·충청·황해·강원도 등지에서 자재를 모았으나 그해에는 축장공사만을 하고, 본격적인 영건은 광해군 10년 봄부터 시작했다.

경덕궁은 왕에게 무슨 일이 있을 때 피우처로서 건립했으나, 인경궁과 경덕궁의 공사를 병행할 수가 없어서 광해군 11년에는 인경궁의 공사를 잠시 중단하고 경덕궁의 조성을 서둘러서 그해 가을에는 정전·동궁·침전 등 1천 5백 칸의 건물이 완성됐다.

한편 광해군이 인경궁과 경덕궁을 창건하면서 재정적으로 무리를 하고 있었으며, 또한 자금의 조달을 위해 부정과 부패가 만연했는데, 이때의 일을 〈연려실기술〉에는 이렇게 적고 있다.

△ 경희궁 터의 석단. 석단 위의 건물은 일제가 세운 경성중학교이다.

광해주가 관직을 임명할 때에 은이 많고 적은 것을 보아서 벼슬계급을 올리고 낮추며, 또 인경궁·자수궁·경덕궁을 지어 인가를 모두 헐고 원장을 넓히며, 산에 나무를 모두 베어서 큰 떼배가 강에 연달았고 인부들을 징발하여 중이 성안에 찼었다. 그때 집터·돌·은·나무 등을 바치고 혹은 내를 막아 물을 가두고 혹은 숯을 태워 쇠를 다룬 자도 모두 옥관자의 반열에 올렸는데, 사람들이 오행당상이라 불렀다.

경희궁은 20세기 초에 들어오면서 일제의 강점으로 뜯겨나가고 헐려 그 정확한 궁궐의 배치를 알 수 없으며, 오직 〈궁궐지〉의 기록에 의해서 찾아볼 수밖에 없다.

기록에는 비록 왕의 피우처라고 했으나, 경희궁은 그 규모나 전각의 수를 봐서도 창덕궁 못지않은 큰 궁궐이었음을 알 수가 있다.

그러나 융희 3년(1909)에 들어와 경덕궁은 궁의 서쪽 대부분을 일본의 자녀들

◁ 일제가 경희궁의 건물을 뜯어다가 남산 중턱에 세운 일본 불교 진언종의 총본산인 동본원사東本願寺.

◁ 경희궁의 정전인 숭정전은 동국대학교 경내에 있던 정각원으로 쓰다가 1985년 이후의 복원 계획에 의해 제자리에 복원되었다.

이 다닐 통감부 중학교로 사용하면서 그들에 의해서 훼손되기 시작했고, 그후 경희궁 자리에는 아무런 흔적도 남지 않았다. 지금 남아 있는 경희궁의 건물은 세 동뿐이다. 즉, 신라호텔의 정문으로 사용되고 있다가 옛 자리로 옮겨진 홍화문과, 동국대에서 정각원으로 사용하고 있는 숭정전과 황학정이 남아 있을 뿐이다.

경덕궁, 즉 경희궁은 광해군에 의해서 광해군 12년(1620)에 완성됐으나, 정작 광해군 자신은 이 새 궁궐에 들어가보지도 못한 채 1623년 인조반정으로 왕위에서 물러나고 말았다. 새문동에 왕기가 있다고 해서 지은 경희궁은 창건자인 광해군과는 인연이 없었고, 반정에 의해서 왕으로 추대된 인조는 새문동의 옛 주인이었던 정원군의 장남으로, 정원군은 원종으로 추존됐으니 결국 새문동 왕기설은 적중된 셈이라고 할까.

▷ 경희궁 경내에 있던 황학정.

▷ 이토 히로부미의 원찰인 박문사. 장충단에 있었다.

　인조 즉위 후에 경희궁은 왕궁으로서의 구실을 확실히 해냈다. 인조반정으로 창덕궁이 소실되고 그 이듬해에는 창경궁마저 이괄의 난으로 피해를 입자 인조는 인목대비를 받들어 경희궁으로 이어했다. 그후에도 3백 년 동안 경희궁은 서궐로서 궁궐의 역사를 다했다.

　인조반정 다음해에 경희궁으로 이어한 인조는 인조 5년에 후금의 침입으로 이곳을 떠나 강화도로 피신했다가 다시 경희궁으로 돌아왔다.

　조선왕조 제18대 현종은 그의 재임기간을 주로 경희궁에서 지냈다. 현종 15년 2월에 현종의 어머니인 왕대비 인선왕후가 경희궁 회상전에서 승하했다.

　현종의 뒤를 이은 숙종은 현종 2년 8월에 경희궁 회상전에서 탄생했다. 숙종은 재위 46년 동안 창덕궁과 경희궁을 여러 번 왔다갔다 했다. 숙종 14년에 그가 총애하는 장희빈이 원자를 생산하자 왕비 민씨를 폐하여 내쫓고 장희빈을

△ 성벽과 연결돼 있던 자하문(위). 복원되기 전, 성벽에 둘러 싸인 혜화문(아래).

왕비로 책봉하니, 세론이 들끓을 때 숙종은 17년 2월에 경희궁으로 옮겨가 있다가 세론이 가라앉은 후에 창덕궁으로 돌아가기도 했다. 그리고 숙종 43년에는 왕세자에게 정사를 맡기고 경희궁으로 가서 여생을 보내다가 경희궁 만상루에서 승하했고, 그의 아들 경종은 경희궁 숭정문에서 즉위했다.

제21대 왕 영조도 경희궁을 잘 이용했다. 영조의 아들 사도세자의 비였던 혜경궁 홍씨가 지은 〈한중록〉 여러 곳에 경희궁에 관한 기사가 보인다.

그후에도 경희궁은 서궐로서 정조와 철종 등이 숭정문에서 즉위식을 올렸고, 영조와 순조가 경희궁에서 승하했다. 그리고 융희 3년(1909)부터 일제가 경희궁에 손을 대기 시작한다.

융희 3년에 들어와 경희궁의 서쪽 대부분을 일제의 통감부 중학으로 사용했다. 이때 서쪽의 부지는 본래 동쪽 부지, 현재의 운동장과 같은 저지였던 것을 매립하여 높였다고 한다.

국권이 강탈된 1910년에 경희궁은 모두 국유로 편입됐는데, 〈경성부사〉에 의하면 당시에는 숭정당·회상전·홍정당·흥화문 및 무덕문각회랑, 고종 때 지은 황학정이 궁내에 남아 있었다고 한다. 1915년에는 학교명을 경성중학교로 바꾸었고, 부지 내 건물은 경기도에 의관 보전되다가 1926년에는 숭정전과 회상전이 지금의 필동에 있던 일본인 절 조계사로 팔려나갔고, 1928년 홍정당이 일본인 절 광운사로, 흥화문은 이토 히로부미(伊藤博文)의 사당인 박문사로 팔려나갔다.

경희궁의 부지도 1922년과 27년, 28년 사이에 분할 매각되어 41,319평만이 남게 되었다. 그리고 새문동에는 경희궁과 이웃한 곳에 구세군 본영과 개신교의 효시인 새문안 교회가 들어서게 됐다.

서울중고등학교가 강남으로 이사를 가자 1984년부터 경희궁 자리에 유적을 보존하여 시민공원을 만들겠다는 계획이 추진됐다. 신라호텔 정문으로 이용됐던 흥화문도 이전됐다. 또한 숭정전도 복원이 됐다.

우리는 수많은 건설사업으로 일제와 6·25가 남기고 간 상처를 씻고 새로운 조국 강산의 모습을 만들어내고 있다. 그런 가운데 옛 정신과 옛 모습을 그대로 담을 경희궁 공원이 하루 속히 완성될 것을 빌 뿐이다.

신문로 2가에는 경희궁 터 외에도 옛날부터 전해내려오는 동네 이름으로 오궁골이라는 곳이 있다. 이 오궁골은 신문로 1가에서 2가에 걸쳐 있던 마을인데, 원래는 오군골이었다. 이곳에는 세조 때의 우의정 이인손이 살았는데, 그의 아들 5형제가 모두 문과에 급제해서 영의정을 비롯한 정승반열에 올랐다. 5형제가 모두 국가에 공을 세워 군으로 봉군됐기 때문에, 군으로 봉군된 5형제를 배출했다고 해서 오군골로 불렸던 것이다.

이인손은 광주 이씨의 선조인 둔촌 이집의 손자다. 그의 아들은 이극배, 이극감, 이극증, 이극돈, 이극균으로, 이들 5형제가 세조 때부터 성종 때 이룩한 공적은 매우 컸다.

고종 32년(1895)에 교육에 관한 규칙이 발표된 후 사범학교를 비롯해서 법관학교와 무관학교가 개교를 했는데, 무관학교의 자리가 새문안에 있었다. 지금의 구세군회관이 바로 그 자리이다. 당시 이러한 관립학교에서는 학부에서 지급하는 교육위탁비라는 것이 있어서 돈을 받으며 교육을 받았다.

새문안 무관학교는 1896년에 개교하여 20세에서 30세의 젊은이들을 뽑아 사관생도로 양성했다. 수학기간은 1년이었으나 3백 명에서 4백 명이 넘는 무관학교 학생들 가운데서 시험을 치르고 제때에 임관된 사람은 한 학기에 20~30명에 불과했다. 그래서 사관생도들은 고관과 연줄이 있거나 돈 많은 집안의 아들만 골라서 임관을 한다고 하여 동맹파업을 하는 사건도 일어났었다.

또 후에는 일본사관학교에서 정식으로 교육을 받은 사람들이 돌아와서 생도의 교육을 담당했는데, 그중에는 어담 장군과 노백린 장군도 있었다.

13. 서울의 사당

사당은 조상의 신주를 모시는 곳으로, 가묘라고도 한다. 그 근원은 주자가례
朱子家禮에 의한 것으로 고려 말엽 정몽주, 조준 등이 그 시행을 역설했다. 하지
만 당시엔 불교가 성행했기 때문에 제대로 시행되지 않다가 조선조에 이르러
철저하게 시행됐다.

△ 사당의 효시라고 할 수 있는 성균관 대성당.

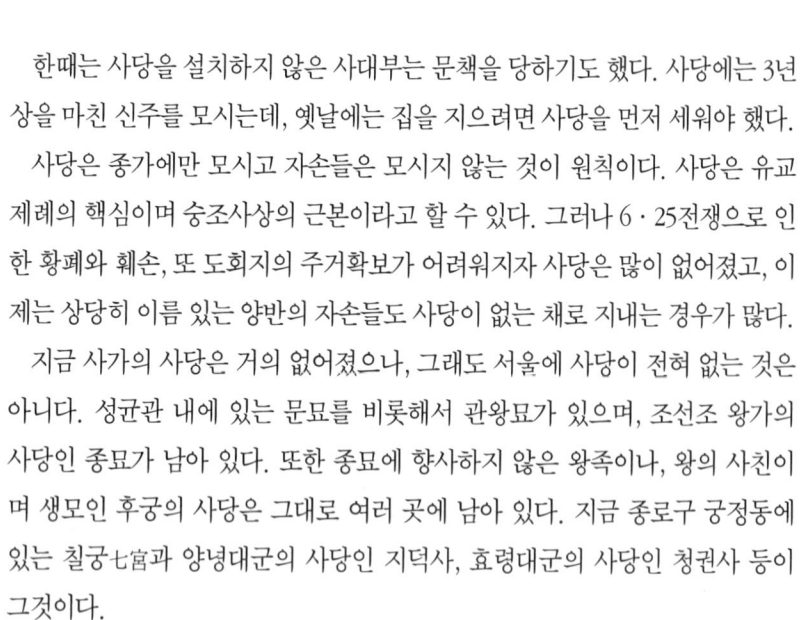

△ 왕의 사친의 신주를 모신 칠궁.

한때는 사당을 설치하지 않은 사대부는 문책을 당하기도 했다. 사당에는 3년
상을 마친 신주를 모시는데, 옛날에는 집을 지으려면 사당을 먼저 세워야 했다.

사당은 종가에만 모시고 자손들은 모시지 않는 것이 원칙이다. 사당은 유교
제례의 핵심이며 숭조사상의 근본이라고 할 수 있다. 그러나 6·25전쟁으로 인
한 황폐와 훼손, 또 도회지의 주거확보가 어려워지자 사당은 많이 없어졌고, 이
제는 상당히 이름 있는 양반의 자손들도 사당이 없는 채로 지내는 경우가 많다.

지금 사가의 사당은 거의 없어졌으나, 그래도 서울에 사당이 전혀 없는 것은
아니다. 성균관 내에 있는 문묘를 비롯해서 관왕묘가 있으며, 조선조 왕가의
사당인 종묘가 남아 있다. 또한 종묘에 향사하지 않은 왕족이나, 왕의 사친이
며 생모인 후궁의 사당은 그대로 여러 곳에 남아 있다. 지금 종로구 궁정동에
있는 칠궁七宮과 양녕대군의 사당인 지덕사, 효령대군의 사당인 청권사 등이
그것이다.

칠궁은 1929년에 덕안궁이 육상궁 경내에 이봉되어 기존의 6궁이 합쳐지면
서 칠궁이라고 부르게 됐다.

육상궁毓祥宮은 현재 종로구 궁정동에 있으며, 영조의 사친, 즉 생모인 숙빈 최씨를 향사하는 사당으로 영조 원년(1725)에 건립됐다. 숙빈 최씨는 숙종의 후궁이다.

숙종은 6남을 두었는데, 1남인 경종과 2남은 희빈 장씨의 소생이고, 4남인 영조를 비롯해서 3남과 5남은 숙빈 최씨의 소생이다.

숙빈 최씨는 숙종 44년(1718)에 세상을 떠났으며, 숙종이 승하하고 뒤를 이은 경종이 4년 만에 승하하자 1724년 8월에 영조가 왕위에 올랐다. 영조는 생모인 숙빈 최씨의 사당을 건립할 것을 생각했다.

"숙빈 최씨의 사우를 영건하는 일은 전에도 있었던 일이니 그 예에 의해서 건립하면 될 것이나, 내가 입승대통한 뒤에 사제가 그대로 비어 있으니 여기 사친의 사당을 세우는 것이 마땅할 것인데, 경들은 어떻게 생각하오?"

"영의정 이광좌 아뢰옵니다. 숙빈의 사우를 영건하는 일은 마땅할 것이나 저 경궁 인빈의 예에 의하여야 할 것인즉, 후에 제사를 지내야 할 사람은 바로 인신이 되는 것입니다. 전하께서 거처하시던 곳에 어찌 신하의 몸으로 들어가 살

수가 있겠습니까."

"허나 천하가 다 왕토요, 내 잠저에 사당을 지었기로 들어가 살지 못할 까닭이 있겠소?"

"전하께서 기거하시던 곳에 인신이 입거하는 것은 법도에 어긋나는 것이옵니다. 경복궁 가까운 곳에 길지를 택하여 묘사를 세우도록 하시옵소서."

"나는 국력을 낭비할 것을 생각해서 바로 그곳에 세우자고 한 것인데, 그렇다면 다른 곳을 찾아 세우도록 하오."

이렇듯 영조는 즉위하면서 그의 사친인 숙빈 최씨의 사우를 창의궁에 건립하려고 했으나 대신들의 반대로 다른 곳에 사당을 세웠다. 창의궁은 영조의 잠저로서 통의동 35번지 일대인데, 광복 후까지 그 유구의 일부가 남아 있었으나 6·25전쟁 후에 불하되면서 철거되었다.

육상묘는 1753년에 육상궁으로 승격되고 후에 영조의 어진도 봉안되었다. 육상궁은 고종 19년(1882) 8월에 큰 화재를 입어 전소되었으며 그 이듬해 중건한 뒤 오늘에 이르렀고, 경내 7,318평과 더불어 사적 제149호로 지정되었다.

저경궁儲慶宮은 조선왕조 14대 선조의 후궁이며 원종의 생모인 인빈 김씨의 신주를 봉안한 묘사이다. 원종은 선조의 5남이며, 인조의 생부로서 추존됐다.

저경궁은 본래 남부 회현방 송현, 지금의 중구 남대문로 3가, 즉 한국은행 뒤전 서울대학교 치과대학 자리에 있었다. 저경궁은 원종의 잠저로서 본시 송현궁이었는데, 후에 인빈 김씨의 신위를 봉안하면서 저경궁이 되었다.

저경궁은 조선말까지 존속돼오다가 고종 때에 이르러 이안되었다.

〈고종실록〉 7년 정월 초 2일조에 보면 각궁의 묘묘를 별립함은 당시에 있어서는 비록 불가결이었다 하더라도 지금에 이르러서는 일처별묘에 합사하는 것이 일에 마땅하니 인빈 김씨, 영빈 김씨, 화빈 윤씨 사우는 경우궁 내 별묘에 합봉하되 제반의절을 호조당상으로 하여금 대원군전에 품처하여 거행하라고 하고 있어, 인빈 김씨의 묘는 경우궁의 별묘에 이건되었던 것이다. 이때 경우궁은 계동에 위치했으며 고종 23년에 옥인동으로 이건되었다. 이와 더불어 인빈 묘도 이건됐을 것이며, 다시 융희 2년(1908) 7월에는 인빈 묘를 궁정동의 육상궁 경내로 이봉했다.

대빈궁大嬪宮은 육상궁의 주인 숙빈 최씨와 마찬가지로 숙종의 후궁인 희빈 장씨의 사당으로 중부 경행방, 즉 교동에 있었다. 고종 7년(1870)에 일시 육상궁에 이봉했던 일이 있으며, 고종 24년에 옛 자리로 환원했다가 역시 융희 2년에 다시 육상궁 경내로 옮겨졌다.

연우궁延祐宮은 영조의 후궁이며 영조의 1남으로 추존된 진종의 생모인 정빈 이씨의 신주를 봉안한 사당으로, 육상궁과 가까운 경복궁 서북방에 있었다. 연우궁 역시 고종 7년에 육상궁 경내로 이건됐다.

선희궁宣禧宮 역시 영조의 후궁이며 추존한 장조, 즉 사도세자의 생모인 영빈 이씨의 신주를 모신 사묘이다. 영조 40년(1764)에 별세한 후 다음해 7월에 시호를 의열이라 추존하고 아울러 북부 순화방, 지금의 신교동에 사묘를 세우고 의열묘라고 했는데, 정조 12년(1788)에 선희궁으로 승격하고 이름을 고쳤다. 융희 2년에 육상궁으로 이봉했고, 선희궁의 옛터는 지금 신교동 1번지 맹아학교 터가 됐다.

경우궁景祐宮은 정조의 후궁으로 순조의 사친인 수빈 박씨의 신주를 모신 사당이다.

〈동국여지비고〉에는 아래와 같은 기록이 나온다.

경우궁은 북부 양덕방에 있다. 순조 23년에 창경궁의 도총부 내에 세워서 수빈 박씨의 혼궁으로 하였고 처음에는 현사라 하였다. 익년에 구 용호영에 이건하고 지금의 이름으로 고쳤다. 순조 익종의 어용을 성일각에 봉안하였다.

그래서 경우궁을 건립한 구기舊基는 구 용호영 터로서, 북부 양덕방은 지금의 종로구 계동에 해당하며 전 휘문고등학교 운동장이었다고 한다.

고종 21년(1884) 음력 10월 17일, 김옥균, 홍영식, 박영효 등에 의해 갑신정변이 발발하자 고종이 경우궁에 이어하여 이곳에서 혁신 내각을 조직하고 다음날 계동궁, 즉 이재원의 집에 이어했다가 창덕궁으로 환어한 사건이 발생했다.

고종은 갑신정변이 일어나자 경우궁을 옮길 것을 지시하고 고종 23년 광화문 밖 옥인동으로 옮겼다가, 역시 융희 2년 사친 묘의 합사 조치에 따라 육상궁 경내로 옮겼다.

덕안궁德安宮은 고종의 후궁이며 영친왕의 생모인 귀인 엄씨의 신주를 모신 사당이다.

귀인 엄씨는 1905년에 양정의숙을, 1906년에 진명여학교를 설립하고, 숙명여학교의 설립에 거액을 기부하기도 했다. 경우궁 안의 명례궁 터에 경선궁을 세우고 이곳에 거처했는데 엄씨가 죽은 후에 덕안궁이라 개칭하고, 그후 태평로 1가에 신궁을 영위하고 묘의로 했다가 역시 융희 2년에 육상궁 내로 합사하게 되었다.

이와 같이 칠궁은 영조의 육상궁을 건립한 다음 역대 왕 또는 왕으로 추존된 분의 생모인 후궁의 묘로서, 원래 각각 다른 곳에 세웠던 것을 육상궁 경내로 합사한 것이다.

지덕사至德祠는 관악산의 주봉인 국사봉의 북쪽 기슭, 동작구 상도동 221번지 세칭 장승백이 약수터에 위치하고 있는, 태종의 장자인 양녕대군의 사당이다.

지덕사는 남대문 밖 도동, 관왕묘 맞은편에 자리하고 있었다. 그런데 남산에 경성신사와 조선신궁을 세우려는 일제의 횡포로 1912년, 양녕대군의 묘소가 있는 현 위치인 관악산 국사봉 기슭으로 옮겨진 것이다.

남산 기슭에 있던 지덕사에는 이런 전설이 전해지고 있다.

이지광은 양녕대군의 13대 손으로, 가세가 몰락하여 남대문 밖 관왕묘 건너편 언덕배기에 몇 칸짜리 초가집을 짓고 빈한하게 살고 있었다. 어느 날 한 스님이 시주를 청하러 이지광을 찾아왔다.

"어서 들어오시오, 스님. 대사님이 모처럼 우리 집을 찾아오셨는데 밥 한 그릇을 남처럼 대접하지 못하게 된 것을 부끄럽게 생각합니다. 우리 집은 그저 일년 열두 달을 죽으로만 연명해오는 터인데, 이제 저녁때도 다 됐으니 죽이나마

한 그릇 나눠드시고 가시지요."

"너무나 고마우신 말씀이십니다."

"이제는 날이 저물어 먼 곳으로 가실 수도 없으니, 내 집이 비록 풍창파벽으로 둘러 있으나 그래도 비바람은 막을 수 있으니 하룻밤 함께 지내고 가시지요."

"주인어른께서는 정말 후덕하신 양반이십니다. 이런 어른이 기한을 면치 못하고 지내시니 얼마나 원통하시겠습니까. 소승에게 한 방도가 있사온데 한번 들어보시고 그대로 실천에 옮겨보시겠습니까?"

"대사님이 말하는 방도란 어떤 것인지 알 수 없으나, 사람이 부귀를 얻고 또 천빈해지는 것이 천명에 있거늘 어찌 인력으로 될 수 있겠소이까. 대사님의 호의는 감사하오나…."

"일이란 사람이 계획하는 것이고, 그것이 잘되고 안되고는 운수 소관이올시다. 당초부터 안될 거라고 포기하지 마시고 한번 해보십시오. 헌데 댁 뒤에 단청을 한 사당은 어느 분의 사당이십니까?"

"양녕대군의 사당입니다. 양녕대군의 13대 손이 바로 저올시다."

"그렇다면 일언이폐지하고 내일부터 사당을 둘러싼 모든 나무를 베어버리십시오. 제 말대로 하시면 며칠 안 가서 큰 복을 받게 되실 겁니다."

노승은 이런 말을 남기고 사라졌는데, 이지광은 반신반의하면서 사당 주변의 나무를 모두 베어버렸다.

그후 어느 날 정조 임금이 헌릉으로 행차했다가 관왕묘에 거둥했다.

"저 아래 퇴락한 사당이 있는 것 같은데 뉘 집의 사당인지 승지는 아는가?"

"그 묘가 바로 양녕대군의 사당인 지덕사이옵니다."

"뭐, 양녕대군의 사당이라고? 그렇다면 지금 사손祀孫이 살고 있는가?"

"네. 13대 손 지광이란 사람이 살고 있습니다. 가세가 빈곤하여 사당을 제대로 지키지 못하고 있는 줄 아옵니다."

"이것이 누구의 불찰에서 생긴 일인고. 이건 바로 과인의 불찰에서 생긴 일이 아닌가. 대군의 사손을 하루바삐 입궐토록 해라."

△ 태종의 장자인 양녕대군을 모신 지덕사. 처음엔 중구 도동에 있다가 일제의 횡포로 1912년 관악산 국사봉 아래로 옮겼다.

이지광이 입궐하자 정조는 친히 그의 손을 잡으며 말했다.

"양녕대군께서 임금의 자리를 사양하지 않으셨더라면 나의 자리가 곧 너의 자리가 됐을지도 모를 일이다. 대군의 욕심 없는 마음씨가 그대로 하여금 청빈하게 지내도록 만든 것이니라. 모든 일이 바로 나의 불찰에서 생겼으니 그대를 오늘부터 환조로 나가게 해줄 것이며, 승지를 대군 사당으로 보내 제사를 올리게 하겠다. 또한 호조로 하여금 대군의 사당을 중수케 함과 동시에, 너의 집에 전곡을 보내 대군께 올리는 향화가 꺼지지 않도록 할 것이니라!"

강남구 방배동에는 태종의 둘째아들인 효령대군의 묘소와 함께 사당인 청권사가 있다. 그밖에 몇 군데 대군의 사당들이 남아 있다.

매년 음력 4월 1일과 7월 1일, 그리고 10월 1일, 용산구 용문동 106번지 언덕 위에 세워진 남이 장군 사당에서는 지금도 어김없이 당제가 지내지고 동네 사람들이 모여 당굿을 한다. 특히 매 3년마다 4월 1일에는 대규모의 치제가 올려

▷ 남이 장군의 사당.

▷ 남이 장군 사당의 내부 제단.

진다. 이때는 원근의 남녀노소가 운집한 가운데 전야제를 비롯하여 연 사흘 동안의 대행사를 벌이는데, 봉제사 후에는 악사와 무당을 초치하여 동민의 건강과 소원성취 및 행운과 태평을 빌며 축제를 벌여왔다.

특히 남이 장군의 가장행렬과, 느름대에 용을 그린 당기와 백지를 달아맨 건립기를 앞세우고 동네를 도는 건립돌기는 용문시장 일대의 자랑이며 구경거리이기도 했다.

사람들이 모여 사는 마을에는 그 마을의 수호신을 모신 신당이 있게 마련이다. 마을 사람들은 해가 바뀔 때마다 주기적으로 신당에 제를 올려 질병과 재앙으로부터 벗어나 풍년이 들어 마을이 잘살게 해달라고 빈다. 산신당·국수당·서낭당·장군당·용신당·부군당 등이 이와 같은 목적으로 신앙되는 신당들이다.

지금으로부터 약 5백 년 전, 당시 서울에는 7계가 있었는데 그중 동문리계가 현 용문동 지역으로서 장사壯士가 많이 탄생했던 곳이며, 남이 장군은 이곳에서 모집한 병사들을 육성했는데 그 부하가 후세에 남이 장군을 추모하기 위하여 이 사당을 건립했다고 전해진다.

또한 일설에는 남이 장군이 억울하게 누명을 쓰고 처형됐다가 순조 18년(1818)에 신원되어 충무공이란 시호를 받음과 동시에 구봉서원에 배향되었으므로 그를 길이 추모하기 위하여 이곳에 모셨다고 한다.

즉, 남이 장군이 이시애 토벌 당시 용산에서 정병 3백 명을 모집했었고, 한강변 새남터에서 처형당한 사실을 감안하여 용산 지구에서 봉안하는 것이 타당하다고 결론을 내려, 원효로 2가 7번지에 사당을 짓고 제사를 올려오다가, 1904년에 철도가 부설되는 등 주위가 시끄러워지자 지방 유지들의 합의하에 사당을 현 위치로 옮기고 영정을 봉안했다고 한다.

남이 장군의 영정은 1935년에 안암동의 개운사 운백 스님이 그린 것으로, 장군은 청룡도를 잡고 앉아 있고 그 옆에 부군신 내외 및 최영 장군 부처, 그리고 신격 미상의 무속신 화상이 걸려 있다.

남이 장군은 세조 때의 무장으로, 비록 26세의 청춘에 무고로 세상을 떠났으나 많은 일화를 남긴 주인공이다.

남이는 의산위 남휘의 아들이고 태종의 외손이다. 그는 용맹이 특별히 뛰어나서 이시애와 건주위를 정벌할 때 선두에서 싸운 공로로 일등공신으로 책정되고, 세조가 벼슬등급을 뛰어 병조판서로 임명했더니 당시 세자이던 예종이 그를 몹시 꺼렸다.

그후 예종이 새로이 왕위에 올랐는데 때마침 하늘에 혜성이 나타났다. 남이는 대궐 안에서 숙직하다가 다른 사람과 말하기를, 혜성은 곧 묵은 것을 제거하고 새로운 것을 포치하는 형상이라고 했다. 병조참지 유자광은 평소 남이의 재능과 명성과 벼슬이 자기 위에 있는 것을 시기하여 기회를 엿보고 있었다.

유자광이 승정원에 나아가 입직하는 승지 이극증·한계순에게 고했다.

"신이 급히 주상전하께 계달할 일이 있사옵니다."

이극증은 한계순과 의논하여 유자광을 데리고 합문 밖으로 나가 승전환관 안중경으로 하여금 아뢰게 했다.

"전하, 지난 9월에 태상왕께서 붕어하실 때 혜성이 나타나서 여러 사람들이 이는 심상치 않은 일이라 변고하는 이가 많았사온데, 드디어 그것이 변고로 나타났사옵니다."

"변고라니, 무슨 변고란 말인가? 어서 소상히 아뢰어라."

"신이 내병조에 입직했는데, 벽 하나를 사이에 두고 어떤 사람이 하는 얘기를 들었사온데, 이는 분명히 역모의 모의였사옵니다."

"역모라니? 그게 도대체 누구의 목소리였단 말이냐?"

"여러 차례의 무공으로 태상왕의 총애를 받던 병조판서 겸 사복장으로 있는 남이인 줄로 아옵니다."

"남이가? 설마 그 사람이…. 병조참지가 잘못 들은 것은 아닌가?"

"아니옵니다. 남이는 오늘뿐이 아니옵고 수일 전에도 신의 집에 들러 같은 말을 했사옵니다. 성변이 일어난 것을 빙자하여 한 말이었는데, 혜성의 광망이 희고 분명치 않으나 혜성이 사라지지 않는 것은 장군이 반역하여 두 해에 큰 병란이 있을 것이라고 했사옵니다. 남이가 말하기를, '세조께서는 우리를 대접하는 것이 아들과 다름이 없었는데 이제 나라에 큰 상사가 있어 인심이 위태롭고 의심스러우니 아마도 간신이 작란을 하면 우리가 먼저 죽게 될 것인즉, 그러한 난이 일어나기 전에 우리가 먼저 간신을 제거하고 왕도를 바로잡아야 할 것이다'라는 말을 하면서, 지금 전하께서 계신 수강궁은 경비가 허술하니 반드시 경복궁으로 모시고 거사를 해야 한다고 했사옵니다."

"남이가 역모를 꾀하다니 믿어지지가 않는구나!"

"전하! 남이가 건주위를 치고 돌아올 때 이러한 시를 읊었다고 하옵니다. '백두산 돌은 모두 칼을 갈아 닳아 없어지고, 두만강 물은 병마가 마셔 물이 말랐는데, 남아 20에 미득국未得國이면 후세에 누가 대장부라 하리오.' 전하, 이러한 시에 나타났듯이 그는 기회를 엿보아 원위를 찬탈하려는 흑심이 역력한 줄 아옵니다."

유자광의 무고에 예종은 날이 새기도 전에 남이에게 명패를 보내고, 도총관 노사신·강곤 등으로 하여금 궐문을 지키게 하는 가운데 남이를 잡아들여 친

히 국문했는데, 처음에 남이는,

"신이 오늘 이지정의 집에 가서 서로 바둑을 두다가 말이 나왔사온데, 북방에 일이 있으면 반드시 나를 장수로 삼을 것인데 누가 부장으로서 쓸 만한 사람인가를 논했을 뿐이며, 유자광이 본래 신에게 불평을 가졌기 때문에 신을 무고한 것입니다. 신은 충의한 선비로, 평생에 남송의 충신 악비로 자처하였는데 어찌 이러한 일이 있겠사옵니까!"

"여봐라! 강순을 묶어내 국문을 할 것이니라!"

"남이야! 너는 내게 무슨 원한이 있기에 나를 모함하느냐?"

"원통한 것은 그대나 나나 마찬가지요. 그대가 영의정이 되어 나의 원통한 것을 알고도 외면을 하니, 이제 원통하게 죽는 것은 마찬가지가 아니겠는가!"

그해 10월 27일, 남이를 비롯한 강순·조경치·변영수·변자의·문효량 등은 함께 새남터 백사장에서 처형되었다.

우리나라의 굿은 서민의 한이 서려 있으며, 억울하게 죽은 사람의 넋을 위로하는 데서 비롯됐다는 말도 있다. 남이 장군 사당에 제를 지내고 굿을 하는 것은 바로 이러한 무속신앙에서 나온 것인지도 모른다.

남이 장군의 애국충정과 전공위훈을 추모하여 올려지는 대규모의 치제행사는 지금은 동민의 축제로 이어지고 있지만, 이러한 동민들의 구심점으로 또는 신앙의 대상으로 그 명맥을 유지해오던 당집과 무속신앙은 일제의 탄압과 개발의 물결, 또 한때는 새마을운동에 밀려나기도 했다.

14. 파고다공원과 효창공원

서울 문안에 공원이 생긴 것은 파고다공원(탑골공원)이 처음이다.

종로구 종로 2가 38번지에 있는 이 공원의 면적은 15,720m²인데, 어린이대공
원이나 서울대공원 등 근대적인 시설을 갖춘 공원에 비하면 초라하고 보잘것
없는 거리 속의 공원이다. 그러나 파고다공원이 지니고 있는 역사의 발자취를

△ 파고다공원의 정문. 3 · 1운동을 기념해서 삼일문이란 현판이
걸려 있다.

생각할 때 이 공원은 우리에게 더없이 소중한 역사의 마당이기도 하다.

파고다공원은 조선조 초에 원각사圓覺寺라는 절이 있던 곳이다. 〈동국여지승람〉에 원각사에 대한 설명이 나온다.

> 원각사, 중부 경행방에 있는데 예전 이름은 흥복興福이다. 태조 때 조계종 본사가 되었으며 후에 절은 폐지하여 관청을 삼았다. 세조 왕 10년에 고쳐 짓고 원각사라 이름했는데, 김수온이 지은 비명이 있다.

지금 파고다공원 안에는 원각사의 유물인 원각사비와 원각사지 10층 석탑이 있어 국보 제2호로 지정되어 있다.

단종을 밀어내고 왕위에 올랐던 세조는 대의명분을 내세우는 유교적인 윤리관과 단종을 동정하는 국민의 감정으로 일부에서는 평이 좋지 않았으나, 불교적인 측면에서 볼 때는 조선불교대호왕朝鮮佛教大護王으로 존경을 받는 군주였다.

세조는 효령대군이 회암사의 동쪽 언덕에 석종을 세우고 원각경을 강하였더니 여러 가지의 뜻하지 않았던 상서로운 현상이 나타났다는 보고를 받고, 원각경을 한글로 번역하고, 회암사에서 일어난 이적과 원각경의 번역이 끝난 것을 기념하기 위하여 서울 장안에 원각사를 세울 것을 계획했다.

그러나 절을 새로 세운다면 유신들이 반대할 것이므로 태조 때 있었던 흥복사 자리에 절을 중창할 것을 생각했던 것이다. 하지만 악학도감이 쓰고 있던 흥복사 자리는 협소했으므로 절의 경내를 넓히기 위하여 근처의 민가를 헐어버렸는데, 그 대가로 내준 보상금이 정포正布 4004필이나 됐다고 하니, 사실은 절을 새로 지은 것이나 다름없었다.

대원각사의 중건은 세조 10년(1464) 5월에 착수했는데, 이때의 중건공사를 위하여 부역한 군사는 2천 1백 명이나 되었고, 공사감독을 위해 13명의 부장이 임명되었으며, 근처의 가옥 2백 채를 철거해서 완성했다고 한다.

이때 완성된 대원각사의 규모를 보면, 본당인 대광명전을 중앙에 두고 왼쪽

▷ 파고다공원 내에 있는 원각사지 10층 석탑.

에 선당을 배치했으며, 오른쪽은 신도들의 광장을 둔 대가람이었다. 적광문·반야문·해탈문 등의 문루도 있었지만, 이 절에서 가장 두드러진 것은 세조 10년 6월에 전국에서 모은 동 5만 근으로 주조하여 11년 정월에 완성한 원각사 대종(후에 보신각종이 되었다가 지금은 국립중앙박물관 내에 안치돼 있다)과, 세조 13년 (1467) 4월 8일에 완성하여 그 안에 분신사리와 새로 한글로 번역한 〈원각경〉을 안치했다고 하는, 대리석으로 된 10층 석탑이다.

〈조선왕조실록〉에 의하면 세조 12년 10월 갑인조에,

원각사에서 사리가 분신하고 오채의 서기가 어리어 백관이 전纂을 올리고 하례하였다.

라고 기록돼 있으며, 또 원각사 탑이 낙성되던 전날인 세조 13년 4월 7일에는

△ 원각사 사적비.

원각사 탑에서 사리가 분신하는 이변이 생기고 경복궁 후원에 감로甘露가 내려 백관이 이를 경하했다고 한다.

이렇듯 세조의 돈독한 신앙과 더불어 이적이 일어나자 멀리 일본에서까지 승려들이 찾아와 하례를 올리고 대원각사를 참관했는데, 이때 한 일본 승려가 원각사의 대광명전에서 예불을 올리고 나오면서 다음과 같이 중얼거렸다고 한다.

"거 참, 이상한 일이다. 어째서 대광명전의 부처님을 세워서 모셨을까? 여기 부처님은 금세라도 걸어나가실 것 같은 상을 하고 계시니…."

부처님이 걸어서 나가신다는 것은 절의 터전을 잘못 잡았기 때문에 원각사가 오래 못 간다는 뜻이었는지도 모른다.

원각사의 수난은 연산군 때부터 시작됐다. 대체로 세종대 후반에서 세조 일대를 거친 숭불이 있은 후 성종대에 들어와서부터는 철저한 억불정책이 채택됐고, 그것은 연산군대에 들어와서 더욱 가혹해졌다.

연산군 10년(1504)은 바로 갑자사화가 일어난 해이다.

그해 봄에 연산군은 어머니 윤씨가 비명에 죽은 것을 분하게 여겨 그 당시 논의에 참가한 신하들과 심부름을 한 신하들까지 모두 대역죄로 다스리고 팔촌까지 연좌시켰다. 그리고 그해 7월에는 원각사를 철거하자는 논의를 내놓았다.

연산군은 당시 정궐로 되어 있던 창덕궁에 있었는데, 그 바로 뒤에 성균관이 있어 여러모로 불편했다. 그래서 원각사의 불상을 철거하고 승려는 추방해버린 후 사찰 건물을 헐어버리고, 그 자리에 새로 성균관을 지어 공자의 신위와 유생들의 거처를 옮기자고 제안한 것이다.

연산군은 성균관 유생들의 잔소리가 싫어 좀 멀리할 수 없을까 하는 생각과, 성균관 내의 높은 곳에서 창덕궁의 뒤뜰이 내려다보이므로 왕이 기녀들과 어울려 노는 것을 유생들이 담 너머로 넘겨다보는 것이 싫었기 때문이다.

그러나 사도邪道인 원각사 자리에 정도正道인 성균관을 옮기는 것은 부당한 일이니, 성균관의 신축지는 차후에 물색키로 하고 우선 공자의 신위만 태평관으로 옮기기로 하여 원각사의 철거 문제는 일단 중지되었다.

그러나 어느 시대에도 권력에 아부하는 사람이 있는 법. 그해 12월 16일에 영의정 유순이 계청을 올렸다.

"원각사는 세조가 창건한 것이나 그것은 일시의 잘못된 처사이고 만세지법은 아니며, 또 그곳이 국운을 보하고 왕통을 연장하는 비보裨補의 장도 아니므로, 승도를 축출해버리고 절을 비워두었다가 국가에서 쓸모가 있을 때에 대비해두는 것이 좋겠습니다."

드디어 왕이 이를 받아들임으로써 승려들은 축출당하고 절은 빈터가 되었다.

연산군 13년에는 이곳에 장악원이 들어가고 나중에는 전국에서 뽑은 기생들을 여기에 기거시켰으니, 원각사는 왕의 유흥장소인 기생방이 돼버린 것이다.

중종반정 이후에는 빈집이 된 원각사에 한성부의 일부가 들어가 청사 건물로 사용했으나 퇴락이 심했고 또 본부 건물에 있는 여러 가지 장부 등을 열람하는 데 불편하다는 이유로 한성부는 3년 만에 원각사에서 떠나고 말았다.

그런데 장부 열람 운운한 것은 핑계이고, 사실 한성부윤 성윤조가 중종 5년에 갑자기 병을 얻어 죽었는데, 그 급사의 원인이 원각사를 폐사로 한 데 대해 부처님의 벌을 받은 것이라는 풍문이 나돌아 한성부의 관원들이 이곳을 기피하게 된 것이라고 한다.

중종 9년(1514) 8월에는 호조에서 원각사의 건물을 헐어 각 관아의 영선에 쓰게 했고 원각사비도 없애겠다고 했으나, 비만은 그대로 남아 오늘에 전하게 됐다.

한편 원각사의 대종은 그대로 방치되어 있다가 중종 31년(1536)에 우의정 김안로에 의해서 남대문에 걸렸고, 후에 다시 종루(보신각)에 걸려 3백 년 동안 서울 장안의 인정과 파루 때 타종됐다.

원각사지 10층 석탑은 언제 누가 그랬는지 모르지만 정상부의 3층이 지상으로 내려진 상태로 광복을 맞이했다. 원각사의 석탑 3층이 지상에 내려진 내력에 대해선 다음의 네 가지 설이 있다.

첫째, 임진왜란 당시 왜군이 탑을 일본으로 가져가기 위하여 3층까지 내려놓았으나 무거워서 그냥 두었다는 설.

둘째, 일본으로 가져가려고 탑을 해체하여 3층까지 내렸더니 갑자기 뇌성벽력이 진동하여 겁에 질려 그대로 방치했다는 설.

셋째, 중종 때 절을 철거할 때 탑도 역시 함께 철거하여 양주 회암사로 가져가려다가 갑자기 뇌성벽력이 진동하여 그대로 두었다는 설.

넷째, 폭정이 심했던 연산군 때 창덕궁에 앉아서 내려다보면 원각사의 탑 정상부의 3층이 반드시 눈에 띄므로 연산군이 내려놓게 했다는 설 등이 있으나, 어쨌든 이 최상부의 3층은 해방 후 1946년 2월 17일, 당시 한국에 주둔했던 미 24사단 공병대에 의하여 기중기로 올려져 원래의 모습을 되찾게 되었다.

이 석탑은 현존하는 우리나라의 국보 지정 석탑 중 가장 후대에 속하는 건조물로, 그 형태와 평면이 특수하며 수법이 세련되고 의장이 화려하므로, 조선시대의 석탑으로는 그 유례를 찾을 수 없는 가장 우수한 작품이라고 평가된다.

기단부는 3층으로 구성되어 있으며, 그 평면은 아亞자형을 이루고 있다. 그리고 각 층마다 면석에는 천태만상의 조각이 화사하게 장식되어 있는데, 첫째 층에는 각 면에 용 또는 사자와 모란·연화문 등을 조각했고, 2층에는 여러 종류의 인물·조수·초목·궁전을 표현했으며, 3층에는 많은 나한과 선인들을 조각했다. 일부에서는 이 기단부 3층을 탑신부에 함께 포함시켜 13층 석탑이라고 주장하는 사람도 있다.

4층부터는 방형으로 다른 일반형 탑신과 그 형태가 같다. 그러나 각 층의 탑신 측면에는 난간을 모각했고, 탑신석 각 면에는 12구의 불보살·천인상 등을 조각했으며, 네 귀퉁이에는 원형의 석주를 조각했다. 옥개석은 각 층마다 팔각 지붕을 했고 그 아래 두공을 모각했는데, 지붕의 개와골 등 모두 목조건물의 옥개를 그대로 나타내고 있다. 특히 2층 정면의 지붕은 전각 지붕과도 같으며, 3층은 2중의 지붕 모양을 하고 있어 그 의장과 기교가 놀라울 정도다.

이 석탑은 전체의 부재가 대리석인데, 전면에 화려하게 가득 찬 조각이 석재의 회백색과 잘 어울려 한층 우아하다.

또한 이 석탑은 개풍군에 있던 고려시대의 작품인 경천사지 10층 석탑과 흡사할 뿐 아니라 사용한 석재도 같은 대리석이다. 그런데 이 경천사지 10층 석탑은 일제 때 일본 궁내부 대신 다나카라는 사람에 의해 불법으로 일본에 반출되었다가 커다란 물의를 일으키고 반환되어 지금은 경복궁 안에 재건되어 있다.

연산군 때 폐사가 되고 중종 때 헐려버린 원각사는 탑과 비석만을 남긴 채 그대로 방치돼 있다가, 광무 1년(1897) 고종 때 영국인 고문 총세무사 브라운의 건의에 의하여 우리나라 최초의 공원으로 조성되었다.

파고다라는 이름이 어떻게 붙여졌는가에 관해서는 두 가지의 설이 있다. 즉, 브라운이 이곳을 공원으로 만들 것을 건의할 때 탑이 있는 공원이라는 뜻에서 'Pagoda Park'로 부를 것을 함께 건의하여 파고다공원이 되었다는 설과, 이곳에 백탑이 있어 'Pagtab'이라는 음이 전화되어 파고다로 됐다는 설이 있다.

이곳이 공원이 된 초기에는 빈터에 간단한 울타리를 두르고 몇십 그루의 나무를 심고 벤치를 갖다놓은 것으로 출발했다. 그러다가 한일합병 이후 일본인들이 남산공원에 막대한 예산을 투입한 여파로 파고다공원에도 약간의 예산을 투입하여 정자와 벤치, 화단, 연못, 회유도로, 전등, 수도, 온실 등의 시설을 했으며, 벚꽃과 상록수를 심기도 했다.

이러한 파고다공원이 우리 민족에게 있어 가장 소중한 정신적 재산이 된 것은 이곳이 바로 3·1운동의 발상지이기 때문이다.

1919년 3월 1일 아침부터 파고다공원에는 4, 5천 명의 학생들이 모여들었다.

△ 3 · 1 독립선언서를 낭독했던 파고다공원의 팔각정.

정오가 되자 사방모자를 쓴 학생이 팔각정으로 뛰어올랐다. 보성전문학생 정재용이었다. 그는 안주머니에서 한 장의 인쇄물을 꺼내들었다. 독립선언서였다.

오등은 자에 아 조선의 독립국임과 조선인의 자주민임을 선언하노라!

독립선언서를 낭독하고 독립만세를 부르니 학생들은 모자를 공중에 던지고 태극기를 꺼내 흔들며 일제히 대한독립만세를 외쳤다. 이들이 선언을 끝내고 파고다공원을 나설 때는 수만의 군중이 호응하여 함께 시위행진을 하며 대한문으로 향했다. 이 노도와 같은 3 · 1운동의 만세시위는 요원의 불길처럼 전국으로 퍼져나갔다.

이 크나큰 민족의 역사를 길이 보존하기 위하여 파고다공원 안에는 3 · 1운동 33인 대표 중의 필두였던 의암 손병희 선생의 동상을 세우고, 3 · 1운동을 묘사한 높이 10m의 부조판이 세워져 있다.

파고다공원은 1992년, 이곳의 옛 지명을 따라 탑골공원으로 개칭되었다.

△ 파고다공원의 모습. 노인과 비둘기만이 보인다.

언제부터인지 파고다공원은 노인들의 공원이 되었다. 비록 경로증을 제대로 사용할 수 있는 곳이 이곳밖에는 없다 하더라도, 겨레의 숨결이 숨쉬고 맥박이 뛰고 있는 성지임에는 틀림없으니 정부의 관심이 계속 머물렀으면 하는 바람이다.

용산 중에서도 제일 가는 명승지라고 할 수 있는 곳이 효창동에 있는 효창공원이다.

효창동은 성저 10리의 용산방 만리창계에 들어 있었다. 효창동이란 이름은 바로 이곳에 정조의 아들 문효세자의 묘소인 효창원이 있었기 때문에 붙었다.

문효세자는 정조의 첫째아들로 정조 6년 9월에 창덕궁에서 태어났고, 정조 8년 8월에 세자로 책봉됐는데 다섯 살에 세상을 떠났다. 이곳 효창동의 당시 이름은 고양군 율목동이었다. 문효세자의 묘소는 처음에는 효창묘라고 했다가 고종 7년에 효창원으로 승격됐다.

처음 효창묘의 규모는 상당히 커서 동쪽은 주교대로에 접하고 서쪽은 공덕리, 신촌, 남쪽은 율곡정 삼성현, 북쪽은 봉황정에 접해 있었다.

또 효창원에는 문효세자의 묘소뿐만 아니라, 정조의 후궁이자 문효세자의 생모인 의빈 성씨의 묘도 있었다. 의빈 성씨는 정조 10년, 문효세자가 세상을 떠나던 같은 해 9월에 세상을 떠났다. 의빈 성씨는 온순하고 정숙하여 정조는 의빈 성씨를 몹시 총애했으며, 문효세자와 의빈 성씨를 잃은 후엔 자주 이 효창원에 거둥했다고 한다. 묘비에 새긴 정조의 글만 보더라도 정조가 고인을 추모하는 정이 얼마나 지극했는가를 알 수가 있다.

또 효창원에는 순조의 후궁인 숙의 박씨의 묘와, 순조의 첫째딸이며 숙의 박씨의 소생인 영온옹주의 묘소도 있었다.

문효세자의 묘를 비롯해서 의빈 성씨, 숙의 박씨, 영온옹주의 묘는 해방을 전후해서 모두 서오릉 경내로 이전되었다.

이 효창원은 일제의 침략으로 많은 수모와 상처를 받았다.

일제는 1884년 6월에 동학혁명을 진압한다는 명목으로 오오시마(大島) 소장이 이끄는 혼성여단이 이곳 효창원 만리창에 사령부를 설치하고 만리창 계곡, 이태원동, 서빙고 등지에 분산 주둔하고 원효로 4가 근처에 병참부를 설치하기도 했다.

대도여단은 우리나라의 갑오개혁을 강요하면서 무력적인 위협을 한 부대이자 청·일전쟁의 선도적 역할을 한 부대이기도 했다. 그래서 서울에 와 있던 일본인 거류민들은 대도여단이 입성을 하자 제각기 일장기를 들고 미친 듯이 환영을 했고, 이 일대의 동명을 그들 마음대로 여단장인 오오시마, 즉 대도의 이름을 따서 대도정이라고까지 했다.

효창원 일대는 대도여단이 주둔하면서 일본인 거류민들의 수효도 늘어나 그들의 집단부락이 생기기까지 했다. 한일합병 후에도 이곳에 터전을 잡은 일본인들은 효창원의 동북쪽 일부를 토지와 수목을 보호해준다는 명목으로 1924년 6월부터 15년간 이왕직으로부터 무상으로 임대를 받아 약간의 시설을 하고 효창공원을 만들었다.

또 그들은 공원 남쪽에 대도여단이 주둔했던 것을 기념하기 위해 공원 서북

▷ 태극기 앞에 선 백범 김구
선생과 윤봉길 의사.

▽ 효창공원에 있는 세 의사
(오른쪽부터 백정기, 윤봉길,
이봉창)의 묘지.

△ 윤봉길 의사가 폭탄을 던진 일본 천황의 마차.

쪽에 기념비를 세우고, 동쪽 작은 언덕마루에는 정오를 알리는 일본군의 오포 터가 있어서 서울 장안에 시각을 알리는 일을 맡았는데, 후에 남대문 안에 있는 소방서의 사이렌으로 대치하자 오포는 폐지됐다.

그런데 이 효창공원에 설치됐던 대포는 일본에서 만들어 보낸 것으로 대포 포신에 제작한 사람의 성명을 음각했는데, 그 성에는 백제 성을 가진 사람이 네 명이나 있었다고 한다. 주조공의 성이 백제 성이라는 것은 그들의 조상이 백제 에서 일본으로 건너가 일본 고대국가의 형성에 크게 이바지한 사람들의 후손 이 틀림없는 것으로, 이 대포를 주조할 때 지휘를 한 사람의 성이 백제의 성이 었던 것이다.

일제가 물러간 다음에 이 효창원에 항일운동으로 순국한 이봉창, 윤봉길, 백 정기 등 세 의사의 묘소를 쓰게 된다.

세 의사의 묘소 바로 아래쪽에는 잔디가 잘 자라지 않는 둥근 테두리 자리가 있는데, 이것이 바로 문효세자의 묘를 쓸 때 사용했던 흰 회가 굳어서 된 것이

△ 용산과 효창공원에 주둔한 대도여단이 여장을 풀고 있다
(위). 효창공원 아래 일제가 만든 유곽촌(야요이초)(아래).

라고 한다.

　해방 이듬해 세 의사 묘를 조성하는 공사를 할 때 문효세자의 묘가 있던 자리 앞을 파다가 곡괭이 끝에 이상한 소리가 들려서 파보니 큰 석함이 출토되었는데, 그 속에는 문효세자가 가지고 놀던 것으로 추측되는 장난감과 쓰던 물건이 가득히 들어 있었다고 한다.

효창공원의 정문을 들어서 동쪽으로 30m쯤 가면 임시정부 요인의 묘소가 있다. 여기에는 대한민국 임시정부 국무위원으로 해방되던 날까지 러시아 또는 만주로, 중국으로 전전하면서 평생을 독립운동에 바친 임시정부 주석 이동녕 선생, 군사부장 조소환 선생, 그리고 차리석 선생의 묘소가 있다.

정문에서 북쪽으로 30m쯤 가면 세 의사의 묘소가 있다. 세 의사의 유해가 일본으로부터 귀국한 것은 해방된 이듬해인 1946년 7월 초, 백정기 의사와 함께 항일운동을 했던 광복회장 이강훈 선생에 의해서다.

세 의사 묘는 오른쪽으로부터 백정기 의사, 윤봉길 의사, 이봉창 의사의 순으로 모셔졌다. 백정기 의사는 1924년 일본 천황을 암살하기 위해 일본 동경으로 건너갔으나 실패하고, 1933년 상해 홍구공원에서 주중 일본대사를 암살하려다 발각되어 일본 나가사키(長崎) 형무소에서 복역하던 중 옥사했다.

윤봉길 의사는 1926년에 중국으로 망명하여 상해에서 김구 선생이 지도하는 한인애국단에 가입하고, 1932년 김구 선생으로부터 폭탄을 받아 일본 천황의 생일축연과 상해사변전승 기념식장인 상해 홍구공원에서 폭탄을 던져 일본 거류민 단장과 일본군 사령관이 그 자리에서 죽고 10여 명이 중경상을 입었다. 거사 직후 체포되어 일본 오사카(大阪)로 후송된 뒤 군사재판에서 사형선고를 받고 순국했다.

이봉창 의사는 1931년 상해로 건너가 일본 천황의 암살을 모색하다가 그 다음해 1월에 일본 천황과 만주국 황제 부의가 관병식을 갖고 궁성으로 들어갈 때 수류탄을 던졌으나 실패하고, 그해 10월 비공개 재판에서 사형선고를 받아 순국했다.

광복회장 이강훈 선생은 종신형을 받고 부중 형무소에 복역중 해방으로 석방되자, 일본에서 독립투사 박열 선생과 함께 재일동포의 귀국 알선을 돕고, 조선인연맹을 조직해서 교포들을 지도하던 중 세 의사의 유해를 고국으로 모시는 일에 앞장섰던 분이다.

당시 백정기 의사의 유해는 나가사키 형무소에서, 이봉창 의사는 동경 근교에 매장돼 있는 것이 확인됐으나, 윤봉길 의사의 유해는 찾을 길이 없던 중, 윤

의사 의거 때 상해에서 피살된 백목白木 대장의 저택 문 앞에 유해가 묻혀 있는 것을 알고 간신히 발굴해서 해방 이듬해 7월 초에 함께 모시고 귀국을 할 수가 있었다.

세 의사 묘나 임시정부 요인의 묘소 모두가 김구 선생이 귀국한 직후에 자리를 잡아두었던 것이라고 하는데, 김구 선생은 자신의 운명도 예견했던지 자신의 묏자리도 지정해서 나무로 표시해두었다고 한다.

김구 선생은 매일 아침 일찍이 이곳 세 의사 묘에 참배했는데, 그때마다 윤봉길 의사가 김구 선생에게 맡기고 떠난 회중시계를 제단 위에 올려놓고 오랫동안 묵념을 올리고 명복을 빌었다고 한다.

세 의사 묘 왼쪽 끝에 또 하나의 무덤이 있는데, 이것은 장차 안중근 의사의 유해를 모셔놓기 위해서 미리 봉분을 해놓은 것이라고 한다.

묘소 주변에는 무궁화도 잘 가꾸어져 있어서 참배객들에게 감동을 주고 있다.

세 의사 묘에서 북서쪽으로 조금 올라가면 바로 백범 김구 선생의 묘소가 있다. 김구 선생 묘에서 북동쪽으로 얼마 떨어지지 않은 곳에 북한 반공투사위령탑이 서 있다. 이 위령탑은 효창공원에서도 제일 높은 곳에 위치해 있는데, 1969년 10월 19일 평양수복 기념일에 세워졌다. 여기엔 함경남도에서 반공폭동을 일으키고 순국한 179명 선열의 이름이 적혀 있다.

효창공원 안을 흐르는 계곡물은 예전에는 능개천이라고 불리던 맑은 물이었는데 지금은 어느덧 탁류가 돼버리고 말았다. 순국선열을 모신 곳답게 수목이 잘 가꾸어져 있고 자연보호가 잘되어 있지만, 이 효창공원에 모신 분들의 고결한 정신처럼 탁류가 아닌 늘 맑은 물만 흐르도록 철저히 관리하고 개선해야겠다.

효창동을 하마비동이라고 부르던 때가 있었다. 이것은 여기에 '대소인원개하마大小人員皆下馬'라는 하마비가 바로 효창원에 있었기 때문인데, 언제 누가 그랬는지 모르지만 이 근처의 개축공사를 할 때 리어카에 실어다 내다버렸다고 한다.

제3부

개화기의
한양에서 서울까지

15. 덕수궁과 세 여인

　덕수궁이 아직도 옛 이름 그대로 경운궁慶運宮이라고 불리고 있을 때의 일이다. 1903년 12월 22일, 고종 황제가 러시아 공사관으로부터 서둘러 환궁한 뒤라서 궁내의 수리는 아직 덜 끝났고, 당시 정국은 러시아 세력을 내쫓으려는 일본과 러시아의 각축전이 벌어지고 있었다. 러시아의 극동함대 사령관이 인천

△ 1904년에 화재가 나기 전의 덕수궁의 모습.

△ 대한제국 말기의 황실(좌로부터 영친왕, 순종, 고종 황제, 순종비, 덕혜옹주).

에 상륙하면서 두 나라 사이에 언제 전화가 일어날지 모르는 일촉즉발의 암운이 감돌고 있을 때였다.

덕수궁(경운궁)의 정문인 대안문大安門 앞에서 뜻밖의 사건이 일어났다. 요란스런 색깔로 고깔을 만들어 쓴 무당이 대안문 지붕 용마루에서 지상으로 연결시킨 밧줄을 타고 마치 줄타기라도 하듯 성큼성큼 뛰어내려오더니 갑자기 큰소리로 "대안대왕 강천이시다. 고종 황제는 속히 나와 대왕을 맞으라!" 하고 외친 것이다. 고종을 빨리 대령하라고 호통을 치니 지나가는 행인들이 놀라 모여들어 대안문 앞은 순식간에 인산인해를 이루었다. 고깔을 쓴 무당은 곧 덕수궁 수문장과 순검들에게 잡혀가고 말았으나 구경꾼들은 좀처럼 흩어질 줄을 몰랐다.

세상이 조용할 때라면 모르지만 일본과 러시아의 각축전이 벌어지는 가운데 임오군란으로 청에 잡혀갔던 대원군이 돌아왔는가 싶더니 을미사변이 일어나 명성황후가 시해당하는 중대사건이 일어났고, 인천에서는 일본인과 러시아 병사와의 충돌이 일어나는 등 몹시 어지러운 가운데 대안문 앞 무녀의 출현은 여러 가지 소문과 억측을 자아내게 했다.

▷ 갓 쓴 여인(女) 셋이 드나들어 불길하다고 한 경운궁의 정문, 대안문.

▷ 이토 히로부미와 친일 고관과 그들의 부인. 가운데의 갓 쓴 사람이 이토 히로부미, 그 왼쪽이 배정자인 듯하다.

　다음해 2월 드디어 일본과 러시아가 선전포고를 하며 한반도는 전쟁의 소용돌이에 휘말리고, 4월에는 덕수궁에 큰불이 나서 모든 전각을 태워버렸다. 덕수궁 내의 전각의 수리를 끝내고 황제의 거실인 함녕전의 온돌을 말린다고 불을 땠는데 과열이 돼서 모든 전각을 태워버린 것이다. 이 불로 인하여 고종 황제는 황태자와 영친왕을 데리고 덕수궁 담장 밖에 있는 수옥헌으로 피난을 갔다. 이때 일본의 이토 히로부미가 서울로 들어와 수옥헌 바로 코앞에 있는 손탁호텔에 들어가더니 일본 군대를 풀어 수옥헌을 포위, 협박하여 을사보호조약을 강요하게 이르니, 사람들은 고깔을 쓴 요녀가 대안문 앞에 나타난 것이 이렇듯 나라가 잘못될 징조라고 입방아를 쩠다.

그러는 가운데 덕수궁 대안문의 글자풀이를 하며, 대안문의 가운뎃글자인 평안할 안安자가 계집이 갓을 쓴 모양을 하고 있는데, 바로 그 갓을 쓴 여인이 대안문으로 수시로 드나들고 있으니 이것은 바로 나라가 망할 징조라는 말까지 나오기 시작했다. 그런데 당시 지목된, 갓을 쓰고 수시로 경운궁을 드나들던 세 사람의 여인이 거론됐다. 갓을 쓴 세 명의 여인이란 러시아 공사부인 베베르 여사가 첫번째이고, 두번째는 베베르 여사의 언니인 손탁 여사, 세번째는 이토 히로부미의 수양딸인 배정자를 말하는 것이다.

베베르와 손탁 여사에 관해서는 뒤에서(29. 정동의 삼각지대 ②—손탁 호텔) 자세히 설명했으므로 여기서는 배정자의 얘기를 살펴본다.

성북동은 본래 한성부 동부 숭인방의 일부로서 도성의 북쪽에 있다고 해서 성북리라고 했고, 한동안 경기도 고양군 숭인면에 속해 있다가 서울의 확장에 따라 서울시에 편입되어 성북동이 된 동네이다. 왜정 때에는 딸기밭이 많았고, 또 이 성북동 골짜기에 도화꽃이 만발하면 필운대 살구꽃과 마포 도화동의 도화꽃, 천연동 연못의 연꽃과 더불어 서울의 놀이터로도 유명하던 곳이다.

이 성북동 초입에서 동구여자중학교가 있는 골목 개천가 일대의 동네를 도덕굴이라고 하는데, 배정자가 이 도덕굴에서 살다가 1952년 2월 27일에 81세로 사망한 것으로 돼 있다. 지금 성북동에서 이런 것을 아는 사람은 아무도 없다.

배정자는 경남 김해에서 1871년 2월 27일에 태어났는데, 공교롭게도 죽은 날이 생일날과 겹친다. 그녀의 아버지 배지홍은 주먹이 센 사람으로, 김해군청의 말단 직원으로 일을 하고 있었다. 주먹이 세기 때문에 세금을 받아들이는 데는 상당한 재간이 있었다고 한다. 세금을 안 내거나 덜 내거나 하면 억센 주먹으로 치고 때리는 바람에 배지홍이 나타나기만 하면 다들 벌벌 떨었다고 한다. 그래서 배씨는 군수의 신임도 두터워서 넉넉히 먹고사는 처지였는데, 대원군의 시대가 지나고 민씨 일가가 세도를 잡게 되자 군수가 파면되면서 배지홍도 군수와 함께 대원군의 일파로 지목되어 감옥에 갇히는 신세가 되었다. 이때 배정자의 나이 여덟 살로, 졸지에 아버지가 갇히고 가산이 몰수되자 배정자의 어머니는 아이들을 데리고 여기저기 삯일을 해주며 근근이 끼니를 이어나갔다.

배정자가 열두 살이 됐을 때는 밀양에 있는 친척집에 있었는데, 어머니는 하도 살아가기가 어려워 얼굴이 곱게 생긴 배정자를 기생으로 팔기로 하고 관가에 가서 등록까지 마쳤다.

배정자는 이를 알고는 어머니 몰래 도망을 나와 양산 통도사로 들어가 머리를 깎고 중이 되었다.

배정자는 우담이라는 법명을 받고 구연선사에게서 금강경을 배웠으나, 본래가 요염한 성격인 배정자는 2년 만에 절에서 나와 환속을 했다. 이때 그녀의 나이 열네 살이었다. 그러나 갈 곳이 없던 배정자는 여기저기 방랑을 하다가 동래에서 관가에 붙들려갔다. 죄목은 절에서 도망나온 수상쩍은 여승이었는데, 참 인연은 묘한 것이어서 당시의 동래부사 정병화란 사람은 그녀의 아버지와 잘 아는 사이였다.

배정자를 그대로 둘 수 없다고 생각한 동래부사 정병화는 그녀를 무역상을 하고 있는 마쓰오(松尾)라는 일본 사람에게 맡긴다. 마쓰오는 그녀를 데리고 일본의 오사카로 간다. 여기서 배정자는 안경수라는 사람을 만난다. 안경수는 구한말에 경무사로 활약하다가 민비 시해사건 직후에 일어난 춘생문 사건의 주모자로 체포된 인물이다. 안경수는 말도 통하지 않는 이국에 혼자 와 있는 배정자를 불쌍히 여겨 그녀를 데리고 구마모토(熊本)로 가서 여학교에 들여보내주었다. 배정자는 여기서 일본말을 배우며 1년 동안 공부를 하고 다시 안경수를 따라 동경으로 가는데, 이것이 그녀에게 있어서 인생의 큰 전기가 되는 것이다. 여기서 안경수는, 갑신정변에 실패한 뒤 일본에 망명해 있던 김옥균에게로 그녀를 데리고 간 것이다. 김옥균은 무슨 생각을 했는지 배정자를 맡아서 모든 편의를 돌봐주며 붓글씨까지 가르쳐주는 등 친딸처럼 아껴주었다.

김옥균 밑에서 동경생활 2년을 보낸 배정자는 한참 피어나는 꽃다운 열여덟의 아름다운 여인으로 성장했다.

△ 영친왕을 인질로 데리고 간 이토 히로부미.

김옥균은 일본의 거물들과 친분이 있었는데, 그중에서도 이토 히로부미와는 바둑친구로서 아주 가깝게 지내는 처지였다. 어느 날 김옥균은 친딸처럼 여기는 배정자를 데리고 이토 히로부미의 집으로 바둑을 두러 갔다. 이토 히로부미는 천하에 이름난 호색한이었다. 김옥균이 데리고 간 젊고 아름다운 배정자를 보자 그냥 둘리가 없었다.

이토 히로부미는 드디어 배정자를 손아귀에 넣은 뒤 체면상 겉으로는 자신의 양녀라고 해두었다. 이렇게 해서 일본의 최고 권력자 중의 한 사람인 이토 히로부미의 양녀이며 애첩이 된 배정자는 동경에서도 남부러울 것이 없는 호화생활을 하게 된다. 그후 3년이 지나 배정자는 김옥균의 편지를 가지고 한국으로 나온다.

김옥균이 동학란의 실태를 알아보라고 친지에게 보낸 편지를 들고 부산에 들어온 배정자는 짐 검사를 하는 자리에서 이 편지가 드러나서 부산 감리서에 체포되었다. 감리서는 항구나 시장에 설치된 감독관청이다. 갑신정변의 실패로 일본에 망명한 김옥균은 역적으로 몰린 사람인데 그런 역적의 편지를 갖고 있으니 배정자는 무사할 리가 없었다. 관원들이 배정자를 옥에 가두고 엄한 문초를 하려 하자 배정자는 오히려 큰소리로 호통을 쳤다.

"나는 이토 히로부미의 양녀다! 너희들이 내 털끝 하나라도 다치게 했다가는 큰일날 줄 알아라!"

관리들이 일본영사관에 문의를 해보니 과연 그 말이 사실인지라 배정자를 곧바로 영사관으로 넘겨주었다. 김옥균이 부탁한 편지는 제대로 전달하지 못했지만 그래도 배정자는 일본영사관으로 옮겨져서 무사히 일본으로 되돌아올 수가 있었다.

일본에 들어가 있던 배정자가 다시 한국에 나온 것은 러·일전쟁을 2년 앞둔 1902년이었다. 그 동안에 세상은 많이 변해 있었다.

일본에서 배정자를 돌봐주던 김옥균은 상해로 건너가서 암살당했고, 청·일전쟁도 끝났고 민비도 시해된 뒤였다. 이때 배정자는 고영근이란 사람의 소개장을 가지고 서울에 나왔다. 고영근은 민비 시해사건에 관련된 우범선을 쫓아 일본으로 건너와 그를 암살한 장본인이다. 이 우범선의 아들 우장춘 박사는 씨 없는 수박을 만들어낸 세계적인 농학자였다.

우범선을 암살한 고영근은 비록 일본 경찰에 체포되기는 했지만 일본에서는 VIP 취급을 받아왔다. 왜냐하면 고영근은 한국 정부에 있어선 민비의 원수를 갚은 둘도 없는 애국자였기 때문에 일본은 이 고영근과 배정자를 연결시켜서 한국 왕실의 동태를 정탐하고자 했기 때문이다. 왕실의 신임이 두터운 고영근의 소개장을 가진 배정자는 손쉽게 왕실에 접근할 수가 있었다.

배정자의 뒤를 따르듯 귀국한 고영근은 배정자를 고종에게 소개하고, 고종은 이 젊고 발랄한 미모의 배정자를 보자 마음에 들었는지 자주 불러들였고 남달리 총애했다고 한다. 배정자는 덕수궁과 일본 공사관을 왕래하면서 왕실의 여러 가지 비밀을 일본 사람들에게 전해주었다.

러·일전쟁이 일어나자 바로 그 다음달에 이토 히로부미가 서울에 들어왔다. 그리고 이때부터 한국을 말아먹기 위한 작전을 벌이는데, 배정자는 양아버지 이토 히로부미의 침실에서 같이 살면서 마타하리로서의 역할을 다한다. 이토 히로부미는 고종 황제에게 드리는 선물까지 배정자 편에 보내고, 이토 히로부미를 한국 정부의 최고 고문으로, 그리고 황태자의 태사태부로 위촉한다는 친서를 내리도록, 배정자를 시켜 고종을 조르게 한다. 그뿐이 아니라 그러한 일을 맡아달라는 간청을 적은 친서를 일본 천황에게 보내도록 배정자에게 공작을 하게 하는 것이다. 배정자가 고종을 어떻게 다루었는지는 알 수 없지만, 고

△ 통감정치를 풍자한 만화.

종은 배정자의 말을 들어 이토 히로부미를 한국 정부의 최고 고문이며 황태자의 태사태부로 임명한다. 이로써 일본의 한국 침략은 하나하나 성과를 거두어갔던 것이다.

러·일전쟁이 일본의 승리로 끝나고 이토 히로부미가 통감으로 취임하자 배정자는 그야말로 자기 세상을 만난 듯 안하무인격으로 행동했다. 그리고 정조관념이 희박한 만큼 남성편력 또한 대단했던 모양이다. 이토 히로부미의 수양딸이며 그의 애첩이란 것은 세상이다 아는 사실인데, 역관 출신인 현영운의 첩이 되어 덕수궁에 함께 출입하기도 했다고 한다.

이토 히로부미를 따라 한국에 나와 갖은 술수를 써가면서 고종 황제의 총애를 받고는, 덕수궁을 수시로 드나들면서 한국 정부의 기밀을 일본 사람에게 고해바쳤던 배정자는 일본의 개화바람을 쏘이더니 긴 드레스에 장식이 붙은 모자를 쓴 양장을 하고 덕수궁을 출입했다고 한다. 갓을 쓰고 대안문을 드나든 여인들 중에서도 가장 미움을 받은 것이 바로 배정자였다.

한번은 이런 일이 있었다. 러·일전쟁이 일어나기 전의 일인데, 전쟁이 일어나면 틀림없이 러시아가 이길 것이라는 것이 고종을 비롯한 모든 사람들의 견해였다. 그래서 고종은 러시아와 일본이 전쟁을 시작하기 전에 한국의 수도를 평양으로 옮기고, 기회를 봐서 외유라는 명목으로 블라디보스토크로 망명할 생각을 하고 있었다고 한다.

▷ 볼모로 끌려간 영친왕과 일본 황족 다카코(方子)의 결혼사진.

▽ 덕수궁(경운궁)이 재건된 후에 고종이 신료들과 준명당 앞에서 기념촬영을 했다.

　고종은 덕수궁으로 문안을 여쭈러 들어간 배정자와 단둘이 앉아서 평양 천도 계획과 외유를 가장한 브라디보스토크 망명 계획을 얘기하면서, 만약 브라디보스토크로 가게 되면 꼭 데리고 가겠다고 배정자에게 약속까지 했다. 이렇듯 엄청난 비밀을 알게 된 배정자는 고종 앞을 물러나오면서 그 길로 일본 공사관으로 들어가 하야시 공사에게 들은 것을 모두 털어놓았고, 그 얘기는 곧바로

일본 정부에게 알려졌다. 일본 정부는 새로운 훈령을 내려 고종의 계획에 대한 방해공작을 펴서 결국 이 계획은 수포로 돌아가고 말았다.

한일합병이 된 후에는 옛날에 스파이 몫을 잘해주었다는 대가로 조선총독부에서 배정자에게 조선총독부 촉탁이라는 직함을 주고 먹여살렸는데, 그래도 이토 히로부미의 양녀 시절의 콧대만큼은 살아서 늘 짙은 화장에다 양장을 하고 다녔다. 그리고 일본 사람들의 모임에는 빠지지 않고 나갔는데, 어느 해엔가 국민공진회의 모임에서 회장인 정병조라는 사람과 심한 말다툼이 벌어졌다고 한다. 정병조는 둘째 가라면 서러울 정도의 친일파였는데, 둘이 서로 격해서 말다툼을 하다가 배정자의 뺨을 때렸다고 한다. 여러 사람이 보는 앞에서 뺨을 얻어맞은 배정자는 이를 경성지방검찰청에 고소했다. 경성지방검찰청에서는 총독부 고문인데다가 이토 히로부미의 양녀인 배정자를 무시할 수가 없어 배정자의 고소를 받아들여 정병조를 기소하기에 이르렀다. 이 뺨 재판은 신문에도 보도되고 많은 사람들의 흥미를 돋우기도 했지만, 재판은 도무지 결말을 낼 수가 없어 질질 끌다가 결국은 두 사람이 합의함으로써 고소를 취하하게 되었다.

한편 이토 히로부미가 안중근 의사에 의해 피살된 후로 배정자의 기세는 한풀 꺾이는 듯하더니 한일합병 후에는 쓸모없는 스파이가 돼버렸고, 더구나 3·1운동이 일어났을 때는 신변의 위험을 느꼈는지 시베리아로 도망을 갔다가, 거기서도 옛날 버릇을 못 버리고 그곳 마적단 두목의 첩 노릇을 하며 지냈다고 한다.

그후 서울로 돌아온 배정자는 성북동 도덕굴에서 81세를 일기로 세상을 떠난 것만은 틀림없는데, 일설에는 6·25전쟁 직후에 도덕굴 골목에서 80이 다 된 할머니가 꾀죄죄한 양장에 얼굴엔 분을 하얗게 바르고 붉은 립스틱을 칠하고 나들이를 다니는 배정자를 보았다는 얘기도 있었다.

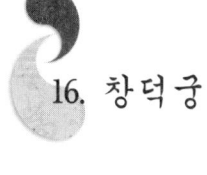

16. 창덕궁

창덕궁昌德宮은 동궐 또는 동관대궐이라고 불렸다. 그것은 창덕궁이 정궁인 경복궁의 동쪽에 위치해 있었기 때문이다. 창덕궁은 태종이 송도에서 한양으로 환도하면서 이궁離宮으로 창건했다. 그러나 임진왜란 때 경복궁과 창덕궁 등이 모두 불타버리고 경복궁은 오랜 세월 동안 그대로 방치되어 있었으나, 창

△ 창덕궁 전경. 정전인 중층의 인정전과 그 뒤로 대조전, 우측 앞으로 정문인 돈화문이 보인다.

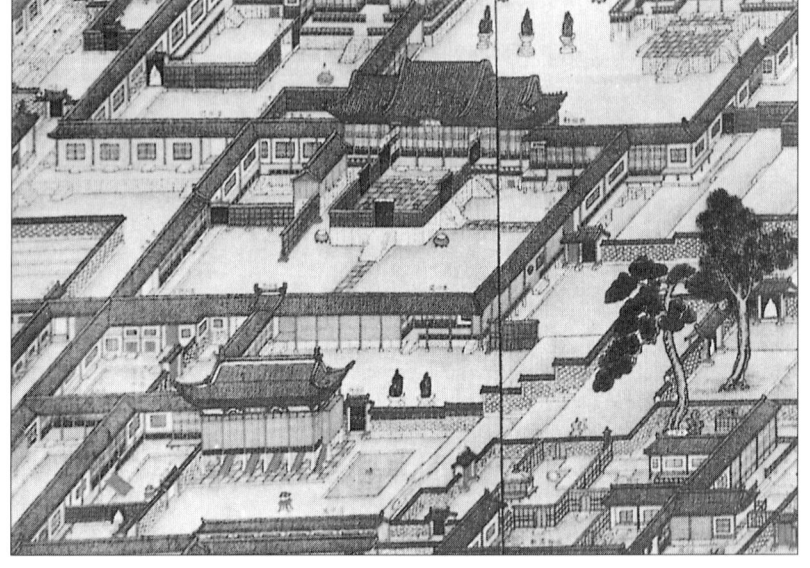

△ 창덕궁 재건의 기준이 된 동궐도의 대조전 부분.

덕궁은 광해군에 의해서 먼저 재건되자 그후 창덕궁은 오랫동안 정궁이나 다름없이 사용되기도 했다.

창덕궁만큼 큰 사건과 화재 속에서 살아남기를 여러 번 되풀이하던 궁궐도 없을 것이다. 단종이 세조에 의해 창덕궁으로 쫓겨난 다음해 1456년, 김질과 정창손의 고변에 의해 사육신들의 복위운동이 좌절되면서 창덕궁에서 쫓겨났고, 1506년 중종반정에 의해 연산군이 폐출되면서 불이 일어났고, 1592년 임진왜란이 일어났을 때 불에 타버렸고, 1623년 인조반정에 의해서 또 불이 났고, 1624년 이괄의 난 때 일부가 불에 탔고, 순조 3년(1803)에는 선정전과 인정전이 불에 탔고, 고종 연간에는 임오군란과 갑신정변을 치러야 했고, 1910년에는 여기서 대한제국의 마지막 어전회의가 열렸고, 한일합병의 조직이 나왔다. 그리고 1917년에는 일제의 방화로 대조전에 불이 나기도 했다.

조선왕조의 창건 이후 태조 이성계는 수도를 한양으로 옮기기로 하고 새로

▷ 창덕궁의 정문인 돈화문.

▷ 동궐도 속의 돈화문.

경복궁을 지었다. 그러나 제2대 정종은 다시 개성으로 환도했고, 한양을 다시 수도로 삼은 것은 제3대 태종 때였다. 태종은 개성에 남자고 했던 대신들을 설득하여 태종 4년(1404) 한양 천도를 결정하고, 동시에 왕이 들어갈 새 궁궐을 지을 것을 계획했다.

대신들은 한양 천도가 결정되자 경복궁의 수즙을 서둘러야 한다고 했으나, 태종은 태종 4년 10월에 향교동에 이궁의 공역을 시작했고, 태종 5년 10월에는 이궁의 조성이 완료되었다.

이때의 실록을 보면 새로 창건된 창덕궁의 규모가 그리 크지 않았다. 태종은 재위 중에 궁내에 누각을 새로 짓고 궁의 외문을 새로 세웠으며, 정전인 인정전을 다시 지었다.

태종 6년(1406)에는 연회의 장소로 광연루와 해온정을 지었다. 광연루는 태종 6년 4월에 준공되었는데, 왕은 의안대군과 감역제조 이직 등을 불러 주연을 베풀어 낙성을 축하했고, 그후 태종 9년(1409)에는 누 앞에 못을 파고 연을 심었

다고 한다. 해온정은 궁의 동북 구석에 지은 정자로, 지금 창덕궁 후원의 위치가 아닌가 추정되며, 이는 후원 조성의 효시로 보여진다.

태종 18년(1418)에는 다시 창덕궁의 수즙을 위하여 목수장을 강원도에 보내 목재를 구하고 수리용 석재를 떼어내기도 하여 낮고 작은 정전과 정문을 넓히는 공사를 진행했다. 이로써 태종 18년 여름에 시작하여 세종 1년(1419) 봄에 그 완성을 보았다. 그중에도 정전인 인정전은 일찍부터 중신들의 개건 요청이 있어오던 것을 태종 18년 7월 7일에 전체를 헐고 개건공사를 급속히 진행하여 그 해 9월 10일에 준공을 보았다.

단종은 수양대군에게 양위를 한 다음 경복궁을 떠나 창덕궁에 가 있었다.

단종의 퇴위와 세조의 즉위는 일단은 선양禪讓의 형식을 취했지만, 사실은 계략과 정인지 등의 강요에 의한 찬탈이나 다름없었다. 따라서 구신들의 반발은 대단했다.

단종이 양위를 했다는 소식을 들은 박팽년이 경회루 연못에 뛰어들어 자살하려고 했으나 성삼문이 이를 말렸다.

"지금 왕위는 비록 옮겨졌으나 아직 상왕이 살아계시니 우리들이 죽지 아니한 이상 언젠가는 후일을 기할 수 있을 걸세. 기도하다가 성공하지 못하면 그때 죽어도 늦지 않을 걸세!"

이때부터 단종의 복위운동이 시작되었다.

세조가 즉위한 다음해 5월에 성삼문 등이 기다리던 기회가 왔다. 명나라 책명사 윤봉이 와서 5월 16일에는 왕이 상왕과 함께 경회루에서 환영연을 베풀고, 6월 1일에는 상왕이 거처하는 창덕궁에서 역시 왕이 상왕을 모시고 세자와 대신들이 한자리에 모여 연회를 베풀기로 되어 있었다.

성삼문 등이 세조와 세자를 한꺼번에 시해할 계획을 세우게 된 것은 마침 도총관 성승과 훈련도감 유응부가 운검雲劍을 맡게 됐기 때문이다. 운검이란 검을 빼들고 왕의 뒤에서 왕을 호위하여 서 있는 직책이다. 또한 도총관 성승은 성삼문의 아버지이다. 그야말로 왕과 세자를 단칼에 없애버릴 수 있는 절호의 기회가 온 것이다.

성삼문은 동지들을 모아놓고 계획을 말했다. 특히 그는 성균관 사예司藝 김질에게 말했다.

"좌의정 한확은 북경에 가서 아직 돌아오지 않았고, 우의정 이사철은 본래부터 결단성이 없으니 윤사로·신숙주·권람·한명회 같은 무리를 제거해야 할 것일세. 그대의 장인 정창손은 사람들이 다 정직하다고 하니 이런 때 주창해서 상왕을 다시 세운다고 하면 누가 따르지 않겠는가. 이번 일이 성사가 되면 그대의 장인이 영의정을 맡아 해야 할 것일세."

그런데 당일이 되자 일이 묘하게 뒤틀렸다. 한명회가 운검을 폐하자고 들고 나선 것이다. 이에 세조는 한명회의 말을 따랐다.

"아니, 이게 어찌 된 일입니까?"

"한명회가 상감의 뜻이라 하여 운검을 폐하고 말았다!"

"게다가 세자도 안 왔다면서요?"

"그래. 이렇게 된 바에는 한명회라는 놈부터 죽여야겠다! 운검이 안 들리는 것을 보면 이미 무슨 낌새를 차렸는지도 모른다."

"아닙니다. 세자가 안 왔으면 한명회나 수양을 죽여도 소용이 없습니다. 후일을 기해야겠습니다."

성삼문은 후일을 기하자고 하며 신중하게 일을 처리하고자 했다.

그러나 유응부는,

"무슨 소리야. 공연히 지연한다는 것은 누설이 될 염려가 있는 것일세. 여기서 먼저 수양을 죽이고 군사를 몰아 경복궁으로 간다면 세자가 어디로 갈 것인가."

라고 주장했으나 성삼문은,

"운검을 폐하고 세자가 아니 온 것은 바로 천명이오."

하며 주저앉고 말았다.

차질이 생긴 것은 그뿐이 아니었다. 거사가 중지되자 김질이 미리 겁을 먹고 그의 장인 정창손을 찾아가 의논 끝에 두 사람이 세조 앞에 나가 고변을 했던 것이다.

세조는 즉시 성삼문을 잡아들이라고 했다. 김질과 대질신문을 할 생각이었다.

세조는 폭발하려는 노여움을 억지로 참으로 성삼문에게 말했다.

"이놈! 삼문은 듣거라! 네가 내 녹을 먹고 있으면서 무엇이 부족하여 오늘 우리 부자를 해치려고 역모를 꾀했단 말이냐?"

그러나 성삼문은 태연스럽게 대답했다.

"이건 천만 뜻밖이외다. 누가 그런 말씀을 아뢰었는지 아뢴 사람을 만나게 해주시오."

"김질을 불러 삼문과 면질토록 하라!"

왕의 명을 받고 김질이 덜덜 떨며 끌려나와 성삼문 옆에 두어 걸음 떨어져서 선다. 성삼문이 먼저 입을 열었다.

"이 사람, 나으리께 무슨 말씀을 아뢰었나?"

"자네가 그러지 않았나? 승정원 입직실에서…. 그때 근일에 혜성이 뜨고 사옹원에서 시루가 울었으니 반드시 무슨 일이 있을 것이라고 말일세."

김질은 떨리는 말로 계속했다.

"그래서 내가 무슨 일이냐고 물으니까 자네 말이 요새 상왕께옵서 창덕궁 북문을 열고 금성대군 댁에 왕래하시는 것을 보니 이것은 필시 한명회 같은 놈들이 상왕을 좁은 골목에 드시게 하고 역사力士를 시켜 담을 넘어 죽이게 하려는 꾀라고 그런 말을 하지 않았는가. 그래서 자네가 내 장인한테 이 말을 하라고 그래서… 우선 윤사로·신숙주·한명회의 무리부터 없애버리고 상왕을 다시 세우면 뉘라서 쫓지 아니하냐고… 내 말이 틀렸는가?'

"그래, 자네는 자네 장인한테 그 말을 전했는가? 그래, 그뿐인가? 더 할말은 없는가?'

왕과 그의 대신들은 그저 깜짝 놀랄 뿐이었다. 성삼문은 다시 왕을 향하여 입을 열었다.

"김질의 말이 다 옳소이다! 상왕께서 춘추가 높으시어 선위하신 것도 아니시고 잘못하심이 있어서 하신 것도 아니요, 나으리라든가 정인지·신숙주·한명회 같은 불충한 무리들에게 밀려서 선위를 하옵신 것이니까 복위를 원하는 것은 인신지당위人臣之當爲가 아니겠소! 그래서 오늘 나으리 부자를 죽여서 천하의 공분을 풀려고 했더니 일이 뜻같지 않아 이 꼴이 되었소. 마음대로 하시오!'

성삼문은 세조 앞에 신이라 칭하지도 많았고, 세조를 상감이라고 부르지도 않았다. 오직 처음부터 끝까지 나으리라고 했다.

"이놈! 네가 칭신稱臣을 아니하고 번번이 내게 나으리라 하니 웬말이냐! 네가 내 녹을 먹었거늘 내게 배반함이 아니고 무엇이냐!'

"상왕이 계시거늘 나으리가 어찌 나를 신하로 삼는단 말이오. 또 나는 나으리의 녹을 먹은 일이 없소이다. 내 말을 못 믿겠거든 내 집을 뒤져보시오! 나으리께 받은 것은 손 하나 대지 않고 그대로 두었으니 도로 가져가시오!'

"에잇, 저놈을 불로 지져라!'

벌겋게 단 화젓가락과 인두는 성삼문의 피와 기름으로 순식간에 식어버리고, 다시 쇠꼬챙이를 불에 달구어 고문을 계속했다.

성삼문은 고문에 못 이겨 박팽년·이개·하위지·유성원 등과 공모했다고 말했다.

한편 박팽년의 재주를 아낀 세조는 사람을 시켜 사실을 부인하면 살려주겠다고 했으나 박팽년은 듣지 않았다.

"나으리, 이 피를 보시오! 이것이 바로 충신의 피외다!"

"삼문이 나를 불러 나으리라고 하더니 너도 나으리라고 한단 말이냐! 어째서 칭신을 아니한단 말이냐. 네가 이미 내게 신을 일컬었고 또 내 녹을 먹었는데 무슨 소리냐!"

세조는 크게 노하여 박팽년에게 따지듯이 다그쳤다.

"나는 상왕의 신하이니 어찌 나으리의 신하가 되겠소. 내가 충청감사로 있을 때 나으리께 계목啓目을 올리며 쓴 글자는 신하 신臣자가 아니라 클 거巨자올시다! 다시 자세히 보시오!"

박팽년의 말대로 그의 계장을 자세히 보니 거기에는 '신' 자 대신 '거' 자가 적혀 있었다고 한다.

드디어 사육신들의 최후의 날이 왔다. 이날 성삼문은 유응부·하위지·이개 등과 함께 끌려나와 새남터에서 참수형을 받으면서 이런 시조를 남겼다.

> 이 몸이 죽어가서 무엇이 될꼬 하니
> 봉래산 제일봉에 낙락장송 되었다가
> 백성이 만건곤할 제 독야청청하리라

임진왜란이 일어났을 때 창덕궁은 물론 경복궁과 창경궁도 전소되었다. 그러나 창덕궁은 3궐 중에서도 제일 먼저 중수에 착수, 선조 말년에 시작하여 광해군 초년에 완성되었다.

〈궁궐지〉에 의하면, 창덕궁은 광해군 3년(1611)에 완성되었는데, 광해군은 창덕궁에 이어한 지 20일이 못 되어 전에 있던 경운궁으로 되돌아가고 말았다. 당시 왕은 풍수가나 술사들의 말에 귀를 기울였고, 창덕궁에서 노산군과 연산군이 폐출됐기 때문에 창덕궁에 들어가기를 싫어했던 것이다.

▷ 창덕궁의 편전인 희정당 입구.

▷ 희정당 내부의 양실.

　광해군은 7년(1615) 4월에야 비로소 창덕궁으로 들어갔다. 그러나 광해군 15년(1623) 3월, 능양군을 받드는 김류·이귀 등의 반정군에 의하여 광해군은 창덕궁에서 쫓겨났다. 이 반정의 와중에 창덕궁의 대부분의 전각이 불에 타버리고 말았다.

　이때 화재를 면한 건물은 외전의 인정전과 내전의 수정당 등 몇몇 전각에 불과했다. 인조반정 때 소실된 창덕궁의 전각은 인조 25년에 들어와 외전의 인정전 동월랑과 승정원·선정전 등 314칸과 내전의 대조전·희정당·보경당 등 주변의 행각·월랑 421칸 등 모두 735칸이 재건되었다.

　이 공역은 인조 25년(1647) 6월에 시작되어 불과 5개월 후인 11월에 필역했는데, 7백여 칸의 전각을 이와 같이 단시일 내에 끝마치게 된 것은 전각의 재건을 위해 인경궁의 전각을 헐어내어 그 자재를 그대로 활용했기 때문이다.

△ 한일합병 후 인정전 앞에서 일본 관리들과 기념촬영을 한 순종.

　창덕궁 안에는 효종 7년(1656)에 인조의 계비인 장열왕후의 거처를 만들기 위하여 인정전 서쪽의 구 흠경각 자리에 만수전을 세웠다.

　인정전의 공역은 비록 단일건물의 재건공사이긴 하나 조선왕조의 정궁의 정전을 중건하는 일인만큼 당대 최고의 장인들이 동원되어 장려한 건물을 만들어낸 것이다.

　태종 때 이궁으로 창건되면서 후원도 함께 조성됐으나, 창건 당시의 규모는 지금처럼 큰 것은 아니었다. 특히 세조 때에는 크게 궁잠을 넓히고 새로운 연지를 만들었다. 그러나 임진왜란을 겪으면서 후원은 한때 황폐해졌으나, 광해군 때 창덕궁을 재건하면서 후원도 옛 모습을 찾게 됐으며, 인조 때에는 많은 정자들이 들어서고 옥류천이 새로 만들어지기도 했다.

　후원의 중심곽에 방지方池가 있고 그 남쪽 기슭에 부용정이, 동쪽 기슭에 영화당이, 서쪽에 비각이 있고, 북쪽에 어수문과 주합루가 있어 남향하고 있다.

△ 취선당이 있던 자리에 세워진 낙선재(여기서 영친왕, 덕혜옹주, 방자비가 세상을 떠났다).

△ 창덕궁 후원의 대표적인 건물인 어수문과 주합루.

△ 창덕궁 후원의 향원정.

어수문은 주합루의 정문으로, 일각문형이나 다포의 구조를 했는데, 작은 문에 이런 포작을 한 것이 그 처리가 능숙하고 간결하다. 대목의 솜씨를 짐작할 수 있는 걸작이다. 어수문은 물고기가 물을 만난 상이라는 성취의 길상을 의미한다. 어수문을 지나면 높은 계단을 올라 주합루에 이른다. 주합루는 20칸 규모의 다락집이다. 누하는 방을 들인 서고書庫이고 누상은 열람실이다.

책 읽기 편하라고 후원에 재월랑 풍관과 희우정을 지었고, 등 너머 기슭에 따로 기두각과 기오헌을 작은 규모로 지어두었으며, 그 맞은편에는 애련정이 있다. 영화당은 전시殿試를 치러 인재를 발탁하는 기능과 나라의 큰 재목을 양성한다는 목표를 두고 시설했고, 시설마다에 그런 의미를 상징하는 뜻을 부여해두었다.

이들 전각에 둘러싸인 방지에는 또한 우리 선조들의 슬기가 서려 있다. 화강석대를 쌓아 네모 반듯한 연당을 만들고 서쪽에 들어오는 물귓대를 설치했다. 물은 동편에서 흘러내린다. 일정한 높이가 되면 그 압력으로 못 바닥에 설치한 무넘기 구멍으로 물이 빠져나간다. 그 물이 일정한 높이에 이르면 넘쳐흐르게 되는데, 이때 공기 주입을 위하여 못가에 굴뚝 같은 주기공을 만들어두었다. 물리적인 천연의 이치를 이용한 것이다. 밑물을 흐르게 했으므로 앙금이 앉는 법이 없고 물이 썩지 않는다. 물을 썩지 않게 하려는 배려에서 섬을 못 안에 만들었다. 물길을 섬 한쪽에 만들면 물은 섬을 돌아 퍼져가게 마련이다. 늘 물이 돌아오고 있는 한 유동은 계속되고 물은 썩지 않게 하는 비법으로 우리 조상의 슬기가 느껴지는 연못이다.

영화당 옆으로 작은 언덕을 하나 넘으면 연경당과 기오헌이 있다. 연경당 주변의 건물들은 민가풍의 주택 건물이 돋보이는 소박한 경관을 이루고 있다.

연경당 아래 애련정 옆으로 해서 곡면을 그리는 연지가 나타나고, 못가에 부채 모양의 관람정이 있다. 연못 반대편 높은 언덕 위엔 승재정이 있으며, 다시 연못 높은 물줄기 쪽으로 석교를 지나면 육각형의 정자인 폄우사가 있다. 연지도 처음에는 방형이던 것을 순조 이후 고종 연간에 곡선으로 바꾸어 나중에 반도지라는 별명을 얻게 된다.

고종 5년(1868) 7월, 경복궁이 낙성되고 왕이 경복궁으로 이어함에 따라 창덕궁에는 별로 수리나 영건이 없었으나, 고종 10년(1873) 겨울 경복궁 자경전의 화재와 함께 왕은 다시 창덕궁으로 이어하게 되었으며, 그후 10년간 이 궁에서 기거하면서 13년, 14년에 걸쳐 일대 수리가 있었고 궁궐의 면모는 일신되었다. 그러나 고종 황제는 이 창덕궁에서 뜻하지 않은 큰 사건들을 맞게 되는데, 그것은 고종 19년(1882) 6월에 일어난 임오군란과 고종 21년(1884) 10월에 일어난 갑신정변이다.

광무 11년(1907) 8월 경운궁, 즉 지금의 덕수궁에서 즉위한 순종은 그해 10월에 창덕궁의 수리를 명하고 11월에 이어했으나, 궁중은 일제 침략자들이 무상출입하는 장소가 되고 말았다.

인정전·희정당·주합루 등 건물은 수시로 이토 히로부미 이하 저들의 접견·향응의 장소로 제공되고, 비원에서는 학생들의 연합운동회가 열리기도 했으니 궁중의 위엄은 다시 찾을 길이 없게 되고 말았다.

융희 4년(1910) 8월 22일, 창덕궁 대조전의 흥복헌, 양실로 꾸며진 이 회의실에서는 대한제국의 마지막 어전회의가 열리고 있었다.

"짐은 동양의 평화를 공고히 하기 위하여 한·일 양국의 친밀한 관계로서 서로 합하여 일가가 됨은 서로 만세의 행복을 도모하는 소위로 생각하고 이에 한국의 통치를 통틀어 짐이 매우 신뢰하는 대일본국 황제 폐하에게 양도하는 것을 결정했다. 이에 필요한 조장을 규정하여 장래 우리 황실의 영구 안녕과 생민의 복리를 보장하기 위해 내각총리대신 이완용을 전권위원에 임명해서 대일본제국 통감 데라우치와 회동하여 상의 협정하게 하니, 여러 신하들은 짐의 뜻의 확단한 바를 체득하여 봉행토록 하라."

순종은 일제와 친일대신들의 협박에 못 이겨 이러한 조칙을 내리고 한일합병 문서에 옥새를 찍고 말았다.

한일합병이 된 다음 순종 황제는 창덕궁 전하로 격하되고 말았다. 이후로 경복궁이 일제에 의하여 수없이 철회되기 시작했으나, 창덕궁에는 창덕궁 전하가 기거하는 관계로 훼손을 면할 수가 있었다.

그러나 1917년 겨울, 창덕궁은 다시 화마에 휩싸이게 된다.

이해 11월 10일 오후 5시경에 대조전 서쪽으로 연결되어 있는 나인 갱의실에서 불이 일어나 강한 바람을 타고 번지는 불길이 내전 전부를 태우고 말았다. 순종과 왕비 일행은 후원 연경당으로 피하고, 불은 8시경에 진화되었는데, 그동안 대조전을 위시하여 홍복헌 · 통명문 · 양심각 · 장순문 · 희정당 · 찬대실 · 내전 창고 등 많은 건물이 소실되었다.

고종은 1919년 1월에 세상을 떠났다. 그 7년 후인 1926년 4월 26일, 순종은 창덕궁 대조전에서 승하했다. 순종의 승하는 6 · 10 만세사건과 금호문 사건의 계기가 되었다.

17. 남대문

남대문공원이 생겼다. 남대문을 중심에 두고 그리 넓지는 않지만 약 4만 평의 녹지가 조성되고, 사과나무와 배나무, 밤나무, 은행나무와 단풍나무 등의 나무와 작지만 전시관까지 갖추었다. 전시관 안에는 옛날의 사대문과 사소문 등이 성벽으로 연결되어 옛 모습을 살필 수가 있다.

△ 공중에서 내려다본 남대문. 그 옆을 차들이 아슬아슬하게 지나고 있다.

◁ 남대문의 성벽과 그 앞의 가가假家들이 그대로 남아 있다(1870년대의 남대문).

◁ 남대문 밖 가가가 많이 정비된 모습. 우마차가 한가로이 앉아 있다(1895년경).

그러나 이것은 내 꿈이다. 달콤한 꿈에서 깨어 바라본 현실의 남대문은 여전히 도시 속의 고도孤島처럼 외로이 서 있다.

남대문은 서울의 관문이다.

태조 이성계가 1394년 개경으로부터 한양으로 도읍을 옮긴 다음, 경복궁과 종묘가 이룩되자 정도전에게 명하여 서울의 도성을 쌓게 했다.

서울의 도성을 쌓는 제1차 공사는 태조 5년(1396) 1월부터 시작됐다. 즉, 1월 9일 백악의 산신과 모방신에게 도성 축조를 고하는 개기제開基祭를 지내고 그날부터 2월 28일까지 49일간에 11만 8천 70명의 장정을 징집하여 전장 5만 9천 5백 척의 도성을 쌓았는데, 공사를 총지휘한 사람은 영삼사사 심덕부와 평양백 조준 등이다. 이때 도성을 쌓는 한편, 도성의 동서남북으로 4대문을 설치하고 그 사이사이에 4소문을 설치했다. 즉, 정북에는 숙청문肅淸門을, 정동에는 흥인문興仁門을, 정남에는 숭례문崇禮門을, 그리고 정서에는 돈의문敦義門을 세우기로 했다. 그리고 동북에 홍화문弘化門, 동남에 광희문光熙門, 서남에 소덕문昭德門을, 그리고 서북에는 창의문彰義門을 설치했다.

1396년 1월 제1차 축성공사 때부터 도성 축성과 동시에 성문도 같이 건설하기 시작했으나, 성문은 특별한 기술을 요하는 공사였을 뿐 아니라 많은 인력이 필요했으므로 제1차 공사에는 완성치 못하고, 동년 8월부터 9월까지 49일간에 실시한 제2차 공사 때에 대체로 완성했으며, 성문의 이름도 그때 붙여진 것이다.

숭례문은 도성 8문 중에서도 가장 중요한 문인데, 그것은 도성의 정남에 위치하여 사람이 가장 많이 출입하는 곳이며, 또 중국·일본 등 외국 사신들이 출입하는 서울의 관문이기 때문에 가장 웅대하게 건축했으며, 대문의 이름인 숭례문은 곧 우리나라가 동방예의지국임을 나타낸 것이다.

숭례문, 즉 남대문을 건축하기 시작한 것은 태조 5년(1396) 9월 도성을 쌓을 때부터이지만, 월단月壇과 문루門樓는 모두 기술과 시일을 요하는 것이기 때문에 완성된 것은 태조 7년(1398) 2월이다.

1962년 남대문을 중수할 때 남대문의 상량上梁 일자를 먹으로 쓴 대들보 세 개가 발견되었다. 첫번째는 태조 때 창건 당시의 대들보이고, 두번째는 세종 때 개수할 때의 대들보이며, 세번째는 성종 때 개수할 때의 것이다.

세종 15년(1433) 7월에 세종이 영의정 황희와 좌의정 맹사성 및 우의정으로 치사한 권진을 불러 여러 가지 국사를 의논할 때 남대문을 개축할 의사를 표명했다.

"경복궁의 오른팔의 산세는 낮고 확 트여서 포국抱局이 없는 까닭에 남대문 밖에 못을 파고 문 안에 지천사支天寺를 세운 것이다. 그런데 지금 볼 것 같으면 남대문의 지대가 낮아서 남대문이 편평하게 보이며 볼품이 없으니 땅을 높게 돋우고 산맥에 연하게 하고 그 위에 문을 세우면 어떠한가?"

그러나 당시 궁궐을 비롯하여 여러 곳의 공사가 함께 진행중에 있었으므로, 백성들의 피해를 생각해서 이러한 공사가 끝난 다음에 하는 것이 좋다는 의견

이 지배적이었다. 남대문의 개축공사는 그 이후 세종 29년(1447) 8월에 착공하게 되었다. 그러나 이해 겨울이 몹시 추워 세종은 중신들의 진언에 따라 공사를 중지했다가 다음해 봄에 공사를 재개했다.

이때의 공사는 좌찬성 정본이 담당했는데, 문루와 석문(月壇)을 완전히 헐어내고, 기지를 높게 돋우어 양쪽 산맥과 연결시키고 그 위에 석문을 쌓고 문루를 세웠으니, 바로 신작 숭례문이 된 것이다.

그러나 이로부터 30년 후인 성종 9년(1478)에 남대문이 기울어졌다. 성종은 곧 감역도감을 설치하고 남대문을 개축할 것을 명했다.

야대夜對에서 우승지 박숙진이 나서서 아뢰었다.

"고인이 말하기를, 백성을 부릴 때에는 시기를 가려야 한다고 했으며, 춘추에도 불시에 백성을 부리는 것을 비방했습니다. 하온데 지금부터 농사가 한창인데 남대문을 개작하라는 명령을 내렸습니다. 이 문이 크게 기울어지지도 않았고, 또 공사를 일으킬 때도 아닙니다."

"경의 말이 옳다. 다만 문이 심히 기울어진 듯해 개작하라고 한 것인데, 내일 다시 조사하여 만일 기울어지지 않았다면 중지시키겠다."

결국 이듬해, 즉 성종 10년(1479)에 남대문을 개축하게 되었다.

성종 때 개수된 남대문은 1962년까지 5백 년 동안을 존속했다. 그러나 5백 년을 지나는 동안 월단의 석재 가운데 풍화작용으로 부서진 것이 많았고, 또 목재도 썩은 것이 많아 무너질 위험이 있었으므로 1962년 문루와 월단을 헐어서 중

▷ 일제에 의해 날개를 잘
린 남대문의 모습.

수했다. 다만 부서진 석재와 썩은 목재를 갈아끼웠을 뿐 다른 것은 모두 옛날 것을 그대로 사용했으며, 설계도 옛날 그대로 복원했다.

남대문의 원명은 숭례문이다. 그런데 현판의 글씨는 보통 가로로 쓰는데 숭례문의 현판은 세로로 씌어 있다.

숭례문의 현판이 세로로 씌어진 까닭은 이러하다. 즉, 숭례문은 서울의 정문인데, 서울 외곽의 남쪽 관악산의 화기를 막기 위해 음양오행설에 따라 불 화火인 예禮자를 세워서 썼다는 것이다. 그래야만 맞불로서 관악산의 화기를 막을 수 있다는 것이다.

이 숭례문의 글씨는 태종 때의 명필인 신색의 글씨라고도 하고, 또 중종 때 공조판서를 지낸 유진동의 글씨라고도 하나, 더 많은 사람들은 양녕대군의 글씨라고 말한다. 한때 이 숭례문의 현판이 행방불명된 적이 있었다. 바로 임진왜란 때의 일이다. 청파역 아래 배다리(舟橋) 밑에서 밤이면 이상한 서기瑞氣가 비치더란다. 동네 사람들이 이상히 여겨 배다리 아래로 내려가보니 흙탕물 속에서 숭례문의 현판이 서기를 내더라는 것이다. 명필은 땅 속에 묻혀도 빛이 난다고 했는데, 숭례문의 현판이 바로 그 예가 아니겠는가.

모진 임진왜란을 겪으면서도 견뎌냈던 숭례문이 구한말에 이르러 수난을 받기 시작했다. 1907년 8월 1일. 이날, 조선군의 해산을 슬퍼하듯 주룩주룩 비가 내리고 있었다.

순종의 군대해산 조칙에 의해서 모든 군인들은 무기를 무기고에 넣어두고

△ 남대문 옆의 성벽을 헐고 일본 황태자가 내한했을 때의 기념사진. 앞줄 왼쪽부터 일본 황태자(후의 다이쇼 천황), 영친왕, 한 사람 건너 이토 히로부미, 일본 황태자 왼쪽 뒤에 있는 자가 이완용이다.

오전 10시에 맨손으로 훈련원에 모이라는 명령이 하달됐다. 그리고 각 연대의 대대장으로 하여금 사전에 일본군 사령부에 모이게 했다. 시위 제1연대 제1대대 대대장 박성환 참령은 불길한 예감이 들어 중대장을 대신 보냈다. 얼마 후 비를 흠뻑 맞은 중대장이 돌아왔는데, 얼굴은 창백하고 핏기가 없었다.

"대대장님, 억울합니다! 모두 무기를 무기고에 넣고 맨손으로 훈련원에 모여 군대해산식을 한다는 겁니다. 대대장님, 이게 말이나 됩니까?"

중대장은 울고 있었다.

"드디어 올 것이 왔구나."

박참령은 중대장에게 먼저 나가 있으라고 했다. 그리고 유서를 쓰기 시작했다.

"내 국은을 입은 지 몇 해가 됐는데 나라가 망해도 왜놈 하나 참하지 못했으니 죽어도 남을 죄가 있다! 내 차마 너희들을 보고 해산하라는 말을 어찌 전하랴. 차라리 내가 죽음으로 사죄하는 바이다. 대한제국 만세!"

그는 권총을 자신의 머리에 겨누고 방아쇠를 당겼다.

대대장의 자결을 알게 된 병사들은 울분을 참지 못해 총을 들고 일본군과 싸울 것을 맹세했다. 중대장 남상덕이 지휘하는 가운데 서소문에 있던 제1대대는 모두 총을 들고 일본군과 시가전을 벌였다. 이때 남대문 영문에 있던 제2연대 제1대대도 그 총성을 듣고 모두 일본군을 향하여 총을 겨누었다.

남대문과 서소문에서 궐기한 조선군에게 일본군은 3개 대대의 병력과 기관 총으로 맞서 시가전을 벌였다.

중과부적, 조선의 병사들은 2백여 명의 사상자를 내고 자정 가까이까지 버텼으나 결국 일본군에게 전멸당하고 말았으니, 이것이 8월 1일의 남대문 전투였다.

융희 2년(1908), 통감 이토 히로부미는 일본의 황태자를 조선으로 초청했다. 이 사람이 쇼와(昭和)의 아버지 다이쇼(大正)이다. 일본공사 하야시 곤스케(林權助)가 외부대신 이하영을 찾아갔다.

"남대문을 헐어야겠습니다."

느닷없이 남대문을 헐어야겠다는 말에 이하영은 깜짝 놀랐다.

"남대문은 서울의 관문이오! 남대문을 헐다니, 무슨 말씀이오?"

"오는 10월에는 황공하옵게도 일본 황태자 전하께서 한성을 방문하십니다. 황태자 전하께서 그 냄새 나는 조선의 대문을 걸어들어가시게 할 수는 없습니다."

세상에 이런 생떼가 어디 있는가. 그러나 남대문을 헐겠다는 일본의 요구는 조선 민족의 맹렬한 반대에 부딪혀 후퇴할 수밖에 없었다. 결국은 남대문의 서쪽 성벽만을 헐어내고 큰길을 내서 일본 황태자의 마차를 통과시켰다.

급기야 융희 3년(1909)에는 동쪽의 성벽마저 헐어버렸다. 남대문은 두 날개를 가진 독수리 같은 형상이었는데, 이제 두 날개를 모두 잃고 만 것이다.

6·25전쟁을 겪고 난 남대문은 더욱 처참했다. 당시의 모습을 시인 이은상은 이렇게 묘사하고 있다.

숭례문 이마팍에 저것이 무엇이오
죄인의 낙인이요
귀인의 옥관자요

△ 지금의 남대문. 빌딩숲에 둘러싸여 있다.

부처님 보주시어든

오색영롱하시구려

그도 아니시면 저것이 무엇이오

서울의 십자가를 한등에 지시고서

가시관 썼던 자욱이

남은 줄만 아시구려.

이제 남대문은 도시 속의 고도처럼 우뚝 솟은 채 외롭게 질주하는 차들만 지켜보고 있다.

"차들이여, 제발 남대문에 가서 부딪치지나 마라!"

얼마 전에 남대문의 아치 부분 홍예석虹霓石이 조각이 나서 떨어져나갔다고 한다. 그것도 반년이나 그대로 내버려둔 채 널판으로 가려놓고 강력접착제로 붙이면 된다고 했다는데, 남대문의 중층 문루를 버티고 있는 홍예석이 떨어져 나갔다고 본드로 땜질을 하겠다니…. 남대문의 무게를 버티고 있는 역학적 구조를 무시하고 한낱 땜질로 막아보겠다니, 눈 가리고 아웅 하는 것이 아닌가? 원인을 철저히 규명하고 방법을 세워야 하지 않을까?

18. 종로 이야기

　한국의 중심이며 서울의 얼굴이라고도 할 수 있는 종로 네거리에 옛것을 짐작하게 하는 것은 종로 네거리 동남쪽 구석에 쭈그리고 앉아 있는 보신각밖에는 없다(광화문에서 종로 네거리까지는 전작 〈청계천은 살아 있다〉에서 자세히 기록했으나, 여기서는 중복을 피해 종로의 또 다른 모습을 살펴보기로 한다).

　1980년 가을의 평일 낮, 모 신문사의 기자가 조사한 바에 따르면, 이날 종로 네거리 화신백화점(지금은 없어졌지만) 앞길을 지나간 행인이 1분에 무려 170명이 넘었다고 한다. 이런 비율로 하루 16시간을 계산해보면 폭이 7m밖에 안 되

△ 옛 종로 2가의 널찍한 거리(우측의 건물은 전 보신각).

는 길 위로 하루에 자그마치 제주시의 인구와 맞먹는 16만 명이 지나간다는 것이니, 얼마나 많은 사람들이 종로 네거리를 중심으로 모여들고 흩어지는지 알 수가 있다.

한성이 조선왕조의 수도로 정해진 다음, 혜정교, 지금의 광화문 네거리에서 창덕궁 동구까지를 운종가라고 했는데, 이 운종가의 중심에 종루를 짓고 대종을 걸어 인정人定과 파루罷漏에 종을 치게 한 것은 태조 7년(1398) 4월 15일의 일이다. 이때의 종루는 청운교 서쪽, 지금의 파고다공원 옆에 있었으나, 세종 22년(1440)에 그 종루를 헐고 다시 순금사의 남쪽 광통교의 북쪽, 말하자면 지금의 종로 네거리에 2층 누각의 종루를 짓고 그 밑으로는 인마가 통행을 하게 했다. 임진왜란 이후에 불에 탄 종루를 다시 지을 때는 지금의 자리로 뒤로 물려서 지었다고 하는데, 어쨌든 이 종루를 중심으로 해서 혜정교에서 동대문까지, 또 종루에서 남대문에 이르기까지 서울의 중심부가 이루어진 것은 태종 12년에 이곳에 좌우 행랑을 짓게 되면서부터이다.

시전행랑 건설이 본격적으로 시작된 것은 태종 12년(1412) 2월 15일이다. 마침 제1차 개천開川의 대역사를 마친 직후였으며, 그때까지 개천의 일을 맡아오던 개천도감을 행랑조성도감으로 하고, 외방의 유수·승도들에게 양곡을 주어 이 일을 시켰다. 이리하여 태종 14년(1414) 7월 제4차 공사까지 모두 2,633칸의 행랑이 건설되었다. 이 행랑의 대부분은 상설상가인 이른바 시전행랑이었으나 경복궁 앞, 창덕궁 앞 등의 일부는 정부 제 관아에도 분급되어 사무처리의 장소니 문서보관의 장소로 사용되기도 했다. 이것으로 도성 안 간선도로의 노폭이 확정된 셈이다. 또 이러한 장시와 시전행랑이 비교적 가까운 거리에 있게 되므로 자연히 도성 안의 번화가는 오늘의 종로 1가에서 4가까지와 대소 광통교에서 장교동 일대까지 형성되었던 것이다.

이렇게 만들어진 종로 거리는 560년을 지나는 동안 두 번의 전쟁과 무수한 곡절을 거쳐 오늘의 종로가 되었는데, 종로 네거리의 모습은 지금도 시시각각으로 달라지고 있다. 우선 종로 네거리 서북쪽 모퉁이에는 나직한 가건물인 신신백화점이 있었으나, 지금은 그 자리에 지상 22층의 제일은행 본점이 들어서서

▷ 종로 네거리의 상징이었던 화신상회(지금 그 자리엔 하늘을 찌르듯 종로타워가 높이 솟아 있다).

멀리 북악의 모습이 시야에서 가려지고 말았다. 또 종로 네거리 동북쪽 모퉁이에 있어 종로 네거리를 대표했던 화신백화점도 헐려나갔으며, 오직 동남쪽에 옛 모습 그대로의 보신각 종루만이 남아 있다. 그러나 종로 네거리를 중심으로 옛 지물포와 금은방·주단포목점이 아직도 한두 군데나마 남아 있는 것을 보면 여기가 바로 서울상가의 중심이었던 것을 다시금 회상하게 된다.

종로 네거리는 서울의 번화가요 상가의 중심이지만, 정치의 열풍이 휩쓸던 구한말에는 한때 신명나는 정치무대가 되기도 했다.

독립협회를 창설한 서재필 박사가 조정의 압력으로 미국으로 돌아간 다음 협회는 윤치호·이상재·남궁억·이승만 등이 주동이 되어 적극적인 자주독립운동을 펴고 있었다.

1898년 봄에 러시아 군인들이 물러가면서 늘 신변 경호에 불안을 느껴오던 고종 황제는 미국인 법부고문관인 그레이트 하우스의 건의를 받아들여 상해에 떠돌던 외국인 불량배 30여 명을 긁어모아 외국인 순검으로 채용했다. 난폭한 비행이나 저지르기 일쑤였던 그들에게 비난의 화살이 집중되었으며, 독립협회에서 들고일어나 그들을 즉시 해고하고 추방하라고 나섰다. 독립협회의 강력한 시위와 민중의 반대에 부딪힌 정부는 10일 만에 그들을 모두 퇴거시킬 수밖에 없었다.

△ 1900년대 종로 네거리 시장의 모습.

그런데 때를 같이하여 또 하나의 사건이 터졌다. 이른바 친러파 김홍륙이 책동한 독다毒茶사건이라는 것이었다. 이 사건은 9월 12일의 만수성절을 계기로, 이에 앞서 유배형을 당한 김홍륙이 그의 부하들을 교사하여 황제와 황태자에게 독약을 섞은 커피를 주고 시해하려다 미수에 그친 사건으로, 10월 10일에 범인들의 심판이 완결되어 천하에 공포된 것이었다. 이 사건에 대해서도 독립협회는 주저없이 정부의 책임을 추궁하여 상소와 연설 등으로 국민의 각성을 촉구했다.

1898년 10월 29일, 독립협회는 두번째 만민공동회를 개최하기 위하여 종로 네거리 광장에 연단과 좌석을 만들었다. 지금으로 말하면 시민대회 같은 것이었다. 교통도 차단했고, 수천 명의 독립협회원을 필두로 정부 각 부서의 관원과 일반 유지, 학생, 황국협회 등의 사회단체, 상인, 중, 맹인, 백정 등에 이르기까지 수천 명의 군중이 구름처럼 모여들었다. 회장 안팎에는 '대한독립'이라는 수십 개의 큰 깃발이 휘날렸다. 그 무렵으로서는 처음 구경하는 웅대한 집회였다.

오후 2시 개회에 앞서 의정부 참정대신 박정양 이하 법부대신 서정순, 궁내부 대신 민병석, 농상공부대신 김명규, 학부대신, 탁지대신 등의 고관이 임석한

△ 종로 네거리에서 만민공동회를 개최한 서재필 박사와 당시
발행된 〈독립신문〉.

가운데 이상재의 사회로 대회의 막이 열리자 불을 토하는 듯한 윤치호의 연설
이 시작되었다.

"이 나라가 칭제稱帝 건원建元하고 국호도 대한이라 하여 세계만방에 자주독
립을 선포한 것은 틀림없는 사실이다. 그러나 궁정에는 아직도 간신 소인배가 넘
나들며, 정부는 철도·광산·산림 등의 국가 권익을 외국에 양도하는 데 바빴고,
증회·수뢰와 매관·매직은 날로 더할 뿐이다. 이같이 하고서 도탄 속에서 헤매
는 국민을 그 어찌 구제할 것이며, 누란累卵의 국운을 그 어찌 만회할 것이냐."

이렇게 눈물을 흘리며 우국 정열을 토로하는 윤치호의 연설은 청중에게 더
할 수 없는 감동을 안겨주었다.

이날 만민공동회는 만민 결의로 6개조의 결의안을 통과시켰다. 이러한 개혁
안을 정부의 고관들도 승인했고 고종 황제도 결재를 했다. 그러나 며칠 후 정부
는 모든 협회를 혁파하라는 조칙을 내리고 독립협회를 강제로 해산해버렸다.

종로 네거리에서 만민공동회의 열기가 가신 다음해, 종로 네거리에 전찻길이
놓여졌다. 전차의 개통식을 가진 것은 광무 3년(1899) 5월 17일이었다. 이날 서울
장안은 온통 축제 분위기로 들떴으며, 이러한 전차의 개통과 동시에, 개국과 더불

어 종루의 종소리에 맞추어 성문을 개폐하던 제도가 자연히 폐지되었다고 한다.

옛날 종로 네거리에는 희한한 풍습이 있었다. 정월 대보름날을 망일望日, 즉 달을 바라보는 날이라고 하는데, 그 전날인 열나흗 날은 적을 소小자를 붙여서 소망일이라고 했다. 이날이 되면 종로 네거리에는 이상한 광경이 벌어진다. 사람들이 제각기 허리춤에다 네 개의 자루를 차고 모여든다. 이 사람들은 동서남북으로 뻗은 길목마다 돌아가면서 길목의 흙을 한 삽씩 퍼서 자루에 담는다. 그리고 제각기 집으로 돌아가서는 허리에 차고 온 자루의 흙을 꺼내서 동서남북으로 휙 뿌리는 것이다. 동쪽에 흙을 뿌릴 때는 "금 나와라! 금 나와라!" 하고 외치고, 서쪽에 뿌릴 때는 "은 나와라!" 하고, 남쪽에는 "구리 나와라!", 북쪽에는 "쇠 나와라!" 하고 외친다. 이는 나라 안의 돈 많은 사람들이 한 번쯤은 다 밟고 지나갔을 종로 네거리의 흙을 뿌려서 재운을 기원했던 미신이었다.

이렇듯 해마다 정월 보름날 전날이면 마치 대보름날의 전야제처럼 종로 네거리에 모여 제각기 허리춤에 흙을 한 삽씩 퍼담고 가니 종로 네거리는 여기저기 움푹움푹 패어지고 길은 엉망진창이 되는 것이다. 그래서 정월 보름날이 지나면 한성부 관원들이 바빠진다. 움푹움푹 패인 종로 네거리에 흙을 갖다 메워야 하는데 이게 보통 일이 아니다. 지금처럼 큰 덤프트럭이나 있으면 몇 트럭 갖다가 뿌리면 그만이겠지만, 옛날엔 수레에 싣고 와서 일일이 웅덩이를 메워야 했으니 한성부 관원들의 고생은 말할 수 없었다. 이렇게 사람마다 한 삽씩 퍼가니까 생각다 못해 이번에는 관원들이 나와서 제발 삽으로 퍼가지 말고 한 주먹씩만 가져가라고 계몽을 했다. 그러나 서민들의 부자가 되고 싶은 욕심을 어떻게 관원이라고 막겠는가. 나중에는 양복을 입은 순검까지 동원해서 길을 지키게 했는데, 약삭빠른 사람들은 순검을 매수하면서까지 흙을 파갔다고 한다.

지금은 세종로라고 부르고 있지만, 옛날에는 경복궁의 정문인 광화문의 앞을 육조거리라고 불렀다. 육조거리가 지금의 세종로만큼 그렇게 넓지는 않았지만 옛날의 거리로서는 파격적으로 넓은 거리였다고 한다. 구한말에 우리나라에 처음 찾아온 선교사들이 육조거리를 보고 조선왕조가 굉장한 규모로 한성을 건설했다고 감탄을 했다는 것이다.

이조는 조선조 육조의 하나로, 바로 관리들의 인사를 관장하는 관청이었다. 이조吏曹·호조戶曹·예조禮曹·병조兵曹·형조刑曹·공조工曹 등을 합해서 육조라고 했다. 이 육조의 관청이 경복궁 광화문 앞에 나란히 있었기 때문에 이 길을 육조거리라고 불렀던 것이다.

당시 육조거리엔 하얀 왕모래가 깔려 있고, 먼지 하나 없을 만큼 깨끗했다고 한다. 지금 그 육조거리에는 옛날의 모습을 회상할 수 있는 것은 아무것도 남아 있지 않다. 의정부가 있던 자리에 세워졌던 경기도청의 옛날 건물도 없어졌으니까 이제 남은 것은 광화문과 그 앞에 서 있던 해태상밖에는 없다.

광화문을 향해서 오른쪽이니까 옛날 지명으로는 북부 징청방이라고 했다. 오른쪽에는 맨 먼저 의정부가 있고 그 다음이 이조가 있었다.

이조는 국가의 관리를 임명하는 관청인만큼 특히 청렴결백한 인물이 요망됐었다. 이조에서도 특히 정5품직인 이조정랑과 정6품직인 이조좌랑은 인사행정의 실무 기안자로서 권한이 컸는데, 이들은 전랑銓郎으로 삼사 관원 중에서도 학문이 있고 명망이 특출한 사람을 골라서 임명을 했는데, 이 전랑의 임명은 이조의 우두머리인 이조판서도 간섭이나 간여를 하지 못했고, 특별한 비리가 없는 한 자기가 그만두겠다고 할 때까지는 그 자리를 바꿀 수도 없었다. 또한 전랑 자신이 후임자를 추천하도록 돼 있었다. 그러니까 이조정랑을 거친 사람은 그야말로 엘리트 코스로 참판·판서, 또는 그 위의 정승자리까지도 바라볼 수 있는, 말하자면 관리들 가운데서도 노른자위에 속하는 자리였다. 품계로는 정5품으로 당상관도 못 되는 지위이지만 판서나 대신들도 무시할 수 없는 존재였던 것이다.

선조 때 이 이조정랑 자리를 두고 조정 안에서 파벌 싸움, 즉 당쟁이 일어났다. 퇴계와 율곡 밑에서 공부를 하고 대사헌을 지낼 만큼 학문이 높았던 심의겸은 한편으로 명종의 처남이 되기 때문에 일부에서는 외척이라고도 했다. 심의겸이 사인舍人이란 벼슬에 있을 때 결재를 맡기 위해 영의정으로 있는 윤원형의 집에 갔다. 그곳에서 그와는 항상 라이벌이었던 김효원의 친구가 윤원형의 사위 되는 사람의 방에 있는 것을 보고 이상하게 생각한 일이 있었다. 그런데 얼마 후에 전랑으로 있는 오건이란 사람이 자기의 후임으로 김효원을 추천했는데, 이때 심의겸은 김효원이 윤원형 계열의 인물이라는 이유로 반대했다. 그러나 결국 김효원은 전랑이 되었다. 그후 심의겸의 동생인 심충겸이 전랑의 물망에 올랐는데, 이때 김효원은 전랑자리가 외척의 것이냐 하며 반대를 했다. 이것이 계기가 되어 동인과 서인의 분당이 생기고, 싸움을 진정시키기 위해 두 사람을 모두 외직으로 내보낸 일이 있었다고 한다.

관리 한 사람 임명하는데 그 사람의 성분이 어떻고, 영의정이나 정승과 연줄이 있는지, 또는 외척인지 아닌지 하는 것을 따지기까지 했다. 그러나 세월이 가면서 기강이 해이해지자 나중에는 매관매직, 즉 관료의 자리를 돈으로 사고 파는 풍습이 생기고 말았다. 그래서 높은 벼슬을 하면 그만큼 큰돈을 모을 수 있다는 풍조가 생기고 세도를 마음대로 하는 씨족이 생겨났다. 이 매관매직의 풍조는 근세에 와서 더욱 많아졌는데, 철종 땐 더욱 두드러졌고 고종 땐 공공연히 이루어졌다고 한다.

고종이 즉위한 해부터 한일합병 때까지의 일들을 기록한 〈매천야록〉에는 매관매직의 시세까지 기록돼 있다. 그것을 보면 도지사나 다름없는 관찰사도 A급은 20만 냥, B급은 10만 냥이고, 1등 군수만 해도 5만 냥은 갖다바쳐야 발령이 난다고 했다.

지금으로부터 7, 80년 전의 일이다. 경상남도 거창에 새로 군수로 부임한 김봉수란 사람이 있었는데, 이 사람은 새로 원이 되면 내부대신을 찾아뵙는 것이 당연한 법도이고 에의라고 생각해서 한성으로 올라갔다. 그래서 대신을 뵙고 새로 거창 군수로 부임한 김 아무개라고 인사를 올렸다.

그런데 내부대신은 생전 처음 보는 사람이 군수라고 와서 인사를 하는데 자기의 기억으로는 최근에 군수자리를 갈아치운 일도 없고 해서 도대체 어떻게 된 일이냐고 물었다. 그러자 이 사람이 아주 태연스럽게 이렇게 얘기하는 것이었다.

"돈 3만 냥으로 지난 달 그믐께 원 자리를 샀습니다."

이 말을 들은 내부대신은 까무러치게 놀라 곧 김봉수를 묶어 한성재판소로

△ 종로 2가의 모습(오른쪽 건물은 종로 중앙 YMCA).

보냈다. 그런데 김봉수는 오라에 묶여 재판소로 가면서도 자기가 무슨 죄로 잡혀가는지도 모른 채 이렇게 중얼거렸다는 것이다.

"내가 원 자리를 산 3만 냥 속에 혹시 사전이라도 섞여 있었단 말인가?"

사전은 관에서 만든 엽전이 아닌 사사로이 만든 돈이란 것이니, 곧 위조지폐란 뜻이다.

지금으로부터 약 1백 년 전, 우리나라의 개화기를 전후해서 서울 종로 거리에서는 만인산 행렬이란 것이 있었다. 이는 지방에 있는 수령들이 자신의 공적을 중앙에 알리기 위한 행위였다.

만인산의 모습을 한번 살펴보자. 요즘 해수욕장에서 흔히 볼 수 있는 비치 파라솔만한 크기의 색동으로 된 일산日傘에다가 붉은 자수로 정 몇 품 아무 곳 군수 아무개라고 큼직하게 수를 놓아 표시를 하고, 일산의 살 끄트머리마다 베천을 길게 달아서 그곳에 유지들의 이름을 적었다. 그 유지들이란 아무 곳 군수 아무개씨를 예찬하는, 비용을 거출한 지방 유지들이다. 그리고 우산 꼭대기에는 금빛을 칠한 여의주가 달려 있고, 그 여의주에도 오색의 천이 달려 있어서 사람들의 시선을 끌었다. 이러한 만인산을 들고 한 십여 명쯤 되는 사람이 꽹과리를 치고 피리를 불고 북을 치면서 종로바닥을 누비고 하루종일 왔다갔다 하는 것이다. 풍악대가 앞을 섰으니 행렬 뒤에는 아이들, 구경꾼들이 또 수십 명씩 따라다녔다.

이 행렬은 종로통에서 광화문 네거리까지 와서 육조거리를 지나 경복궁 앞을 휘돌고 다시 종로 거리로 나와 동관대궐 앞으로 돌아간다. 이렇게 만인산의 행렬이 왔다갔다 하는 것은 지방관청의 수령들이 이런 식으로 자신의 공적을 상부에 알리는 수단으로 썼던 것이다.

이렇듯 만인산은 관에서 인정한 데모 행위였다. 이러한 제도 아닌 제도를 고안해낸 것이 바로 중앙관서인 육조였기 때문이다.

육조에서 지방장관들의 선정을 장려하는 뜻에서 지방수령들에게 두드러진 공적이나 실적이 있으면 이것을 왕실이나 중앙관서, 그리고 세상 사람들에게 널리 알리라고 이 만인산이란 행렬을 고안해냈던 것이다. 이는 지방수령들의 공적을 세상 사람들에게 알리는 목적도 있었지만, 다른 지방수령들에게 본보기를 보여서 백성들을 착취하거나 압정하지 못하도록 하는 데 그 목적이 있었던 것이다.

그래서 만인산의 행렬은 사람들이 가장 많이 들끓는 시전거리인 종로를 비롯해서 남대문 밖 칠패거리, 동대문 밖, 마포나루터 같은 곳에서 하도록 했던 것이다.

그런데 개화기로 접어들면서 매관매직이 성행하고 관리의 기강이 해이해지면서 이 만인산 행렬은 본래의 취지와는 다르게 엉뚱한 방향으로 이용되기 시작했다. 별로 공적도 없으면서 지방의 유지들을 충동해 돈을 내게 하고 서울에서 만인산의 행렬을 벌여 자신의 수령 생명을 연장하는 데 이용하기도 했던 것이다.

만인산의 행렬을 서울에서 벌이려면 적지 않은 비용이 들고, 그 비용을 충당하기 위해서는 지방수령들 밑에 있는 관리나 아전들이 지방의 유지들에게서 자금을 염출해내야 하는데, 여기에도 또 많은 부정이 뒤따랐다.

만인산 행렬의 자금을 모으는 데도 역시 떡고물이 있게 마련이다. 그것을 분식分食이라고 했는데, 글자 그대로 나눠먹는 떡고물이다. 예를 들면 만인산 제작비와 행렬비용으로 50냥이 든다면 아예 처음부터 80냥이나 백 냥을 거둬서,

50냥은 실제비용으로 쓰고 나머지 30냥이나 50냥은 관계한 사람과 돈을 거두는 데 애쓴 사람들끼리 나눠먹는 것이다. 이 나눠먹는 돈을 분식전이라고 했는데, 지방 유지나 아전들이 수령에게 아부할 건더기가 생기면 으레 만인산 발의를 하고 분식전을 거둬 챙겼고, 심지어는 분식전을 거두기 위해서 만인산을 발의하기도 했다.

구한말 개화기를 전후해서 종로에 있었던 만인산의 원류를 찾아보면, 조선조 5백 년을 통해서 지방고을마다 마을 입구에 세워졌던 송덕비라는 것을 들 수가 있다. 지금도 시골에 가보면 마을 입구나 비석거리라는 곳에 아무개 선정비니 영세불망비니 하는 여러 가지 이름의 송덕비가 남아 있다. 더러는 없어진 것도 있지만 옛날 모습 그대로 보존되어 있는 것도 많다. 경기도 안성을 가보면 시내 광장에 이 송덕비가 수십 개 나란히 서 있는 모습을 볼 수 있다.

이것은 안성문화원에서 비석거리에 있던 것을 얼마 전에 모아다 세운 것인데, 안성에만 유독 송덕비가 이렇게 많은 것은 옛날부터 '안성맞춤'이라고 해서 안성의 유기가 유명했던 데서 비롯된다. 중앙에서는 안성의 수령을 시켜 이 안성유기를 만들어 한양으로 올려보내게 했는데, 수령들은 이런 기회면 으레 유기 몇십 벌을 보태서 만들어 올리라고 하는 수가 많았다. 그래서 안성 사람들

◁ 비석거리의 모습.

◁ 1930년대 종로에서 뻗어나간 남대문로 일각의 모습.

은 이러한 수령의 횡포를 막기 위해 수령이 부임해오면 곧바로 선정비부터 세워주었다는 것이다. 그렇게 되면 기왕에 송덕비까지 서 있는 터에 터무니없는 주문을 낼 수가 없었던 것이다. 이렇듯 수령의 욕심을 막기 위한 제동장치로 송덕비를 많이 세웠다고 한다.

어느 시대인가, 악정으로 이름이 높았던 과천 현감이 다른 고을로 가게 됐는데, 이 과천 현감도 그 밑의 관원과 유지들에게 압력을 넣어서 선정비를 세우도록 했다고 한다. 고을을 떠나는 날 비석거리로 나가보니 새로운 비석이 하나 서 있고, 한지로 싸서 현감 자신이 제막식을 하게끔 만반의 준비가 돼 있었다. 현감은 만족스런 표정으로 한지를 벗겨보고 깜짝 놀랐다. 비석에는 '금일송차도今日送此盜', 즉 '오늘 이 도적을 보내노라'고 써 있었던 것이다. 현감은 이제 과천을 떠나는 마당에 화를 낼 수도 없어서 아전을 시켜 붓을 가져오게 하고 비문 옆에 '명일래타도明日來他盜', 즉 '내일이면 또 다른 도적이 올 것이니, 이 세상 모두가 도적인 것을' 하는 시를 한 수 써놓고 떠났다고 한다.

19. 서울의 전차

우리나라에 전차가 처음 생긴 것은 1899년, 즉 광무 3년의 일이다.

이것은 1898년에 미국인 콜브란H. Collbran과 보스틱H.R. Bostwich이 당시 한국 정부로부터 한성부 안의 전기사업 경영권을 얻어내면서부터 비롯됐다.

그 당시 을미사변으로 민비를 잃은 고종은 1897년 연호를 광무라고 하고 황제

△ 서울에 처음 나타난 전차. 종로 2가에서 사고를 낸 후엔 앞에 큼직한 삼태기 모양의 그물을 달고 다녔다.

△ 콜브란이 세운 한미전기회사(종로 2가에 있었다).

로 즉위하면서 민비를 명성황후로 추존하고 청량리 밖에 있는 민비의 능인 홍릉에 자주 행차했다. 당시 황제의 능행차는 가마를 탄 많은 신하를 거느리고 긴 행렬을 이루고 가는데, 한 번의 능행차에 드는 비용이 그때 돈으로 10만 원 안팎이었다고 한다. 당시의 화폐가치를 보면, 1902년 덕수궁의 중화전의 중건을 위한 예산이 30여만 원이었으니까 10만 원이 얼마나 큰돈인가를 알 수가 있다.

고종의 능행차에 이렇게 많은 돈이 들자 이를 본 콜브란이 고종 황제에게 건의를 했다. 즉, 대궐 앞에서 청량리까지 전찻길을 놓고 전차를 달리게 한다면 능행차의 경비를 엄청나게 절감할 수 있을 것이라고 했다. 또한 전차의 속력과 편리함을 설명하면서, 이 전차야말로 최신문명의 이기로서 구미 각국에서 널리 사용되고 있으며, 황제의 능행차뿐만 아니라 일반 시민의 교통기관으로 이용한다면 큰 이익을 얻을 수 있을 것이라고 설득했다.

1884년 이후로 왕실에 전기를 사용한 경험이 있는 고종 황제로서는 이 계획이 그럴듯하다고 생각해서 당시의 육군총장 이학균으로 하여금 콜브란과 교섭하게 해 한·미 합동의 전기사업을 착수하게 된 것이다.

이때 황실에서 이 합자회사에 투자한 돈이 바로 75만 원이었다.

▷ 보신각 앞에서 전차를 타고 내리는 모습.

▷ 남대문안(지금의 남대문로)에서 전차와 마차가 함께 달리고 있다.

　콜브란과 보스틱이 서울의 전차·전등·전화 가설과 그 운영에 관한 특허권을 얻게 되자, 그들은 우선 전차 가설을 계획하고 일본인 기술자를 초빙하여, 서대문에서 종로, 동대문을 거쳐 청량리에 이르는 5마일(약 8km) 간의 전차궤도의 가설공사에 착수해, 광무 2년 10월 17일에 기공식을 갖고 그해 12월 25일에 준공했다.

　한편 동대문 안에 증기발전시설을 설치하고 차량의 조립을 끝낸 뒤 드디어 1899년 5월 17일, 성대한 전차 개통식을 가졌다. 동양에서 전차가 처음 생긴 것은 1896년 일본 교토였고 우리가 두번째였다고 하니, 전차 문명은 비교적 빠른 셈이다.

　이날 40인승의 보통객차와 황제 어용 귀빈차 한 대가 개통되었는데, 귀족이며 고관대작은 물론, 외국사신과 관원들, 민간 유력자를 초대해 화려하게 장식

△ 같은 시기 일본 도쿄 시내를 달리던 전차.

한 꽃전차 8대에 나눠 타고 동대문에서 출발하여 서대문으로 달리게 했다. 지금처럼 네거리마다 신호도 없고 교통경찰도 없었으니까 그야말로 일사천리였다.

헌데 그날이 부처님 오신 날이라 서울 장안에 인산인해를 이루었던 구경꾼들이 얼마나 신기해했던지 너도나도 가까이 가서 보자고 몰려드는 바람에 전차는 가다가 멈추고 가다가 멈추고를 여러 번 반복했다고 한다.

전차요금은 상등, 하등 두 급이 있었는데, 종로―동대문 간의 상등이 3전 5푼, 하등이 1전 5푼이었고, 정거장이 따로 없어 승객이 요구하면 아무데서나 정거했다. 이렇게 전차가 개통되자 너도나도 타보겠다고 모여들어 전차는 늘 만원을 이루었다. 또 한번 탄 사람은 좀처럼 내리지 않고 동대문, 서대문 길을 그냥 왔다갔다 했다고 한다.

청량리 밖 홍릉까지 전차를 타고 가면 능행차가 편리할 것이라고 귀빈용 어용차까지 도입한 고종 황제는 그후에 전차를 타고 홍릉에 능행차를 한 일은 한 번도 없었다.

서울 장안의 인기를 한몸에 모았던 전차가 드디어 수난을 당하는 날이 왔다. 전차가 개통된 그해 봄부터 가물기 시작해 농촌에서는 모내기를 못하고 야단인데, 이상한 유언비어가 사람들 사이에서 나돌기 시작했다.

즉, 이렇게 날씨가 가문 것은 전차가 공기 중의 수분을 흡수해버려서 비가 오

▷ 동대문 앞의 전차 정류장.

▷ 해방 직후 상해 임시정부를
환영하는 꽃전차.

지 않는 것이라는 소문이었다. 처음에는 그야말로 생업을 잊고 전차만을 타는 사람이 있는가 하면, 시골에서는 전차를 타기 위해 가산을 팔고 상경한 사람까지 있었는데, 이번에는 그러한 전차를 원망의 눈초리로 보게 된 것이다.

전차의 첫번째 사고는 개통된 지 열흘 만인 5월 26일에 종로 거리에서 일어났다.

12시쯤에 동대문을 출발한 전차가 서대문을 향해 달리고 있었는데, 종로 2가 앞에 이르렀을 때 마침 전찻길을 건너던 다섯 살배기 아이를 치고 말았다. 아이는 그 자리에서 죽었다. 이때 이것을 보고 있던 아이의 아버지가 도끼를 들고 전차로 덤벼들었다. 기겁을 한 운전수가 전차를 급히 발차시켜 도망을 가려고 했다.

이 광경을 보고 있던 종로의 군중이 그대로 있을 리가 없었다. 군중이 돌을 던지며 전차로 몰려들자 운전수는 전차를 세우고 차장과 함께 도망가버렸다. 그러나 군중은 전차에 돌을 던지고 도끼로 치고 급기야는 석유를 끼얹고 불을 질러버렸다. 뒤이어 오던 다음 전차도 똑같은 봉변을 당했다. 흥분한 군중은 이에 그치지 않고 동대문 안에 있는 전기회사로 몰려가서 발전소까지 때려부수자고 했다. 군중이 더욱 불어나자 발전소 앞에 부랴부랴 철조망을 치고 6백 볼트의 전류까지 흘려서 만일의 사태에 대비했다고 한다.

이러한 사고의 여파로 전차의 운행은 넉 달 동안이나 중단되었다. 그후 일본인 운전수가 모두 돌아가고 미국에서 운전수 여덟 명을 새로 데려다가 9월 말에 다시금 운행을 재개했다.

1899년에 아홉 대의 전차로 영업을 시작한 전차는 1930년대에는 서울 시내를 종횡으로 누비는 전차 궤도망이 형성되고, 한때는 236대의 전차를 보유하고 하루 평균 232대의 전차를 운행하는 전성기를 맞이했다.

그러나 태평양전쟁을 겪고 광복이 됐을 때 제대로 운행할 수 있는 전차는 150대뿐이었다. 해방이 되어 열광한 시민들이 전차 지붕 위에까지 올라가서 '대한독립만세'를 외치던 모습이 눈에 선하다.

1940년대 후반, 광복은 됐지만 여러 가지 여건이 어려웠고, 더구나 북한에서 송전을 중단해 전력난까지 겹치자 전차는 제대로 운행되지 못했다.

그러던 중 1947년과 48년에 서울 시내에 새로이 괴상한 탈것이 등장했다. 바로 승합마차라는 것이었다. 이것은 말이 달리며 끄는 일종의 마차인데, 드럼통과 나무로 차체를 만들고 군용차량의 헌 타이어를 낀 차를 말이 끌고 달리는 것이었다. 동대문에서 서울역 간, 서울역에서 노량진, 동대문에서 서대문까지 또 종로에서 돈암동까지. 요금은 그때 돈으로 50원. 말이 오물을 배설할까봐 보자기처럼 생긴 주머니를 말에 채우고 달리는 승합마차, 지금의 서울 거리에서는 상상할 수도 없는 것이었다.

그후 전차는 1968년 11월 29일, 역사의 뒤안길로 영원히 사라져버렸다.

20. 운현궁

운현궁雲峴宮은 운현, 즉 지금의 종로구 운니동에 있던 흥선대원군의 사저를 말한다. 이곳은 고종의 잠저였던 곳으로, 고종이 즉위하면서 그의 본궁이 되어 궁의 명칭이 붙게 된 것이다.

운현궁 터는 지금 현대 그룹 본사가 들어서 있는 전 휘문중고등학교 자리를 합해서 관상감觀象監 터로 불렀다.

△ 복원되기 전의 운현궁 전경.

〈매천야록〉에 보면 운현궁에 관해서 이렇게 기록돼 있다.

> 관상감은 일명 서운관書雲觀이라고도 하는데, 고종의 잠저는 바로 서운관의 자리이며 그래서 이곳을 운현궁이라고 칭한다. 철종 초에 서울 장안에는 관상감 터에서 성인이 나온다는 동요가 나돌았고, 또한 운현궁에는 왕기가 서려 있다는 이야기가 있더니 얼마 안 되어서 지금의 왕인 고종이 탄생했다. 고종이 등극한 이후 흥선대원군 이하응은 그곳을 말끔히 치워 새로이 하고 수리數里에 달하는 담장에는 네 개의 문을 만들었으며 대내를 장엄하게 꾸몄다.

흥선대원군 이하응은 아버지가 남연군이며, 남연군은 인조의 셋째아들인 인평대군의 5대손에 해당된다. 남연군은 출계하여 사도세자의 아들이며 정조의 동생인 은신군 집에 계사繼嗣했고, 은신군 역시 숙종의 왕자로서 후계가 없었던 연령군을 상속했다.

연령군의 집은 숙종대로부터 대대로 안동별궁의 터였던 안국동 일대였으며, 따라서 대원군의 집안은 대대로 안국동에 살았다. 그런데 고종이 즉위할 당시 대원군의 집은 안국동이 아니고 관현에 위치해 있었던 것이다. 그러나 대원군 일가가 언제 안국동에서 관현, 즉 운현궁 터로 이사했는지는 분명치 않다.

흥선군이 고종을 낳고 1년쯤 됐을 때, 청도에 사는 관상가 박유붕이 서울에 올라온 김에 운현궁으로 흥선군을 찾아왔다.

박유붕은 자기의 용모를 보고 한쪽 눈이 없어야 귀하게 산다고 하여 스스로 한쪽 눈을 찔러 애꾸가 된 기인이었다.

그는 서운관 근처에 서기瑞氣가 서려 있다고 하며 흥선군에게 그의 아들 명복의 관상을 보게 해달라고 청했다.

명복의 관상을 보고 난 박유붕은 이렇게 말했다.

"대감마님, 사랑 근처에 잡인이 접근하지 못하도록 해주십시오."

그리고는 벌떡 일어나 명복을 안고 있는 흥선군에게 큰절을 했다.

"대감마님께서만 알고 계십시오. 도련님께선 천일의 기상이 역력하옵니다."

천일의 기상이란, 즉 왕을 뜻하는 것이다.

사실 흥선군은 둘째아들인 명복에게 모든 기대를 걸고 살아왔다.

몰락한 왕족으로서 그의 가세는 매우 빈곤했다. 뿐만 아니라 철종시대 조정을 마음대로 움직이던 세도 안동 김씨의 눈을 속이기 위해 거리를 쏘다니고 시정잡배들과 어울리며 주정꾼인 척하며 살아왔다.

그러나 드디어 흥선군에게 대운의 기회가 왔다.

△ 운현궁의 주인 흥선대원군(대원군 회갑 때의 초상).

철종 14년(1863) 12월 8일, 철종이 후사 없이 승하하자 후사의 선택은 왕실의 윗전인 대왕대비 조씨에게 달려 있었다. 세도가인 안동 김씨에게 억눌려 살아온 조대비는 안동 김씨를 원수처럼 생각해온 터였다.

이날 흥선군은 운현궁 아재당我在堂에서 측근인 김응원과 함께 난초를 치고 있었다. 이때 대비전 승후관 조성하가 찾아왔다.

"대원위 대감!"

흥선은 자신의 귀를 의심했다. 그러나 대원위, 즉 대원군이란 왕의 생부를 두고 부르는 칭호가 아닌가. 바로 조금 전에 창덕궁 중희당에 모인 중신들 앞에서 조대비는 전지를 내리고 언문교서까지 내렸다는 것이다.

"흥선군의 제2자 명복을 익성군으로 봉하고 익종대왕의 대통을 계승케 할 것이며, 영중추부사 정원용과 도승지 민치상은 조정 백관을 거느리고 즉시 운현궁으로 나아가 흥선군에게 전지를 보하고 신왕을 대궐로 봉영하시오."

드디어 운현궁에는 호위영군사가 지키는 가운데 봉영대신의 일행이 당도했

 운현궁의 양관(지금은 덕성여대가 쓰고 있으나 본래는 일본인이 대원군의 손자 이준 용을 위해 세웠다).

다. 홍선대원군과 부대부인 민씨는 새로 등극하는 아들을 대궐로 떠나보내면서 사친私親으로서의 마지막 정을 나누었다.

"너를 내 아들이라고 부를 수 있는 것도 오늘이 마지막이구나, 명복아!"

민씨는 눈물을 흘리며 아들을 안았다.

"명복아, 듣거라. 너는 이제 이 나라의 임금이 된다. 임금은 나라의 어른이요, 만백성의 어버이니라. 네 나이 이제 열두 살이나, 그 동안 이 아비가 일러준 말도 있으니 왕도가 어떤 것이란 것은 잘 알겠지?"

"네. 만백성의 어버이로서 부끄럽지 않은 행동을 할 것입니다."

"그래. 이제 어미와 아비에게 사가의 아들로서 마지막 인사를 올려라."

어린 임금이 대궐로 들어가는 모습을 보려고 이날 운현궁에서 창덕궁 돈화문에 이르는 길은 인산인해를 이루었다고 한다.

고종이 즉위한 다음 조정에서는 살아 있는 대원군에 대한 예우를 어떻게 해야 하는가에 대한 문제로 의견이 분분했다.

그러나 조대비는 안동 김씨 일문의 반대에도 불구하고 다음과 같은 교지를 내렸다.

"지금은 국사가 다난한 때인데 상감은 어리시고, 상감을 보좌해야 할 이 몸은 식견이 부족한 늙은 여자임이 한스러울 따름이오. 그러니 나라와 사직을 위하여 이 몸은 뒤로 물러앉기로 하고 대원위 대감께서 직접 상감을 협찬하시어 국사를 돌보시게 함이 옳은 줄 압니다."

이리하여 흥선대원군이 상감을 도와 섭정을 맡게 된다. 이로부터 운현궁은 10년 동안 이 나라의 국정을 호령하는 터전이 된 것이다.

한편 고종이 오가기 편하도록 금위영과 운현궁 사이에 문을 트게 하고, 고종 원년에는 대왕대비와 왕대비를 모시고 운현궁에 거둥하여 고종의 부조父祖인 은신군·남연군의 사당에 참배한 일도 있었으며, 고종 3년에 민비와의 가례도 이곳에서 치러졌다.

고종의 즉위로 시작된 대원군의 권세는 고종 10년(1873), 왕이 서무친재庶務親裁의 명을 내리고 최익현 등이 대원군을 탄핵하는 상소를 올림으로써 10년 세도의 막을 내리게 된다.

대원군 집권 10년 동안 대원군은 운현궁 아재당에 들어앉아 팔도강산을 호령했다. 수백 년 동안 내려온 서원을 철폐했고, 폐허로 있던 경복궁을 재건했으며, 서양 선교사와 수많은 천주교도를 학살했다. 또한 여러 차례의 양요를 겪으면서도 오로지 쇄국으로 일관해왔다.

고종 10년에 정계에서 밀려난 대원군은 양주 직곡으로 은퇴하여 운현궁을 떠났다.

그러나 대원군은 그뒤에도 정계에 대한 영향력을 잃지 않았으며, 고종 19년(1882) 6월 9일 임오군란이 일어났을 때 대원군이 사태 수습의 책임을 맡게 되어 운현궁이 다시 세상의 이목을 집중시켰으나, 청국의 개입으로 정세는 역전되어 대원군은 결국 청국으로 끌려가고 말았다.

대원군은 고종 22년(1885)에 다시 운현궁으로 돌아왔으나 이때는 민비의 정치적 세력이 정권을 잡고 있었으며, 대원군은 운현궁 안에서 감시를 받는 처지에 놓이게 되었다. 그후 을미사변 때에도 대원군이 일본인들에 업혀 경복궁으로 들어갔으나, 이는 결과적으로 대원군 시대의 종말을 고하게 된다.

광무 2년(1898) 봄에 대원군과 민씨가 연달아 운현궁에서 세상을 떠나자 고종은 이곳에 예장청을 설치하고 궁 안에 대원군의 사우祠宇를 건립했다. 대원군의 사후에는 흥친왕의 아들인 이준이 승계했고, 1917년에는 의친왕의 2남인 이우가 승계했다.

대원군은 운현궁의 주인이었지만, 자신이 선택해서 아들과 맺어주었던 민비와의 세력다툼으로 인해 결국 그에게는 그리 편안한 거처가 되지 못했다.

여기서 잠깐 민비가 왕비가 된 경위를 살펴보자.

승하한 철종의 3년 상이 끝나갈 무렵부터 운현궁을 비롯한 왕실에서는 왕비를 책봉하는 일이 입에 오르내리기 시작하고 일반국민들도 크게 관심을 쏟게 됐다. 이때 왕실에는 3대에 걸쳐 익종비인 대왕대비, 헌종비인 왕대비, 그리고 철종비 대비 세 분이 있었고 그밖에도 여러 대에 걸친 임금의 비빈들이 있었지만, 정작 중전의 자리가 비어 있었기 때문에 과연 누가 고종의 왕비가 되느냐 하는 것이 관심의 초점이었다. 대원군으로서는 자신의 아들이 왕위에 오른 다음 간택은 신중에 신중을 기해야 한다고 생각해왔으며, 더군다나 안동 김씨 일족에 의한 60여 년의 세도정치는 국운이 기울 정도의 부패를 가져왔을 뿐 아니라 대원군 자신에게도 큰 곤경을 겪게 했던만큼, 중전 간택만큼은 무슨 일이 있어도 자신의 뜻대로 관철시키려고 했던 것이다.

대원군은 과거에 불우한 왕족의 일원으로 곤경에 처해 있을 때 안동 김씨 일문 가운데 한 사람의 협력자를 얻은 일이 있다. 바로 안동 김씨 핵심 인물 중의 한 사람인 김병학이다. 대원군은 그에게 만약 자신의 아들이 왕위에 오른다면 김병학의 딸을 중전으로 맞아들이겠다는 밀약을 한 일이 있었다. 그러나 대원군의 둘째아들 명복이 경복궁으로 들어가 왕위에 오른 다음, 김병학과의 약속은 깨끗이 잊어버리고 그 대신 김병학에게 좌의정이라는 자리를 주었다. 그후 김좌근을 비롯한 안동 김씨 일족이 몰락의 길을 걷게 된 다음에도 김병학만은 좌의정뿐만 아니라 영의정에까지 오르게 된다.

김병학의 딸은 후에 조모씨에게로 출가한다. 물론 일단 왕비로 책정이 되면 규수가 왕실에 들어가건 안 들어가건 일생을 그대로 처녀로 지내야 하는데, 김병학의 딸만큼은 대원군과 단둘만의 밀약이었으니 그에 상관없이 그대로 출가할 수 있었던 것이다.

대원군이 고종의 왕비로서 요구하는 조건이란 첫째, 섭정인 자신에게 절대로 순종해야 하며 정치에 관여하지 말아야 할 것과, 둘째, 친정 아버지나 오라비 등 가까운 친척 중에 세도정치에 야심을 품을 만한 유력한 사람이 없어야 한다는 것이었다. 그러니까 과거에 왕비로 간택을 하려면 우선 가문이나 세력을 가진 문벌에서 간택하는 것이 상례로 돼 있었는데 대원군은 과거의 그러한 관례를 일체 무시했다. 그러면서도 왕실이나 일반국민도 납득을 할 수 있을 만한 양가의 규수여야 했으니 간택은 참으로 어려운 작업이었다.

대원군이 많은 후보자들 가운데서 낙점을 못하고 망설이고 있을 때 부대부인 민씨가 자신의 친정인 여흥 민씨의 한 규수를 추천했다. 바로 민치록이란 이의 외동딸로, 여덟 살 때 양친을 잃고 후에 민치록의 양자로 들어온 오라버니 민승호만이 가까운 친척이라면 친척인데, 이 민승호는 또 다름아닌 부대부인 민씨의 친정 오라비가 되는 것이다. 물론 이것은 민승호가 양자로 나가기 전의 민치구의 아들로서 말이다. 그러니까 민승호는 대원군의 처남이며, 왕비가 될 규수는 처남의 양가養家 집의 누이동생뻘 되는 규수였던 것이다.

여흥 민씨는 당시엔 별로 세력도 없는, 말하자면 몰락한 양반이지만, 과거에는 태조의 왕비 인경왕후를 비롯해서 숙종의 계비 인현왕후 등 두 사람의 왕비를 배출했고, 역대 왕조에서 여러 사람의 정승을 배출한 명문의 양반집이다. 이러한 명문의 규수지만 현재는 살아 있는 부모도 안 계시고, 양자로 들어온 오라버니가 바로 흥선대원군 자신의 처남이었으니 안성맞춤의 며느릿감이었던 것이다. 부대부인은 민비에 대해, 왕비로서 어디에 내놔도 부끄럽지 않은 용모를 가지고 있고, 예법이라든가 행동거지가 손색이 없으며, 학문에 대한 조예도 어느 명문대가 규수에게도 떨어지지 않을 것이라고 했다. 부대부인은 곧 민치록의 딸을 운현궁으로 불러서 선을 보이게 했다. 이때 대원군이 받은 민비에 대한

인상에 대해 두 가지 설이 전해온다.

첫째는 대원군이 사람을 보는 눈이 보통이 아닌데 민비의 본성을 깨닫지 못했을 리가 없다는 것이다. 장차 자신의 최대의 정적이 될 것이 틀림없으나, 그래도 가장 중요하게 여긴 가족 관계에 있어서 민규수만한 후보가 없었기 때문에, 설마 장차 자기를 없애려고 들기야 하겠느냐 하는 생각으로 눈감고 왕비로 간택했다는 설이며, 두번째는 사실 당시에는 대원군이 만족해할 만한 아주 얌전하고 온순한 규수였다는 것이다.

이렇게 해서 왕비가 된 민비였으나 처음 중전이 됐을 때의 민비는 대원군의 첫인상 그대로 얌전하고 온순한 중전이었으나, 민비가 대원군을 미워하기 시작한 것은 1868년 고종 5년에 궁인 이씨가 완화군을 낳았을 때부터라고 한다.

고종 3년, 궁인 이씨가 고종의 첫아들인 완화군을 낳았을 때 대원군은 도에 넘칠 정도로 몹시 기뻐했고, 이로써 종묘사직이 더욱 튼튼해졌다고 하며 고종에게 기쁨을 털어놓았는데, 그때 옆에 있던 민비를 거의 무시할 정도였다고 한다.

그후에 민비가 원자를 낳았으나 생후 수일 만에 죽자, 민비는 임신 중에 대원군이 보낸 산삼을 너무 많이 달여 먹었기 때문에 어린애가 죽었다고 할 정도였으니, 민비가 대원군을 얼마나 싫어했는가를 짐작하고도 남음이 있는 일이다.

이때부터 민비는 자신의 세력을 넓히기 위해 민씨의 인물들을 규합하기 시작했다. 그것은 민비를 위로하기 위해서 부대부인 민씨가 일가친척들을 데리고 대궐로 들어가 찾아뵌다는 형식으로 시작된 일이지만, 아무튼 反反 대원군 세력으로서 고종 10년까지 민씨 일가가 30여 명이나 등용되었다.

당시 민씨 일가들은 등용되면서 빠른 출세길을 걸었는데, 그들의 대부분이 이조와 호조, 그리고 병조의 요직을 맡아나갔다. 그리고 민비는 반 대원군 세력을 키우기 위해서 대원군의 집안까지도 동원시켰다. 민비의 친정 오라버니인 민승호는 나중에 대원군에 의해서 독살당하지만, 그전에 민승호는 대원군의 형인 홍인군 이최응을 끌어냈다. 민승호는 민비에게 이최응을 소개하면서, 홍인군은 아무 재주도 없는 무능한 인간이지만 대원군이 과거 10년 동안 아무데서나 자신의 형에게 면박을 주어왔기 때문에 대원군에 대해서는 원한을 품고 있는 인물이라며 반 대원군의 제일선에 나서게 했던 것이다.

민비는 대원군의 장자인 이재면도 이용했다. 이재면에게 민승호는 외삼촌이 되고 민씨 일가는 외가가 됐기 때문에, 자기 부친에 대한 불평불만을 민승호에게 토로하고 다녔다. 이 사람 또한 민비로서는 반 대원군 세력으로서 이용가치가 충분히 있는 인물이었던 것이다.

마침내 대원군의 세력이 꺾일 날이 왔다. 고종 10년(1873) 10월에 유생 이세우의 상소를 필두로 최익현이 고종의 친정(親政)과 대원군을 탄핵하는 상소를 올리자 고종은 민비의 조종을 받으며 서무친재의 명을 내렸다가 곧 이것을 환수하기도 했다. 이때 정부에서는 최익현을 제주도로 귀양보냈는데, 이것은 최익현을 대원군의 자객으로부터 보호하기 위한 조치였다고 한다.

고종 11년 8월, 화가 난 대원군은 성묘를 핑계로 양주를 거쳐 예산에 갔다가 온양에서 휴양을 하고 있었는데, 고종은 좀처럼 대원군을 불러주지 않았다. 그러는 사이에 정부는 민씨 세력으로 모두 바뀌고 말았다.

창덕궁 비원에 있는 정자를 제외하고도 문헌에 의하면 서울에는 우리들 귀에 익은 압구정이며 제천정·낙천정 등 적어도 120개 이상의 정자가 있었다고 한다.

그러나 지금은 그 많은 120개의 정자 가운데서 세검정·용양봉저정·황학정·석파정 등 오직 네 군데의 정자만이 남아 있다.

석파정은 부암동에 있었는데, 본래는 철종 때의 권신인 김흥근의 별장이었다. 이 석파정은 뒤에 있는 큰 바위에 삼계동이란 각자가 있어서 삼계정이란 이름으로 불렸는데, 흥선대원군의 별장이 된 다음부터는 대원군의 아호인 석파를 따서 석파정이라고 불렀다.

대원군이 김흥근으로부터 이 별장을 빼앗게 된 데에는 재미있는 일화가 전해내려온다.

철종이 승하하고 자신의 아들 명복이 대통을 잇게 되자 흥선군은 대원군으

△ 흥선대원군이 청나라에 있을 때 그린 난초.

로서 정권을 장악하게 되었다. 그는 오랫동안 수모를 당하던 안동 김씨의 세력을 제거하는 데 골몰했으며, 특히 그 권문의 한 사람인 김흥근을 미워했다. 김흥근은 성격이 깐깐해서 아첨할 줄 모르는 사람이었다.

어느 날 대원군은 김흥근을 운현궁으로 불렀다. 그때 대원군의 부인 민씨가 원인 모를 병으로 시름시름 앓고 있었는데, 의원의 말이 약도 약이려니와 공기 맑고 수석 좋은 곳으로 나가 전지요양을 하면 좋아질 것이라고 했다.

"대감이 갖고 계신 삼계동 별장이 풍월과 수석이 좋다는 말씀을 들어서 한두 달 빌려주시면 내자를 데리고 나가서 정양을 시키겠는데…."

대원군의 말을 들은 김흥근은 거절을 하지 못하고 승낙해버렸다.

신록이 화사한 음력 4월, 대원군 부부가 자하문을 나서서 세검정 쪽으로 가노라니, 숲이 울창하고 계곡 물이 맑은 삼계정은 그야말로 별천지였다.

대원군은 이곳에 부인과 함께 머물면서 아예 이 별장을 김흥근으로부터 빼앗으려는 엉뚱한 묘안을 생각해냈다.

"여보, 내일은 대궐에 사람을 보내야겠소. 상감께서도 이곳에 납시도록 말이오. 이런 좋은 곳에 와보니 상감의 생각이 나는구려. 어린 나이에 등극해서 오늘날까지 대궐에만 갇혀 있으니 좀 답답하시겠소. 오랜만에 이곳에 납시게 해서 우리와 함께 지내게 해드리고 싶소."

이튿날 아침, 삼계정에서 대궐로 사자를 보냈다.

약식인 거둥이지만 고종의 행차에 궁녀들이 따르고 별감과 군사들도 따랐다. 한낱 개인의 별장이었던 삼계정이 갑자기 별궁으로 변한 것이다.

저녁 무렵이 되자 대원군은 대전 내시 이민화를 통해 상감께서 오늘 밤 이곳에 유숙하시기로 결정했다는 담화를 발표했다.

김흥근을 비롯한 안동 김씨들은 깜짝 놀랐다.

대원군의 계략은 임금으로 하여금 삼계정에 머물게 한 뒤 김흥근에게 삼계정을 포기케 하려는 데 있었던 것이다.

국법에 의하면 임금이 한 번 유숙한 곳은 일반 민간인의 소유가 금지돼 있었다. 따라서 삼계정에 임금이 거둥해서 하룻밤을 유숙한 이상 그 소유주가 누구든 간에 함부로 드나들 수가 없게 된 것이다.

대원군의 소유가 된 삼계정은 이름을 석파정으로 바꾸었고, 그후 세습으로 이희공·이준공·이우공의 별장으로 사용되다가 1950년 6·25전쟁 후 천주교의 고아원이 되었고, 1958년엔 사랑채가 홍지동으로 이전됐다.

고종 19년(1882)에 일어난 임오군란은 대원군에게 재기의 기회를 줄 것으로 생각했는데, 민씨 일파의 책동인 청국의 간섭으로 대원군은 그들에게 납치되어 중국 보정부에서 3년 동안의 감금생활을 해야 했다.

대원군은 1885년(고종 22년) 10월 3일(양력) 청국의 북양함대의 호위를 받으며 원세개와 함께 인천으로 돌아왔다. 물론 조선의 왕실에서는 대원군의 귀국을 알고 있었으나 아무도 출영하지 않았다. 화를 낸 것은 대원군이 아니라 원세개였다. 국태공께

△ 청나라 보정부에 감금되어 있을 때의 대원군.

△ 운현궁 바깥채의 대문. 빗장을 밖으로 걸게 돼 있었다.

서 귀빈 대우를 받으며 환국했는데 아무도 출영하지 않는 것은 상국(청나라)을 무시하는 처사라고 호통을 쳤다. 10월 6일 대원군은 경복궁으로 들어가 왕과 면대했으나 이 자리에 민비는 나타나지 않았다.

이렇게 해서 운현궁으로 돌아온 대원군과 민비의 암투는 다시 시작됐다. 임오군란의 잔당들 가운데 옥중에 있던 자들이 처형당했고, 운현궁의 측근들이 독살되기도 했다. 이미 65세를 넘긴 대원군은 청나라의 이홍장李鴻章에게 이제 정쟁 같은 것에는 관심이 없고 조용히 노후를 보내겠다고 했으나, 운현궁에 연금되다시피 한 대원군의 마음은 편치 않았다.

한편 민씨 일파의 세도정치를 강압하려는 원세개에 대항하기 위해서 때를 같이하여 부임한 러시아의 베베르 공사와 접촉하는 가운데, 고종과 민비가 청나라를 배제하고 러시아의 보호를 요청하는 비밀협정이 오가는 것을 감지한 청국의 간섭과 러시아의 발뺌으로 성사되지 못했고, 이 사건의 책임을 지고 독일인 고문 목인덕이 물러나기도 했다.

한편 일본의 간섭과 함께 청과의 대립이 첨예화되고 시국이 소란해지던 1894년까지 대원군이 칩거하고 있던 운현궁에는 자객의 출현과 음모가 끊이지

△ 운현궁 노락당(대원군을 암살하기 위해 자객이 노락당 아궁이에 폭탄을 설치했다).

않았다. 이것은 한말의 역사를 그린 황현의 〈매천야록〉에도 자세히 기록되어 있다.

1892년(고종 29년) 봄에 한 자객이 흥선대원군을 살해하기 위해 운현궁에 침입했다.

대원군은 이날 밤 이상한 꿈을 꾸고 깨어난 뒤 자리에서 빠져나와 이불과 베개로 자고 있는 것처럼 꾸며놓고 밖으로 나왔다. 얼마 후 사람이 방에 들어오는 기색에 잠시 후에 들어가보니 베개에 비수가 꽂혀 있었다. 종자들이 운현궁 안을 샅샅이 뒤졌으나 결국 자객은 잡지 못했다.

다음날 부대부인 민씨가 입궐해서 고종에게 지난 밤에 일어났던 일을 자세히 말하고 호소했으나 고종은 아무 대답이 없었다고 한다.

얼마 후 또다시 괴사건이 일어났다. 대원군이 기거하는 노락당 아궁이에서 폭약이 터진 것이다. 폭약은 하나가 아니었고, 불발로 끝난 폭약이 더 있었다. 이것은 운현궁 내부를 잘 아는 자의 소행이 틀림없었다. 운현궁 하인들은 얼마 전에 운현궁을 떠난 하인 박제만을 의심했다. 박제만은 운현궁을 그만두고 민 모 판서의 하인으로 들어가 한 달에 30원이란 거액을 받고 있었는데, 운현궁의 하인 한석규가 찾아가보니 그의 모친이 울고 있었다. 이유인즉슨, 박제만이 어젯밤에 나가더니 새벽에야 돌아왔는데, 아침에 그의 방에 가보니 대들보에 허리띠로 목을 매 죽어 있었다는 것이다.

세번째 자객은 사전에 발각되어 하인들에게 잡혔다. 하인들이 누가 보냈느냐고 족치자 그는 한사코 입을 열지 않았다. 이것을 본 대원군은 그놈에게 더 물을 것이 없으니 놓아주라고 했다. 포도청의 군관이 전하는 말로 그 괴한은 다음날, 민모의 집에서 포도청으로 넘겨지더니 그대로 불문곡절하고 죽임을 당했다는 것이다.

고종 31년(1894) 봄 전라도에서 일어난 동학농민전쟁은 관군을 물리치고 전주를 점령했다. 이때 동학농민군 토벌에 나선 것은 임오군란 때 민비를 구하고 공을 세운 홍계훈이었다. 고종은 종주국인 청국에 구원을 청했다. 청군의 제일진 2,800명의 군병이 아산만으로 상륙했으나, 이때 동학군과 관군 사이에 화의가 성립해서 동학군이 전주에서 물러나기로 했다. 동학군은 전투에 진 것이 아니었다. 청·일 양국에 더이상의 침입의 구실을 주지 않기 위해서였다.

그러나 일본은 임오군란과 갑신정변 때 청국에게 기선을 잡힌 것을 거울삼아 일본의 세력을 만회하기 위해서 혼성여단을 파견하고 조선 정부에 개혁안을 제안키로 했다. 일본의 혼성여단이 인천에 상륙한 것은 1894년 6월 16일이다. 조선 정부는 일본의 개혁안을 거부했는데, 느닷없이 원세개가 이홍장과 의논한다고 갑자기 귀국했다. 이 틈을 타서 일본의 오토리(大鳥) 공사가 군대를 이끌고 경복궁으로 진입하여 고종을 협박했다.

한편 청국과의 전쟁을 피할 수 없다고 생각한 일본은 자신들 마음대로 조종할 수 있는 정권이 필요했다. 이때 조선의 내정을 잘 알고 있던 스기무라(杉村) 서기관이 추천한 인물이 바로 대원군이다. 이에 오카모토 류노스케(岡本柳之助)가 몇 차례 운현궁을 비밀리에 방문해서 대원군을 설득했다. 드디어 대원군은 일본군을 업고 경복궁에 입궐했다. 고종에게 집정의 위임을 받은 대원군은 갑오경장을 지휘했다. 그러는 사이에 청국과 일본이 선전포고를 하고 전쟁에 돌입했다.

▷ 공덕리 별장을 위해 공덕리에 세웠던 금표.

▽ 대원군이 칩거하고 있던 공덕리 별장, 아소정.

　한편 대원군을 내세운 일본은 대원군이 말을 잘 들어주지 않자 대원군을 제
거할 생각을 하고 있었던 모양이다. 마침내 일본이 뒤에서 조종하고 있던 사건
이 터졌다.

　그 다음해 3월, 이준용의 역모사건이 터졌다. 대원군의 추종세력들이 대원군
의 손자인 이준용을 내세워 친일내각을 타도하려는 음모를 꾸몄다. 바로 동학
당을 사주하여 대궐에 쳐들어와 왕과 세자를 살해하고, 이준용으로 하여금 왕

위에 오르게 한다는 것인데, 이 계획의 일부를 미리 탐지한 민씨 일파에서는 대역사건으로까지 확대해서 주모자들을 잡아들이는가 하면 이준용까지 의금부에 가둬버리고 말았다. 대원군은 자신도 손자와 함께 있겠다고 의금부로 들어가려고 했으나 뜻을 이루지 못했다.

이 사건으로 다섯 명이 사형에 처해지고 많은 사람들이 종신형을 선고받았다. 이준용도 종신형을 받아 교동도에 유배되었다.

운현궁에는 수십 명의 경관이 경비를 보며, 손자와 함께 교동도로 가겠다고 몸부림치는 대원군을 연금했다.

대원군은 마포 공덕리에 있는 그의 별장으로 간다고 운현궁을 나와 도중에 여인이 타는 가마에 갈아탄 뒤 문인 한석진을 데리고 현석포로 달려갔다. 손자가 있는 교동도로 가기 위해서였다. 그러나 민씨 일파가 파견한 경관과 관리들이 먼저 나와 대원군이 예약한 배의 뱃사공들을 위협하며 나루에 접근을 시키지 않았다.

대원군은 나루에 있던 파선 하나를 발견하고 그것이라도 타고 가려고 했으나 기마 순검들에게 방해를 받고 물에 빠지는 봉변을 당하기도 했다.

결국 대원군은 순검들의 호위를 받으며 그의 별장인 공덕리 아소정我笑亭으로 갈 수밖에 없었다.

이 공덕동에는 공덕리 금표禁標라는 표석이 남아 있다. 한흥시장에서 길 건너 염리동 쪽으로 들어가는 길에 표석이 있어서 이곳을 푯돌백이 삼거리라고도 한다. 이 표석은 흥선대원군이 그의 만년에 거처하던 아소당으로 들어가는 길목을 표시한 것이었다. 하지만 그보다 이곳은 대원군이 거처하는 곳이니 이 근처로 가지 말라는 의미의 표석이었다고 보는 것이 옳을 것이다.

그러나 이러한 경계망을 뚫고 미우라(三浦) 공사의 심복인 오카모토(岡本)가 대원군에게 접근하여 드디어 을미사변을 일으키게 되는 것이다.

아소정은 동도중고등학교의 운동장 한구석에 서 있다가 지금은 신촌 봉원사로 옮겨져 요사채가 되어 보존돼 있다.

21. 덕수궁의 즉조당과 함녕전

덕수궁에 지금 남아 있는 전각 가운데 가장 많은 역사적 내력을 지닌 전각은 즉조당과 함녕전일 것이다.

즉조당卽祚堂은 선조가 임진왜란 당시 의주에서 환도하면서 석어당昔御堂과 함께 직접 거처하던 곳으로 덕수궁에서는 가장 오래된 기념물적인 건물이며, 인조반정 때 인조가 즉위식을 올린 곳이기도 하다. 즉조당은 덕수궁의 중심이

△ 고종이 고명딸인 덕혜옹주를 위해 왕실 유치원을 세웠던 덕수궁 내의 즉조당.

되는 건물로, 고종은 이 즉조당을 애용했으며, 한때는 중화전 또는 태극전이라고도 불렀다.

1904년의 덕수궁 화재 때에는 즉조당도 석어당과 함께 전소됐는데, 이때 조선왕조 5백 년 동안 간직해온 여러 가지 보물들이 잿더미로 화했다. 그후 재건된 즉조당에서 영친왕의 생모인 엄비가 세상을 떠나기도 했다.

한일합병 후 이 즉조당에 고종이 직접 경영하는 왕실의 유치원이 있

△ 덕수궁 중명전에서 고종을 협박하여 주권을 빼앗은 일본의 초대통감 이토 히로부미.

었다는 것은 많이 알려지지 않은 사실이다. 이 왕실 유치원은 고종의 마지막 옹주이며 고명딸인 덕혜옹주를 위해서 만들어진 유치원이었다.

임금의 딸을 공주라고 하는 것은 중국 한나라 때에 시작된 제도로, 우리나라에서도 이를 모방해서 왕녀를 공주라고 했다. 그후 고려 충선왕 때 왕의 정비가 낳은 딸은 공주라 하고 차비次妃, 즉 둘째부인이나 궁녀가 낳은 딸은 옹주라고 했다. 이 옹주, 공주라고 하는 칭호는 고려 때에 시작해서 조선왕조까지 계속해서 사용돼왔다.

옛날에는 남존여비 사상이 철저해서 딸을 낳으면 족보에 이름도 안 올릴 정도였지만, 왕가에서 태어난 옹주는 비록 천한 궁녀에게서 태어났다 해도 그의 아버지가 임금인만큼 이러한 남존여비 제도에서 벗어나 태어날 때부터 존귀한 대우를 받았다. 태어나는 순간부터 비록 어머니일지라도 딸에게 반말을 할 수가 없었으며 모든 사람이 아가씨라는 존칭을 썼던 것이다.

다섯 살이 돼서 옹주라는 작호를 받게 되면 그 신변을 보호하는 보모와 예의를 가르치는 부모傅母라는 3품의 상궁이 좌우에 따르게 되고, 그밖에도 많은 여관女官이 배속되어 보살피게 된다.

△ 이토 히로부미가 일본군 사령관 하세가와 요시미치와 함께 마차를 타고 서울로 들어오고 있다.

옹주가 장성해서 시집을 가는 것을, 민간에서는 보통 출가라고 하지만 왕가에서는 하가下嫁라고 했고, 임금의 사위가 되는 옹주의 남편에게는 정1품인 부마의 칭호를 주었다. 한말에 개혁파로 유명한 박영효는 철종의 딸인 영혜옹주의 부마였다.

덕혜옹주는 태어나기 전부터 운명이 기구했다. 옹주가 출생한 것이 1912년이니까 일본이 한국을 강제로 합병한 지 2년째 되던 해이다. 또한 고종이 환갑을 맞은 해이기도 하다. 대한제국의 주권이 우리에게 그대로 있었다면 국가적인 경사로 전 국민이 경축했을 것인데, 국가를 상실한 뒤일 뿐 아니라 그해에 마침 일본 명치 천황의 황후가 죽었다고 해서 일본 정부에서는 고종의 회갑 경축도 못하게 했다. 그래서 옛 신하들도 감히 축하의 문안조차 드리지 못하는 가운데 옹주가 탄생했으니, 일반국민들은 덕혜옹주가 탄생한 것도 모를 정도였다.

덕혜옹주의 생모인 귀인 양씨가 옹주를 낳을 때 산실청도 마련하지 못해 덕수궁 안의 어느 집에서 출산했는지조차도 알려지지 않았다. 덕혜옹주는 고종을 가장 많이 닮았다고 한다. 그런데 출생 후에도 총독부의 심한 간섭으로 왕가의 적에도 올리지 못하고 일본의 눈치만 보고 있었다.

당시 이왕직에서는 조선 왕실의 규제를 일본 왕실의 법도에 따라서 하느냐 또는 더 격식을 낮춰서 하느냐 하는 것을 두고 옥신각신하고 있을 때였다. 그러니까 덕혜옹주의 입적이라는 한 사람의 문제가 아니라 고종을 비롯한 순종·순종비, 그리고 영친왕 등 여러 조선 왕족의 대우를 어떻게 하느냐 하는 큰 문제가 걸려 있었기 때문에 고종으로서도 덕혜옹주의 입적만을 따로 떼어서 주장할 수도 없는 입장이었다. 이러한 때 고종이 덕혜옹주를 위해 즉조당 안에 왕실 유치원을 개설했던 것이다. 때가 때이니만큼 유치원 교사는 한국 사람과 일본 사람을 함께 채용해서 어린이들을 가르치게 했다.

즉조당에 개설된 유치원은 덕혜옹주를 비롯한 왕실의 자제와 가까운 인척들의 자제를 합해 10여 명이 다니고 있었는데, 나라를 잃은 고종은 매일 아침 즉조당에 들러서 커가는 덕혜옹주의 재롱을 보는 것이 가장 큰 낙이었다. 옛날 궁중의 법도에 의하면 다섯 살이 되면 옹주로서의 작위를 받게 되는데, 덕혜옹주가 여섯 살이 됐는데도 일제는 입적에 관한 승낙을 하지 않았고, 입적도 안됐으니까 옹주로서의 봉작은 생각도 할 수 없는 일이었다.

고종은 어느 날 데라우치 총독을 덕수궁으로 초청해 함께 즉조당의 왕실 유치원으로 행차했다. 고종은 왕실 유치원으로 가면서 데라우치 총독에게 아이들이 모여 노는 왕실 유치원에서 아이들과 함께 유희도 하고 노래도 부르는 것이 자신의 사는 재미라고 하면서 은근히 덕혜옹주의 입적 문제에 관한 암시를 던졌다. 데라우치는 고종의 속셈이 어디 있는지 다 알고 있었기 때문에 입을 꽉 다물고 따라가기만 했다.

즉조당에 들어서자 때마침 왕실 유치원의 일본인 교사가 유치원 원아들에게 일본의 동요를 가르치고 있었다. 고종은 즉조당에 왕실 유치원을 처음 차릴 때 아이들에게는 한국말로만 교육을 하려고 했는데, 당시의 이왕직 장관이 조선의 왕족도 일본의 왕족과 같은 대우를 받으려면 유치원에서부터 일본식으로 교육을 하고. 장차 일본 학습원에 유학을 하기 위해서도 일본말을 비롯해 일본식 교육을 실시해야 한다고 고집을 했다. 그래서 왕실 유치원에도 일본인 교사를 채용하면서 점차로 일본식 교육을 하게 된 것이다.

유치원에 들어선 고종은 아이들과 함께 한참을 놀다가 덕혜옹주를 불러 데라우치 총독에게 인사를 시켰다. 그리고 덕혜옹주에게 일부러 일본식 절을 하게 했다. 이때 데라우치가 덕혜옹주를 안아올리자 와앙! 하고 울음을 터뜨려 데라우치는 민망스러워 어쩔 줄을 몰랐다고 한다.

덕수궁을 물러난 데라우치는 총독부에 돌아오자마자 일본 궁내성으로 전보를 쳐서 덕혜옹주의 입적 문제를 서두르라고 했다. 그러나 데라우치가 덕혜옹주의 입적을 서두른 것은 연로한 고종의 인간적인 입장에 어떤 공감을 표시했다기보다 앞으로 조선 왕족의 갈 길에 대해서 그 나름대로 정책이 수립됐기 때문이라고 풀이하는 게 옳을 것이다. 덕혜옹주가 옹주로서 입적된 바로 다음해에 일본인들이 그들의 자녀를 가르치기 위해 만든 히노데 소학교에 옹주를 입학시켰던 것이다. 히노데 소학교는 지금 극동건설이 들어서 있는 퇴계로 3가 일신초등학교 자리에 있던 일본인 학교이다. 덕혜옹주는 일인 소학교를 나오자 곧 강제로 일본의 왕실학교인 학습원에 입학을 하게 된다. 결국 이러한 일이 덕혜옹주로 하여금 조울증에 걸리게 해서 비극적인 일생을 마치게 한 원인이 된 것이다.

덕혜옹주가 일본으로 끌려가기 전의 일이다.

왕실 유치원에서 막내딸 덕혜옹주의 재롱을 보면서 고종은 큰 걱정이 생겼다. 전에 영친왕을 볼모로 일본으로 데리고 갔을 뿐 아니라 일본 황족의 딸과 정략결혼을 강요한 일이 있었기 때문에 그 전례에 따라 덕혜옹주도 언제 어느 때 어떤 구실을 붙여 일본으로 데려갈지도 모르는 일이며, 또 옹주마저 일본 사람과 정략결혼을 시킬 것은 뻔한 일이기 때문에 고종으로서는 어떻게 해서든지 덕혜옹주만큼은 일본 사람에게 빼앗기고 싶지 않았다. 그래서 여러 가지 궁리 끝에 시종 김황진에게 자식이 몇이 있느냐고 물었다. 김황진에게는 딸이 하나 있을 뿐이었다. 그러나 동생이 여럿 있어서 조카들은 많았다.

그래서 고종은 시종의 조카들 가운데서 하나를 정해 미리 양자를 시켜두라고 했던 것이다. 그러면 김시종의 양자를 장차 덕혜옹주의 부마감으로 정하겠다는 것이었다.

김황진은 안동 김씨로서 병자호란 때 강화에서 자폭한 김상용의 동생으로, 강화에 끝까지 불복하고 7년간에 걸쳐 두 차례나 유폐생활을 한 청음 김상헌의 후손이니까 옹주의 부마감으로서는 손색이 없었다. 그래서 고종과 김황진은 적당한 시기에 두 사람의 약혼을 발표하기로 밀약을 했던 것이다.

당시는 제1차 세계대전이 끝나고 다음해 1월에 파리에서 열릴 평화회의에 밀사를 파견해 조선의 독립을 호소하려던 때인만큼 일제의 감시가 심했다. 고종은 김황진과 마음대로 대화를 나눌 수도 없었기 때문에 몰래 필담을 하거나 쪽지를 보료 밑에 깔아놓는 식으로 의사소통을 했다. 그러나 김황진은, 어디서 정보가 새나갔는지 총독부 경무총감부로 끌려간 뒤 다시는 돌아오지 못했다고 하는데, 바로 그 다음해 2월에는 고종이 덕수궁에서 독살을 당한다.

결국 덕혜옹주와 김황진의 양자와의 약혼은 모두 수포로 돌아가고 말았다.

덕혜옹주가 일본으로 가게 된 것은 1925년 3월이었는데, 그때 옹주의 나이 열두 살이었다. 이때 동경역에 도착한 덕혜옹주를 마중나갔던 영친왕비 이방자 여사는 그때의 일을 이렇게 적고 있다.

"긴 여행에 무척 피로하시죠?"
하니까 옹주는 긴 속눈썹을 내리깔 뿐 아무 대답도 하지 않았다. 나는 다시 한국말로 물었다. 그래도 옹주는 대답하지 않았다. 미소마저 띠지 않았다. 한창 감수성이 풍부한 소녀가 너무나 큰 충격을 받아서 그러겠지 하면서도 무언가 불길한 예감에 가슴이 덜컥 내려앉았다.

이때부터 덕혜옹주는 영친왕 저택에 함께 있었으나 그것도 잠시뿐이고, 곧 학습원 기숙사로 옮겨졌다. 이때 영친왕은 볼모는 나 혼자면 족하지 저 어린 것까지 끌어올 것이 무엇이냐고 화를 냈다고 한다.

덕혜옹주가 일본에 온 지 5년. 17세가 됐을 때 옹주의 생모인 귀인 양씨가 세

상을 떠났다. 덕혜옹주를 일본에 보낸 뒤 친정인 청주에서 홀로 쓸쓸히 지내다
가 유암으로 세상을 떠난 것이다. 덕혜옹주는 이보다 앞서 순종 황제가 승하했
을 때도 서울에 갔으나, 공부 때문이라는 이유로 어머니를 만나지 못하고 동경
으로 급히 돌아와야 했었다.

생모인 양씨의 장례식에 다녀온 덕혜옹주는 더욱 우울하고 말수가 없는 소
녀가 되었다. 그 다음해, 즉 1930년 덕혜옹주는 신경쇠약 증세를 보이기 시작했
다. 예민한 감정이 생모가 죽은 뒤로 더욱 날카로워지더니 드디어 발병을 한 것
이다. 낮에는 온종일 침대에 누워 있으며 음식도 들지 않았고, 밤중에는 몽유병
자처럼 정원을 거닐고, 어느 때는 뒷문을 열고 거리로 나가 정처없이 길을 걸어
가고 있는 것을 간신히 데려온 일도 있었다.

병원에서는 조발성 치매증이라는 진단을 내렸고, 입원생활과 요양생활을 되
풀이하는 가운데 이왕직 장관은 덕혜옹주와 대마도주 종宗 백작과의 정략결혼
을 서둘렀다.

대마도주라는 것은 일본의 일개 번주에 불과하며, 임진왜란 때는 당시의 대
마도주 종의지宗義智가 고니시 유키나가의 사위이기 때문에 한국을 침범하는
앞잡이 노릇을 한 일도 있었다.

덕혜옹주와 종 백작과의 결혼 얘기가 나왔을 때 영친왕을 비롯한 왕가의 친
척들은 우선 병이나 낫게 해야 하지 않겠느냐며 반대했다. 다행히 1931년에 접
어들면서 덕혜옹주의 병세는 조금 회복되는 기미를 보이기 시작했다. 몽롱했
던 정신이 맑아지고 사람을 알아보게 됐으나, 결혼 얘기를 들은 옹주는 사흘 동
안을 울면서 지냈다고 한다.

종 백작과의 결혼은 어김없이 강행되었다. 대마도주라고 했지만 그것은 명
목뿐이고, 그의 집은 동경에 있었다. 기록에 의하면, 종씨 집안에서도 이 결혼
을 달갑게 여기지 않았으며, 일본 정부가 서둘러서 강행한 것이라고 한다. 이때
대마도 사람들은 덕혜옹주와 종씨의 결혼을 축하한다고 기념비까지 세웠지만,
이 기념비는 그후 덕혜옹주와 종씨가 협의 이혼을 한 다음에 철거되어 지금은
흔적도 없다고 한다.

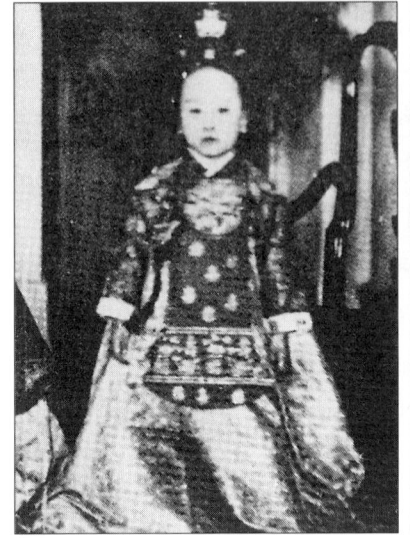

△ 덕혜옹주의 어렸을 때의 모습.　　△ 덕혜옹주와 대마도주 쇼다케시(宗武志) 백작
　　　　　　　　　　　　　　　　　과의 결혼사진.

　국제간의 정략결혼이 개인에게 행복할 리가 없었다. 덕혜옹주도 그러했거니
와 대마도주도 옹주에 대한 사랑은 없었다. 그러나 옹주는 백작과의 사이에 딸
하나를 낳아 이름을 정혜라고 했다. 딸을 낳고 산후 조리가 안 좋았던지 옹주의
정신병은 재발하고 말았다.

　그후 덕혜옹주는 계속해서 병원생활을 해야 했고, 이후로 병세는 조금도 호
전되지 않았다.

　해방 후에 이승만 대통령은 영친왕을 비롯해 일본에 가 있는 구왕실에 대해
서는 몹시 냉담했다. 영친왕이 아들의 졸업식에 참석하기 위해 미국에 가려고
했을 때 이대통령은 영친왕에게 여권도 내주지 않았다. 그것은 일본 동경 중심
지에 있던 영친왕의 저택을 대한민국의 재산이라고 우기던 이승만과의 대립에
서 비롯된 것이라고 한다.

　게다가 덕혜옹주의 딸이 관부 연락선에서 현해탄에 몸을 던진 이후로 옹주
의 병은 더욱 악화되고, 1953년에는 옹주 자신도 모르는 사이에 종씨와 협의 이

혼이 되어 덕혜옹주는 그야말로 외톨이가 되고 말았다.

해방 후 이승만 대통령은 일본에 있는 영친왕의 저택을 한국대사관으로 쓰고자 했던 생각이 마음대로 되지 않아 영친왕에게 냉담했었지만, 1961년 5·16 혁명 이후로 혁명정부에서는 이 왕가를 대하는 태도가 완전히 달라졌다. 더구나 뇌혈전의 증상을 보인 영친왕을 긴급히 병원에 입원시켜 모든 치료를 국비로 전담하고 가능한 시일에 귀국하도록 조치한 것은 박정희 대통령, 당시의 국가재건 최고회의 의장이었다. 그리고 그 교량역할을 한 것은 언론인 김을한 선생과, 민영환 선생의 손자이며 프랑스 대사를 역임한 민병기씨였다.

영친왕의 귀국 얘기가 나왔을 때 덕혜옹주의 딱한 사정을 호소한 것은 김을한 선생이었다. 박의장은 얘기를 듣고 난 뒤 덕혜옹주를 속히 귀국시키도록 지시했다. 일본에 볼모로 가서 정신병을 얻어 평생을 고독 속에서 지내야 했던 덕혜옹주에게 반세기 만에 귀국의 길이 열린 것이다.

덕혜옹주가 귀국하게 된 것은 영친왕보다 1년 전인 1962년이었다. 덕혜옹주는 어머니의 성을 따라 양덕혜란 이름으로 37년 만에 고국으로 돌아오게 된 것이다.

덕혜옹주가 귀국할 때에는 서울에서 이우공의 부인인 박찬주 여사가 동경으로 건너갔고, 동경에서는 영친왕비 이방자 여사가 함께 덕혜옹주를 모시고 귀국했다. 덕혜옹주가 일본을 떠날 때 일본의 궁내성과 외무성에서도 관계자가 나왔지만, 덕혜옹주와 함께 학습원을 다녔던 옛날 동창생들까지 나와 눈물로 전송을 했다고 한다.

덕혜옹주가 귀국했을 때 누구보다도 기뻐한 것은 창덕궁 낙선재에 있던 윤대비와 또 한 사람, 덕혜옹주가 어렸을 때 젖을 먹여준 유모 변씨였다. 당시 71세였던 변씨는 김포공항으로 나가 옹주를 맞이했지만, 옹주는 기억력을 상실하고 유모 변씨마저 알아보지 못해 보는 사람들이 모두 눈시울을 적셨다고 한다.

그러나 이렇게 천신만고 끝에 귀국한 덕혜옹주지만 낙선재에도 가지 못하고 곧바로 서울대병원으로 들어가 10년간의 입원생활을 하고 1972년에 퇴원, 비로소 낙선재로 돌아와 수강재에 기거했다. 17년 동안 덕혜옹주는 낙선재 수강재에서 봄이 오는 것도, 세상이 바뀌는 것도 모르고 쓸쓸히 지내다가 1989년 4월 21일 조용히 눈을 감았다.

함녕전(咸寧殿)은 덕수궁 안에서 고종 황제가 거처하던 침전이다.

함녕전에는 고종과 함께 영친왕의 생모인 엄비가 있었다. 엄비는 숙명·진명 등 우리나라의 여성교육을 위한 학교를 창설한 분이다. 그러니 엄비가 계신 덕수궁에서, 엄비가 보는 가운데서 여학생들의 운동회를 한다는 것은 그런대로 뜻있는 일이긴 하지만, 이는 일제가 왕실의 권위를 낮추고 덕수궁을 경복궁처럼 일반에게 공개하기 위한 속셈이었던 것이다.

또 한일합병 후 일제는 덕수궁의 대지를 야금야금 도려내기 시작한다. 그 전에 고종이 순종에게 양위한 후에 일제는 덕수궁 안에 석조전의 공사를 시작해서 1909년에 준공을 보았다. 이 건물은 처음에는 퇴위한 고종이 내외 귀빈을 접대하는 데 쓰이더니 나중에는 일본인들이 그림을 갖다가 거는 등 덕수궁의 격을 낮추는 데 혈안이 된 곳이다.

엄비는 활발하고, 성미에 맞지 않거나 납득할 수 없는 일이면 끝까지 물고늘어지는 성격이었다고 한다. 그래서 한일합병 후에 초대총독으로 부임한 데라우치와는 특히 사이가 좋지 않았다.

어느 날 총독이 덕수궁 함녕전으로 고종 황제(일제는 우리 황실을 강등시키듯 고종을 이태왕 전하, 순종을 이왕 전하 또는 창덕궁 전하로 격하시켜 부르고 있었다)를 찾아뵙고 여러 가지 얘기를 하던 중, 왕세자인 영친왕의 사관학교 성적이며 건강 상태가 여간 좋지 않다고 자랑을 섞어가며 얘기를 하고 있었다. 데라우치는 또한 금년 여름에는 영친왕이 북해도로 수학여행을 가게 될 것이라고 얘기했다. 나라를 빼앗아간 그들이 왕세자에게 무엇인들 못 시키겠느냐 하며 고종은 귓전으로 흘려듣고 있었는데, 바로 옆에 있던 엄비가 발칵 화를 내는 것이었다. 세자의 건강이 좋고 사관학교의 성적이 좋다면 우선 귀국을 시켜 부왕을 뵙게 하는 것이 당연한 일이지 북해도가 웬말이냐고 데라우치에게 따지고 들었던 것이다. 더구나 전에 이토 히로부미가 영친왕을 데리고 갈 때는 일 년에 한 번

◁ 즉조당을 방문했을 때, 데라우치 총독에게 호통을 쳤던 엄비의 모습.

▽ 데라우치 초대총독.

씩은 귀국해서 부왕을 뵙게 한다고 철석같이 약속을 해놓고 이제 와서 북해도라니, 그렇게 죽 먹듯이 부자지간의 의리를 끊어놓느냐고 호통을 쳤다.

엄비가 근엄하게 호통치며 따지고 들자 데라우치 총독은 얼굴이 붉으락푸르락하면서 아무 말 못하더니 그대로 물러나왔다. 그때 총독은 자신의 무사도 타령을 하면서, 자기의 수양이 조금만 모자랐으면 세상 사람들이 깜짝 놀랄 일이 일어났을지도 모른다고 그의 부하에게 털어놓았다고 한다.

이러한 엄비는 아들도 보지 못한 채 그해 여름을 다 넘기지 못하고 1911년 7월 20일, 당시 전국을 휩쓸었던 장티푸스에 걸려 세상을 떠나고 말았다. 이 부음이 전해지자 영친왕은 부랴부랴 귀국을 했지만, 일제는 여기서도 또 차마 입에 담지 못할 횡포를 저질렀다. 당시 총독부의 한 기관으로 왕실의 모든 행사를 주관하고 있던 것이 이왕직이란 기관이었는데, 이왕직에서는 엄비가 법정 전염병인 장티푸스로 죽었다고 해서 빈전에 참례도 못하게 하고, 함녕전에 계신 부왕인 고종에게 배알하는 일까지 금지시켰던 것이다.

△ 엄비가 세상을 떠났을 때 일시 귀국했던 영친왕.

이 소식을 들은 고종은 펄쩍 뛰면서 크게 분노했다.

"내 사랑하는 세자가 10년 만에 처음으로 돌아왔는데, 그렇다면 제일 먼저 내게 보내서 보게 하는 것이 인간의 도리이거늘 그것을 막는 까닭이 무엇이냐! 더구나 세자의 생모인 빈전에도 참례를 못하게 하다니, 이것이 일본 사람들의 예의범절이냐!"

고종은 이에 대해 부자의 정을 끊고 모자의 정도 끊으려는 비인간적인 처사라고 울분을 토로했다.

이러한 고종의 분노는 곧 항간에 퍼져나가서 국민들은 위생이 앞서느냐 예의가 앞서느냐 하면서 일본의 처사에 항의를 했고, 종로의 상인들이 일제히 철시 하는 등 반발이 대단했으며, 유림에서는 유생들이 대한문 앞에 엎드려 그들의 범례를 규탄하기도 했다.

고종이 승하한 것은 한일합병이 있은 지 9년이 지난 1919년 1월 21일, 덕수궁의 정침, 즉 왕이 거처하는 침전인 함녕전에서였다.

고종이 거처하던 함녕전은 정#자형으로 돼 있어서 아홉 개의 방 가운데 중앙의 네 개의 방을 터서 큰 방으로 만들고 그 둘레에다 다섯 개의 작은 방을 두었는데, 그 둘레의 방에는 늘 노상궁이 있어서 고종의 수발을 들었다. 그런데 고종은 신변에 위험을 느꼈던지 중앙의 큰 방에서는 자지 않고 늘 가장자리의 작은 방을 이방 저방 옮겨다니며 잤다.

1919년에 승하할 때에도 남쪽에 붙어 있는 작은 방에서 운명했다고 한다.

고종이 수라를 드는 것은 항상 함녕전 큰 방에서였다. 임금이 수라상을 받을 때에는 언제든지 곱돌솥으로 지은 흰 쌀밥과 팥밥을 함께 수라상에 올려놓는데, 임금이 둘 중의 하나를 택해서 들게 돼 있었다.

고종이 수라를 들 때에는 항상 노상궁이 곁에 앉아서 기미를 보았다. 상에 오른 음식을 모두 조금씩 접시에 덜어서 임금이 보는 앞에서 미리 먹어보는 것을 '기미를 본다' 고 한다. 임금께 올리는 수라상에 독이 들었는지의 여부를 감식하기 위한 의례로 행해지는 것이다. 수라상에 오르는 음식의 식기는 모두 이화 문장이 새겨진 그릇이고 수저와 젓가락은 모두 은으로 만든 것이다. 은으로 만든 것이라야 독물이 들어 있으면 색이 변하기 때문에 알아내기 쉽기 때문이다.

고종이 러시아 공사관에서 덕수궁으로 옮긴 후에는 더욱 신변에 불안을 느껴서 평소에 기미를 보는 것은 엄비가 했으며, 엄비가 죽은 다음에는 노상궁이 꼭 기미를 보았다고 한다. 그러나 이러한 기미를 보는 일도 한일합병 후에는 어느 정도 소홀해졌는지 1월 20일 밤, 고종은 궁녀가 읽어준 사방산四方山 이야기를 듣고 식혜 한 사발을 들고는 누운 자리에서 그대로 승하한 것이다.

고종이 승하한 것이 1919년 1월 21일 새벽 1시 45분인데, 그때 총독부에서는 무엇 때문인지 승하한 날짜를 그 다음날인 1월 22일 오전 6시라고 서거 일자를 조작해서 발표했다. 그리고 그 동안 함녕전의 문을 꼭꼭 걸어잠그고 곡소리가 밖으로 새어나가지 못하게 했다.

이렇듯 일제가 24시간 이상이나 고종의 승하를 숨기고 있었던 데에는 여러 가지 의혹이 깔려 있다. 첫번째 이유는 그 동안 아무렇지도 않던 고종이 갑자기 승하했고, 그렇기 때문에 독살됐다는 소문이 퍼지는 것을 막기 위해서였다.

◁ 덕수궁에서 퇴위한 후에도 덕수궁을 지키다가 함녕전에서 독살당한 고종 황제.

▽ 고종이 독살된 덕수궁의 함녕전.

또 하나는 당시의 궁내부 대신을 비롯해서 이왕직의 주요 간부와 일본 총독까지도 영친왕과 일본 왕족의 딸인 이방자 여사와의 결혼을 앞두고 그 준비를 위해 일본에 건너가 있었고, 또 어떤 이들은 일본에 갈 준비를 서두르고 있었던 상황이었기 때문에 경사인 혼례를 먼저 치르느냐, 아니면 장례를 먼저 치르느냐에 대해 결정을 못 내리고 이왕직 장관과 조선 총독의 결재를 받기 위해서였다고 한다. 평소에 건강하던 고종이 갑자기 승하한 데 대한 뒷공론은 많은 오해와 억측을 불러일으켰고, 여러 가지 소문이 궁중과 근친 사이에 퍼져나갔다.

이는 대한문 앞에 모인 군중들 사이에도 전파되어나갔다. 총독부의 관헌이 친일파의 우두머리로 불리는 윤덕영을 충동하여 독을 올리게 했다느니, 궁내부 대신으로 있던 민병석과 윤덕영이 총독부 모 고관의 사주를 받아 전의로 있는 안상하를 시켜 독약을 넣게 했다는 소문이 나돌았다. 그리고 숨이 지는 즉시 유해가 자흑색으로 변했다고도 하고, 얼굴에 무수한 반점이 생긴 것이 수일이 지나면서 얼굴 전체가 흑갈색으로 변했다느니 하는 가지가지의 유언비어가 나돌아 가뜩이나 좋지 않은 일본에 대한 나쁜 감정에 부채질을 했다. 이러한 반일 감정은 일본 동경에서 일어난 2·8 독립선언과 서울에서 일어난 3·1운동의 촉진제가 되었던 것이다.

일본에 항거하여 민족운동이 일어나고 있을 때 공기가 험악한 가운데 고종 서거의 일시를 뒤늦게 발표한다는 것은 고종 독살 음모설에 부채질을 하는 것이 되고 또 여러 가지 의혹에 기름을 끼얹는 결과가 된다고 생각한 총독부 관리들과 이왕직에서는, 총독과 궁내부 대신이 서울에 없어서 발표가 늦어졌다고 변명을 해도 국민이 믿어줄 것 같지 않으니까 30시간 동안이나 갈팡질팡하다가 아예 서거 일자를 조작해서 22일 오전 6시로 꾸며서 발표를 했던 것이다.

그런데 여기 또 한 가지 국민의 반발을 산 것이 있었다. 바로 고종의 장례인 국장을 일본식으로 치른 것이다. 장례식에서 식복 등 여러 가지 제한을 두었기 때문에 일본 사람들이 주관한 장례식에 한국인으로서 참석한 사람은 불과 70명뿐이었다고 한다.

그러나 망곡이라고 해서 덕수궁 앞에 상복을 입은 군중들이 그칠 새가 없었다.

일본식 국장은 10일제, 즉 승하한 지 열흘 만에 제사를 지내고 또 20일제, 50일제 등이 있는데, 그때마다 순종을 비롯해서 근친들은 상복을 입고 제에 참석을 해야 했다. 하지만 상주인 순종은 몸이 불편하다느니 하는 여러 가지 핑계를 대며 일본식 제례의 식장에 가지 않으려고 했다. 그러나 아무리 자기네 식으로 제례를 치른다 해도 상주인 순종이 참석하지 않으면 제례를 주관하는 총독부의 체면이 서지 않기 때문에, 새벽부터 창덕궁으로 자동차를 보내 납치하다시피 해서 순종을 모시고 왔다고 한다. 그래서 순종은 이런 담화를 발표하기까지 했다.

총독부가 권력으로 이태왕 전하의 영해를 탈취해가서 저희들 식으로 제례를 치르고 있으나, 우리는 다른 날 우리 전통에 따른 의식으로 장례를 모셔야 한다. 지금 폐하의 유해는 일본 사람들 손에 있지만 영혼은 우리 조선 사람들 곁에 계신 것이다.

빈전을 차려놓은 덕수궁 안은 일본 헌병과 덕수궁의 경비병들이 지키고 있어서 한산했지만, 그것과는 대조적으로 대한문 앞에는 날마다 수천 명의 군중이 모두 흰옷을 입고, 또 학생들은 팔에 베로 된 완장을 두른 채 절을 하고 혹은 엎드려 통곡을 하곤 했다. 이렇게 대한문 앞에 모인 군중들 속에는 '대한독립만세' 니 '민족자결' 이니 하는 장기長旗, 즉 큰 깃발을 든 젊은이들이 적지 않았으며, 대한문 앞에 엎드려 절을 하고 곡을 하다가 일어선 젊은이들 중에 돌아가다 말고 군중들 앞에서 대한독립만세를 외치며 일장 연설을 하는 청년도 있었다.

그러나 대한문 앞에는 일본 헌병과 덕수궁 경비병이 줄을 지어 있었는데도 그들은 어쩐지 풀이 꺾인 듯, 망곡을 하는 시민이나 독립만세를 외치는 청년들을 제지하지 못하고 그냥 물끄러미 바라만 보고 있었는데, 이것은 고종 독살설에 흥분한 군중들이 폭동을 일으킬 것을 염려한 총독부 관리들이 일본 군인들에게 엄명을 내린 까닭이라고 한다. 그러나 이러한 그들의 자제에도 불구하고 1919년 3월 1일에는 대한독립선언과 함께 3·1운동이 요원의 불길처럼 전국으로 퍼져나간다.

22. '홍도야 울지 마라' – 동양극장

　　〈홍도야 울지 마라〉라는 제목은 1930년대 서대문 로터리에 있던 동양극장에
서 서울 장안의 인기를 독차지했던 신파연극의 타이틀이다. 신파연극의 '신
파'는 일본에서 온 말로, 일본의 전통적인 무대연극인 가부키(歌舞妓)와 번역극

△ 지금은 없어진 동양극장의 옛 건물.

을 중심으로 한 신극新劇의 중간적인 연극형식을 말한다. 주로 사회적인 신극에 비해 인정과 세속적인 주제의 연극을 말하는 연극의 한 유형으로, 우리나라에서는 이 〈홍도야 울지 마라〉와 같이 기생이나 화류계의 눈물을 자아내는 인정극을 말한다. 눈물의 여왕이라고 하는 전옥씨나, 해방 전에 활약하다가 북한으로 넘어간 황철씨와 같은 배우들이 이 신파극으로 크게 인기를 모았다. 바로 그 무대가 서대문 근처에 있던 동양극장이었다.

서대문 로터리, 적십자병원 건너편에 있었던 허름한 건물, 해방 전부터 1960년대까지 서울 장안의 남녀노소를 웃기고 울리던 동양극장. 단성사, 우미관, 조선극장, 시공관 그리고 동양극장 모두가 서민의 애환을 담아 함께 웃고 울던 오락의 전당이었다. 그 가운데 지금껏 명맥을 유지하고 있는 것은 단성사 하나뿐이다. 지금 동양극장은 없어졌지만 그 무대에 얽힌 얘기들은 그대로 남아서 전해내려오고 있다. 비록 이제는 헌책방에서도 찾을 수 없는 구닥다리 옛날 얘기지만, 먼지를 털어보면 그대로 서민의 땀과 눈물이 솟아나는 얘기들이다.

동양극장은 1935년에 친일파의 요화 배정자의 조카딸이며, 최승희와 어깨를 겨루던 무용가 배구자가 세운 극장이다. 동양극장은 우리나라 연극사상 여러 가지 면에서 전무후무한 업적을 남겼다. 여기서는 우리나라 최초로 월급제를 실시해 연구생에게까지 고정급을 주고 직업으로서의 연극, 또 기업으로서의 연극이 이 땅에서도 가능하다는 것을 입증했다. 또 그 동안 쇼라든가 그밖의 다른 종류의 무대연예에 잠식됐던 연극무대에서 막간과 쇼를 폐지하는 모험을 감행해 연극의 위상을 확립시킨 것 등, 그 업적을 열거하면 이루 헤아릴 수가 없을 정도이다.

당시 서울을 비롯해 큰 도시에서 연극을 할 수 있는 극장은 서울에 조선극장, 단성사, 우미관이 있었고, 대구에 대구극장, 부산에 초량극장, 중앙극장, 함흥에 동명극장, 평양에 대생좌, 신의주에 신선좌, 광주에 광주극장, 목포에 목포극장 등이 있었는데, 서울의 단성사와 광주, 목포의 극장 외에는 모두가 일본인 소유의 극장들이었고, 그나마 연극을 전문으로 하는 극장은 전무하다시피 한

시기였다.

동양극장이 세워진 내력을 얘기하려면 먼저 미모의 무용가 배구자에 관한 얘기를 하지 않을 수가 없다. 배구자는 1907년 충남 대전에서 태어났다. 구한말에 한국을 침략한 이토 히로부미의 수양딸로 이름을 떨친 배정자의 오빠가 바로 배구자의 아버지였다. 여덟 살 때 부모를 여읜 배구자는 삼촌, 즉 배정자의 바로 아랫동생을 따라 일본으로 건너가 배정자의 집에서 소학교를 다녔다. 배구자의 삼촌은 당시 일본의 서

△ 동양극장을 창설한 무희 배구자의 모습.

커스계를 주름잡고 있던 덴가쓰(天勝)라는 여자 마술사의 남편과 친구지간이었는데, 이 여자 마술사가 어린 배구자의 미모와 재주에 반해서 자기 흥행단체에 소속시키고, 무대에서 마술을 비롯한 여러 가지 기술을 배우게 했다. 그리고 한편으로는 일본의 쟁쟁한 음악 선생에게 노래를 배우게 하더니 몇 해 후에는 미국으로 데리고 들어가 백계 러시아인 무용가 안나 파브로바에게 무용을 배우게 했다.

마술에, 노래에, 그리고 무용에 깜찍스런 재주를 발휘한 배구자는 순식간에 덴까쓰 일행의 여주인공이 되어 일본 국내를 비롯해서 한국에까지 지방 순회 공연을 가지게 되었다. 그러나 배구자는 화려한 무대생활과 인기에 대해 크나큰 매력을 느끼지 못했던 모양이다.

당시 배구자가 무대에서 절찬을 받은 '물 긷는 시골 처녀' 라는 무용이 있었

다. 이것은 대전에서 출생해 삼촌을 따라 경남 김해의 농촌에서 살던 기억을 더듬어가며 안무한 것이라고 한다. 배구자는 이러한 물 긷는 시골 처녀의 생활을 그리워했는지도 모르겠다. 아무튼 배구자는 덴가쓰 일행의 히로인에 만족하지 못하고 1926년 6월 4일, 평양의 해락관이란 극장에서 공연을 하던 중 마지막 날을 하루 남기고 극단을 떠나 잠적해버린다.

극단을 비롯해 극단을 주재하던 사람들은 사방으로 사람을 풀어 배구자를 찾았으나 그녀의 행방은 묘연했다. 극단에서는 대역을 시켜 평양에서의 공연을 대강 끝내고 다음 공연 예정지로 갔지만, 흥행 성적은 말이 아니었다. 이때 배구자는 어려서 살던 김해 시골로 내려가기 위해 성북동 배정자의 집에 몸을 숨기고 있었다.

여주인공을 잃은 덴가쓰 일행은 하는 수 없이 일본으로 돌아간다. 배구자가 10년을 정들인 덴가쓰 문하를 탈주한 것은, 무대의 허황한 생활을 떠나 평범한 인간으로서의 행복을 찾고 싶어서였다고 한다. 그러나 주위의 사람들, 특히 배구자의 고모인 배정자는 이러한 배구자의 희망을 들어주지 않았다. 그녀는 이미 명성이 하늘을 찌르는 듯한 명화名花를 어떻게 산간벽지의 촌부로 만들 수 있겠느냐며 배구자의 무대 복귀를 끊임없이 설득했다.

배구자는 고모의 청에 못 이겨 근화여학교에서 주최한 종로 YMCA에서 열린 음악회에 출연해 '옛 보금자리로 돌아온 작은 새'라는 노래를 부르고는, 그 다음날로 친척들이 살고 있는 김해로 내려가버리고 말았다.

배구자의 김해에서의 은둔생활은 2년을 넘기지 못했다. 배정자를 비롯해 여러 흥행사들이 배구자를 끌어내려고 번갈아 김해로 쫓아내려가 설득한 결과 1928년 4월 2일, 서울 장곡천정(지금의 소공동)에 있는 공화당에서 무용 발표회를 통해 무대로 컴백하게 된다.

그후 그녀는 배구자 예술연구소를 창립하고 문하생을 기르는 한편 서울, 인천, 평양 그리고 일본에까지 순회공연을 하게 되는데, 이때 뜻하지 않은 라이벌이 등장한다. 일본에서 신무용을 배운 최승희라는 천재무용가가 출현한 것이다. 얼마 전까지만 해도 배구자의 독무대였던 무용계에 신성이 나타나자 관객들은 일제히 그쪽으로 쏠렸다.

이런 상황 속에서 배구자가 지방공연을 계속하면서 실의에 빠져 있을 때 만난 사람이 바로 홍순언이다.

홍순언은 의주 출신으로, 호텔 보이에서 시작해 마침내는 호텔 지배인까지된 입지전적인 인물로, 당시 배구자가 투숙하고 있던 평양철도호텔의 지배인으로 있었다. 홍순언은 지배인의 입장으로 이 호텔의 장기투숙객인 배구자에게 호감을 느끼고 접촉을 했는데, 마침 배구자로서는 여비도 떨어지고 또 정신적으로도 매우 힘들던 터라 두 사람은 급속도로 가까워지기 시작했다. 홍순언은 배구자의 재기를 위해서 그녀와 함께 손을 잡고 서울로 올라와 새로이 배구자 악극단을 결성하는데, 이 악극단에는 배구자의 동생인 용자, 숙자와, 고아로있던 소녀를 데려다 기른 홍청자가 있었다. 이들은 함께 일본으로 건너가 배구자 소녀가극단을 만들어 인기를 얻게 된다.

홍청자라는 여인은 악극단의 여주인공까지 했으나, 말년에는 마약에 손을대고, 해방 후에는 윤락녀로 전락해 불행한 최후를 마친 비극의 주인공이기도하다.

배구자 소녀가극단이 일본에서 흥행에 성공한 것은 일본의 요시모토(吉本)라는 흥행사를 만났기 때문이라고 한다. 이 사람은 후일 홍순언과 배구자가 동양극장을 창설했을 때 극장무대의 막을 기증한 사람이기도 하다.

배구자와 홍순언은 일본의 여러 무대를 순회공연하면서 이렇게 남의 극장, 남의 무대에 서서 남에게 돈을 벌어줄 것이 아니라 자신들의 극장을 갖고 그 무대를 빛내겠다는 생각을 하게 된다. 그래서 두 사람은 일본에서의 순회공연을마치고 서울로 돌아온다.

홍순언은 신의주로 가서 그곳의 집을 팔고 일금 4천 원을 마련해, 당시 서울에 와 있던 와케지마(分島)라는 흥행사를 찾아가 극장을 하나 마련하겠다고 의논을 한다. 이때 4천 원은 어림도 없는 금액이었지만, 와케지마는 극장 건설에대한 근사한 계획서를 만들어 이것으로 상업은행에 가서 19만 5천 원이라는 돈을 끌어대는 데 성공한다. 일설에는 이때 배정자가 뒤에서 운동을 해주었다는 이야기도 있으나 그 진위는 알 길이 없다.

홍순언과 배구자는 〈승방비곡〉을 쓴 최독견이라는 소설가와 서로 의논해서 동양극장을 세우는데, 홍순언은 극장 공사장에다 야전침대를 갖다놓고 밥은 순댓국집에서 사먹으면서 극장 건설에 열중했다. 극장의 객석 하나라도 더 늘리기 위해 화장실 칸을 줄이기까지 했으며, 매표소는 만들었지만 사무실 둘 자리가 없어서, 극장이 완성된 뒤에는 길 건너 경교장의 방을 하나 빌려 사무실을 차릴 정도였다.

이렇게 해서 완성된 동양극장은 1935년 12월 초 청춘좌라는 극단이 공연한 〈국경의 밤〉으로 막을 올렸다. 우리 손으로 만든 극장에 우리 연극의 막이 올랐으니, 참으로 역사적인 날이었던 것이다.

그 이후로 연극을 보려면 동양극장엘 가야 하고 서울 구경 온 사람은 동양극장 구경을 빼놓지 않았으니, 동양극장은 문자 그대로 장안의 명물이 됐던 것이다.

동양극장이 〈국경의 밤〉으로 처음 막을 올렸다고 했지만, 사실은 〈국경의 밤〉이 공연되기 전에 서막序幕이 하나 있었다.

홍순언은 처음부터 연극 전문극장으로 만들기 위해 회전무대를 비롯해 호리촌트라고 하는, 무대 뒤에 세우는 지평선의 하늘 같은 막과 조명기구까지 일본에서 주문해 모두 갖춰놓았다. 그러나 시설이나 기구만 갖춰놓으면 무슨 소용이 있겠는가. 무대에 올릴 연극이 있어야 하고 연극을 할 배우가 무엇보다 중요한 것이다. 그래서 극장이 완성되기 전부터 배우들을 모집하고 청춘좌라는 극단을 조직했다. 그러나 극장의 문을 열 때는 막을 올릴 작품이 준비되지 않은 상태였다. 그래서 홍순언은 일본에서 공연해 인기를 얻었던 배구자 소녀가극단을 무대에 올린 것이다. 하지만 개막 첫날에는 만원을 이루었으나 웬일인지 그 다음날부터는 관객이 반으로 줄더니 사흘째 되는 날은 관객의 수가 형편없이 줄어들었다.

극장주 홍순언은 하는 수 없이 배구자 소녀가극단의 공연을 중지했다. 그리고 서둘러 청춘좌의 연극을 상영하기 위해서 이운방의 〈국경의 밤〉을 레퍼토

△ 동양극장의 무대. 사극이 공연되고 있다.

리로 정하고 연습을 시킨 후 12월 초에 개관 축하공연으로 막을 올리게 된 것이다.

한편 배구자는 자신의 소녀가극단의 공연이 실패로 돌아가자 낙담하고 있었는데, 이때 동양극장의 개관을 축하하러 서울에 나와 있던 흥행사 요시모토의 말을 듣고 다시 일본 각지를 순회하기로 계약을 체결했다.

배구자 소녀가극단은 당시 일본에서 폭발적인 인기를 얻고 있던 다카라즈카 소녀가극단 다음으로 인기가 높았다.

개관할 무렵의 동양극장은 당시로서는 최신시설을 자랑하는 극장이었다. 50전을 내고 표를 사서 정문으로 들어서면 바닥의 타일이 얼마나 반짝반짝했던지 어떤 부인은 얼른 고무신을 벗고 들어서는 촌극도 볼 수 있었다.

동양극장 개관 당시의 전속극단인 청춘좌에서는 배우들에게 월급제를 실시했다. 1급 배우가 50원이었으니까 상당히 비싼 월급이었다. 당시 신파극단에서는 대사도 없는 3류 배우에게 공연이 있는 날만 주는 일당이 20전이나 30전 할

△ 동양극장의 창설 배우들. 황철, 심영 등의 모습이 보인다.

때이고, 대사가 제법 있는 배우라면 일당이 1원 하던 때였으니 많은 배우들이 동양극장으로 이적을 하려고 애썼다.

동양극장 이전에도 전속극단이 없었던 것은 아니다. 단성사의 전속극단으로 신무대라는 것이 있었는데, 한때 신불출이라는 배우가 이 무대에서 대본에 없는 대사로 군중을 선동하는 듯한 언행을 하자, 임석했던 일본 순사가 호각을 불며 공연을 중지시키고 종로경찰서 고등계로 연행해간 일이 있었다. 신불출은 가끔 만담도 잘하는데, 일제가 한국인에게 창씨개명을 강요했을 때 '에하라 노하라', 즉 에라 놀아라 하는 식으로 농담조로 개명을 해서 일본 사람들이 말썽을 일으킨 일도 있는 배우였다.

동양극장 개관 당시에는 소위 마치네라는 주간공연은 없었고 밤에만 막을 여는데, 4일이나 5일 간격으로 레퍼토리를 바꿔야 했기 때문에 청춘좌의 단원들은 몹시 바빴다. 공연이 끝나고 밤새워 새 작품을 연습하고 나면 새벽이 되었기 때문에 서대문경찰서 건너편에 있던 동양자동차부와 계약을 맺고 배우들을 집으로 데려다주기까지 했다.

한편 당시의 청춘좌에서는 배우들을 엄선했는데, 지금 이름만 들어도 알 만한 사람이 많았다. 초창기의 멤버로는 서월영을 비롯해서 토월회 출신의 박제행·심영·김선영·지경순·남궁선·차홍녀·황철, 그리고 박상익·황정순·한은진·고설봉·진랑·김승호·주선태 등은 연구생으로 들어왔다고 한다. 그야말로 기라성 같은 배우들이 동양극장의 무대를 거쳐간 것이다.

해방 후 수많은 연극과 영화에서 사랑을 받던 조미령이라는 여배우는 바로 이때 9살의 아역으로 많은 사람들의 귀여움을 독차지했고, 〈마부 박서방〉 등의 명연기로 아직도 잊혀지지 않는 김승호씨도 동양극장 무대를 거쳐간 배우다.

당시 동양극장에서 최독견, 이운방씨 등과 함께 문예부를 맡고 있던 연출가 박진 선생은 동양극장 시절을 회고하면서 이런 글을 썼다.

> 연극이라는 요부의 치맛자락에 매달려 전후 좌후의 세상 돌아가는 줄 모르고 쌀 한 되, 두부 한 모 내 돈으로 사본 적 없이 살다 죽으니 마음 편하다는 말밖에는 할 말이 없다.

"나의 청춘은 동양극장에 바친 것이나 다름이 없다"고 한 박진 선생은 당시 연구생으로 처음 무대를 밟은 김승호씨에 대해 다음과 같이 회상하고 있다.

김승호는 동양극장에 연구생으로 들어온 다음에도 좀처럼 배역을 맡지 못했다. 그래서 문예부에 있던 박진 선생을 아침저녁으로 보름 동안을 끈질기게 쫓아다녔다. 하도 쫓아다니면서 졸라대니까 하는 수 없이 단역 하나를 주게 되었다. 몇 달 동안을 무대 옆에서 장치부 사람들에게 천대만 받다가 지나가는 행인 역할을 얻어서 이때부터 비로소 각광을 받게 된 것이다.

이때 김승호가 앞만 보고 이쪽 끝에서 저쪽 끝까지 가야 하는데 연출자인 박진 선생의 말을 안 듣고 객석을 슬쩍 쳐다보다가 어질병이 일어나 무대에서 비틀하는 바람에 나중에 박진 선생에게 호되게 야단을 맞았다는 것이다.

△ 동양극장의 전속극단 청춘좌의 멤버들(위)과 또 하나의 전속극
단인 호화선의 배우들(아래).

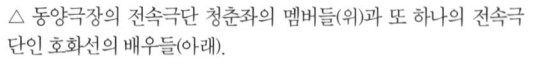

　우리나라를 비롯해서 동양 3국, 즉 한국·중국·일본에 예전에는 여배우라
는 것이 없었다. 중국의 경극이라는 창희에도 남자가 여자로 분장을 하고, 일본
의 가부키에도 남자가 여장을 하고 출연을 했으며, 우리나라 탈춤에 산대도감
놀이나 사당패에도 모두 남자가 여자로 분장해서 여자의 특색을 표현했다.

그러다가 1917년에 우리나라에선 처음으로 임성구의 혁신단에서 독립해 나온 김소랑이란 사람이 그의 아내 마호정의 재정으로 신파극단 '취성좌'를 만들었는데, 이 극단의 부단장격인 마호정이 무대에 나섰다.

마호정이 바로 우리나라의 여배우 제1호였다.

이 마호정이란 여성은 이름도 호걸 호豪자와 다스릴 정政자의 남자 같은 이름인데 성격도 활달하고 상당히 활동적인 여성이었던 모양이다. 그녀는 자신이 무대에 설 뿐 아니라 극단의 운영을 혼자서 도맡아 했고, 의상이나 소도구에도 제법 돈을 들이고 호화스럽게 꾸몄기 때문에, 취성좌는 당시의 신파극단으로서는 상당히 인기를 끌었다. 또 처음으로 여배우가 등장했다고 해서 사람들이 많이 모여들었다. 그러나 아무리 활동적이고 호걸과 같은 마호정이라도 역시 여자이기 때문에 무대의상이나 소도구 같은 것에 대해서는 자기의 생명처럼 아끼고 소중히 다루었다.

어느 해 이 극단이 지방 순회공연을 하는데, 그때는 지방에 제대로 된 극장이 없고, 주로 가설무대였기 때문에 지붕도 천막인 경우가 많았다.

한참 신나게 연극을 하는데 갑자기 소나기가 내렸다. 무대 위에는 순식간에 물바다처럼 물이 홍건히 고였다. 때마침 여주인공인 마호정이 권총을 맞고 쓰러지는 장면이 있었는데, 마호정은 의상을 아끼기 위해 쓰러지지 않고 서서 죽는 연기를 했다고 한다.

1937년 여름의 일이다. 당시의 극장에는 요새처럼 에어컨이 있는 것도 아니어서 천장에 선풍기가 몇 개 느릿느릿 돌아갈 뿐이고, 연극 관객들은 거의 없을 때라서 하한기에는 소위 파리를 날린다고 했는데, 이때 동양극장에서는 우선 월탄 박종화의 〈황진이〉를 각색한 〈기생 황진이〉와 〈단종애사〉로 여름철을 넘겨보려고 시도를 했다. 다행히 〈기생 황진이〉를 공연할 때에는 7일간 초만원을 이루었고, 〈단종애사〉도 평이 좋아서 8일간이나 공연을 했다. 이때는 지방에 있는 유림에서까지 단체로 공연을 구경하러 왔다고 하는데, 아마 사육신의 절개를 높이 사서 구경하러 온 모양이다.

△ 동양극장의 명연출가 박진 선생과 〈사랑에 속고 돈에 울고〉에 출연한 차홍녀.

　그런데 이왕직의 반대로 공연이 중지되고 말았다. 극장측으로서는 어떻게 해서든지 하한기의 어려운 시기를 넘겨야 할 텐데 적당한 극본이 없었다. 이때 등장한 것이 〈사랑에 속고 돈에 울고〉라는 신파연극이었다.

　이 연극은 임선규라는 작가가 처음 동양극장에 입사하면서 시험용으로 써서 내놓은 작품인데, 너무 지나친 신파조라고 해서 그 동안 상연되지 못했던 작품이었다.

　이 극본은 처음에 '내가 사랑하는 사람들'이라는 제목이었는데, 극장주인 홍순언씨가 이것이라도 올려보자고 우기는 바람에 최독견씨가 '사랑에 속고 돈에 울고'라는 제목으로 막을 올리게 된 작품이다.

　이 작품은 소위 신파비극의 표본 같은 것으로, 지금껏 신연극을 해온 사람들로서는 낯뜨거워서 어떻게 막을 올리느냐고 했지만, 우여곡절 끝에 막을 올리

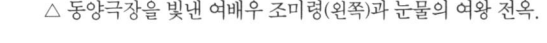
△ 동양극장을 빛낸 여배우 조미령(왼쪽)과 눈물의 여왕 전옥.

고 보니까 제법 볼 만한 연극이 됐다는 것이다. 게다가 여주인공 차홍녀의 열연과 남자 주인공인 황철의 인기와 함께 관객들이 몰려들기 시작했다.

저녁부터 명월관·식도원·송죽원 등의 단골손님인 난봉꾼들이 요릿집을 제쳐놓고 기생들을 차고 동양극장에 나타나서 이 연극을 보고는, 눈이 퉁퉁 부은 기생들을 따라 진지한 얼굴을 하고 극장문을 나섰다고 한다. 그리고는 다시 요릿집으로 들어 기생들의 연극평과 하소연을 들으며 밤새도록 술을 마시고 새벽에는 해장국집으로 직행하는 것이었다.

〈사랑에 속고 돈에 울고〉의 주인공은 홍도라는 기생으로, 부유한 집 아들과 결혼을 했는데, 착하고 아름다운 마음을 가졌으면서도 기생이란 까닭에 고된 시집살이를 해야 했고, 기생인 까닭에 애매하게 모함을 받아야 했고, 억울한 경우를 당해서 급기야는 살인을 저지르고, 얄궂게도 홍도를 포승으로 묶어가는 것이 순사인 그의 오라버니였다는 그런 줄거리이다.

여배우 차홍녀는 데뷔한 지 얼마 안되지만 이 어려운 역할을 멋지게 해내고 관객들의 눈물을 짜내는 데 성공했다. 게다가 주인공의 이름은 홍도, 여배우의 이름은 홍녀, 이렇듯 비슷한 이름 때문에 또한 화제가 되었다. 홍도가 홍녀냐, 홍녀가 홍도냐, 이렇게 해서 여배우 차홍녀의 인기는 더욱 올라가고, 차홍녀가 동양극장에서 받는 월급은 일약 두 배로 뛰어올랐다고 한다.

아무튼 이 연극을 보기 위해서 장안의 기생들은 물론이고 한량들, 바람둥이, 시골 사람들이 함께 몰려들어 동양극장 출입문의 큰 유리가 깨지기도 했고, 서대문경찰서에서는 정리를 한답시고 온종일 극장 안에 순사가 와서 살았으며, 새문안 근처는 전차가 못 다닐 정도였다고 하니, 연극의 흥행은 그야말로 대성공을 거둔 것이다.

〈사랑에 속고 돈에 울고〉가 히트하자 여배우인 차홍녀는 물론이고 그의 오라버니 역을 한 황철의 인기도 대단해서 분장실은 차홍녀와 황철을 만나러 온 팬들로 연일 장사진을 이루었다. 특히 황철이란 배우는 그냥 얼굴만 한번 봐도 좋다는 여성 팬들로 즐거운 비명을 질렀다.

이러한 인기에 병행해서 이 연극에서 부른 '홍도야 울지 마라' 라는 노래가 또 대유행을 했다. '길가에 핀 꽃이라 꺾지를 마오… 홍도야 울지 마라 오빠가 있다…' 하는 노래이다. 이 노래는 기생들의 본집인 요릿집은 물론이고 목로술집, 색주가 할 것 없이 한 잔 들었다 하면 젓가락 장단으로 불러제꼈고, 또 레코드 가게에서 스피커를 내놓고 이 노래를 틀어주면 진열장 안에 적어놓은 가사에 맞춰 노래를 배우느라 서울 장안은 '홍도야 울지 마라' 로 온통 뒤덮였다.

기생연극인 〈사랑에 속고 돈에 울고〉가 대히트를 하자 동양극장 문예부에서는 이 기생연극에 대한 반발 혹은 반작용이라고나 할까, 이번에는 기생의 몰락하는 과정을 한번 그려보자고 의논한 끝에 이운방이라는 작가에게 극본을 쓰게 했다.

3막짜리로 된 이 연극의 내용인즉, 첫막에서는 기생으로, 전성시기에는 금이야 옥이야 하고 호화스러운 생활 속에 뭇사람의 사랑을 받더니, 2막에 가서는 눈가에 잔주름이 생기기 시작하자 기생조합인 권번에서 소리의 장단을 가르치며 밥술을 얻어먹다가, 3막에는 진짜 몰락하는 장면이 그려진다.

기생도가에서 소리의 장단을 가르치던 기생은 목로술집에서 목로판에 앉아 술구기를 잡는 신세가 됐는데, 아편쟁이가 된 기생이 찾아와서는 술청바닥에 버려진 담배꽁초를 주워 훅훅 하고 불어 흙을 털고는 두어 모금 빨다가 벌벌 떨면서 안주를 굽고 있는 목로의 숯불에 손을 쬔다. 이것을 보고 있던 옛날 기생의 동료인 주모가 슬금슬금 눈치를 보아가며 백동전 한 푼을 내주니까 솔개미가 병아리 채가듯 낚아채서는 손등으로 콧물을 닦으며 나간다는 줄거리이다.

동양극장에서 기생연극을 하면 으레 기생을 예찬하고 좋은 결말로 끝나는 줄 믿고 있던 기생들이 이번에도 극장을 많이 찾았다. 기생들이 극장을 올 때는 남자를 데리고 오거나 그렇지 않으면 자기네들끼리 짝을 지어서 온다. 막이 오르기도 전에 객석에서는 기생들이 여기저기 모여앉아 재잘거리며 담배를 피워대서 객석엔 늘 연기가 자욱했다. 금연이라고 쓴 딱지를 5백 장이나 찍어서 붙여놨는데도 본래 글씨 못 읽는 여자들이 많으니까 그냥 무턱대고 피워대는 것이다.

드디어 개막을 알리는 징소리가 울리자 기생들은 자기들의 미화된 모습을 보려고 큰 기침을 해대며 자세를 정리하고는 연극을 구경했다. 1막이 끝나자 박수소리가 울려퍼졌다. 그런데 2막이 되자 기생들은 조용해지고 그 대신 같이 온 남자들이 쑤군거리기 시작하더니 픽픽 웃는 소리까지 들린다.

3막으로 넘어가서 기생의 몰락한 광경이 연출되자 객석은 소란해지고 여기저기 자리를 박차고 일어나는 소리가 들리더니, 연극이 끝날 무렵에는 기생들이 욕설까지 퍼부으며 막이 내리기도 전에 다 돌아가버리고 말았다.

그날 밤 연출자 박진, 작가 이운방, 기획자 최독견 선생이 이날 연극의 자축연을 위해 명월관으로 행차했다.

동양극장에서 기생의 말로를 그린 처참한 연극이 상연됐다는 소식을 알 까닭이 없는 명월관 보이는 그들을 좋은 방으로 안내했다. 세 사람은 일부러 기생에게 지휘를 주지 않고 주거니 받거니 하며 술을 마셨다. 이때 동양극장 패거리들이 술을 마시러 왔다는 소문이 명월관 안으로 퍼지자 그날 연극을 본 기생,

안 본 기생 할 것 없이 20여 명이 팔목을 걷어붙이고 그 방으로 몰려들었다.

기생들은 고함을 지르며 기생연극을 그 따위로 꾸미는 게 어디 있느냐, 누가 그 각본을 썼느냐, 밟아 죽이겠다느니 하면서 일대 소동이 벌어졌다.

명월관의 보이라는 보이는 다들 모여들어 이 기생시위대를 진압하느라 진땀을 뺐다. 이때 기생들은 작가인 이운방 선생을 앞에 두고 글 쓴 놈이 누구냐고 내놓으라고 야단법석을 떨었다고 한다.

당시 동양극장에서는 레퍼토리가 바뀔 때마다 그날의 프로그램이며 내용을 16절지만한 크기로 활판인쇄를 해서 돌렸다. 거기에는 '이운방 작作'이란 작가의 이름 석 자가 적혀 있었지만, 이운방이 누군 줄 모르는 기생들 앞에서 술만 마시고 있던 이운방 선생은 슬그머니 미꾸라지처럼 빠져나가고, 남은 두 사람이 기생들과 협상을 벌이느라 진땀을 뺐다고 연출가 박진 선생은 당시를 회고하고 있다.

23. 명동

　서울의 중심인 종로에는 서울의 육의전이 있었고, 이 육의전을 중심으로 한국 사람들이 상가와 상권을 쥐고 있었기 때문에 일제시대에도 일본 사람들은 좀처럼 종로에 발을 붙일 수가 없었다. 남산 기슭인 왜성대에 통감부가 있었기 때문에 일본인들은 왜성대와 가까운 진고개와 명동에 장사의 터전을 잡을 수밖에 없었다. 해방이 되면서 일본 사람들이 물러가자 진고개보다 명동이 먼저 탈바꿈을 했다.

△ 1930년대 일본인들의 번화가였던 명동 일대.

명동은 1930년대부터 1960년대까지 문화인들의 거리였다.

나는 오랜 세월을 명동의 조촐한 대폿집 목로 앞에서 언제 보아도 불그레 주기에 젖어 있는 얼굴을 하고 홀로 독작을 즐기며 살아왔다. 또 딴 장소에서는 한 번도 만나본 것 같지가 않은 내가 그 명동을 떠나버린 지가 이미 오래다. 그 조촐한 대폿집도 없어져버리고 따스하고 흐뭇한 정감과 낭만도 사라지고, 대신 삭막하고 어지럽기만 한 오늘의 명동에 정이 떨어졌기 때문이다. 어디로 가나, 참으로 망연했다.

한없이 명동을 사랑했고 명동의 단비에 젖어 살던 명동 백작 이봉구씨가 명동을 회상하던 말이다.

인심이나 모양이나 점포나, 또 거기 모여드는 사람까지 세월 따라 물결 따라 잘도 변해온 곳이 바로 명동이다.

한동안 명동은 문화의 거리로서 문화인의 안식처로 통했다. 문화인이라면 주머니에 돈이 없어도 명동에 가면 차를 마실 수 있었고, 거나하게 대포 한잔 걸칠 수도 있었다.

옛날의 명동은 남부 명례방明禮坊·명례현明禮峴, 또는 종현鍾峴이라고 불렸다. 명동을 종현이라고 부른 데에는 이런 내력이 있다.

1592년, 임진왜란을 당하여 피난을 했던 정부가 한성에 돌아와보니, 종묘와 3대궐은 물론이고 가 관아와 더불어 성안 백성들이 조석으로 들으면서 우러러보던 종루도 불타버렸고, 또 그 종은 흙 속에 반쯤 들어가 있었는데, 파내보니 종신의 반이 녹아 간 곳이 없었다.

아침과 저녁에 종을 치는 것은 성문을 열고 닫는 신호였을 뿐 아니라 장안 백성들에게는 평화를 알리는 종소리이기도 했다.

선조 27년(1594), 한성판윤 홍진이 계를 올렸다.

지금 도성의 궁궐을 비롯하여 여러 관아가 불에 타 없어졌으므로 이것을 복원해야 하는 게 시급한데, 운종가의 종루 또한 시급히 할 일이다. 그런데 종루의 종마저 불에 타 녹아버렸으므로 종루의 복원이 어렵게 됐다. 중종 때 원각사의 대종을 숭례문에 걸고 종루의 종과 함께 타종을 한 일이 있으며, 지금은 남대문 밖 남대에 방치돼 있으니 이 종을 타종해서 파루와 인정을 알렸으면 좋겠다.

이에 대해 선조는 즉각 시행하라 명했고, 한성 장안에는 평화의 상징인 인정과 파루가 부활됐다.

그런데 얼마 못 가서 명나라 장수 양호楊鎬가 입성하더니 남대문에 걸려 있던 대종을 자신이 주둔하고 있던 명례현으로 옮겨다놓았다. 이 종이 종루로 돌아간 것은 광해군 11년(1619) 4월이었는데, 종은 제자리로 돌아갔으나 종현이란 이름은 그대로 남아서 지금까지 전해지고 있는 것이다.

명례현은 조선왕조 시대에는 많은 고관들의 저택을 비롯한 주택이 밀집해 있었다. 일제가 이 땅을 강점하면서 명례현은 그들 천황의 이름을 따서 명치정明治町이 되었고, 진고개와 더불어 그들의 상가가 들어서게 되었다.

명동에서 가장 유서 깊은 곳의 하나로 중국대사관 자리를 들 수가 있다. 이 넓은 지역은 대원군이 집권하고 있을 때 그의 수족으로 포도대장을 지낸 이경하의 저택이 있던 곳이다.

그러던 것이 원세개가 당시 청나라 보정부에 납치, 감금돼 있던 대원군을 동반하고 조선에 들어오면서 이 땅은 그의 본거지가 됐고, 지금은 약간 축소되긴 했으나 명동의 노른자위 땅을 그대로 중국대사관이 소유하고 있다.

명례현에 명동성당이 서게 된 것은 19세기 말로, 성당이 준공되기까지 한국의 천주교는 이 땅에서 많은 풍운과 박해를 겪어야 했다.

오늘의 명동성당 터는 우리나라에 있어서 최초의 순교자인 김만우가 살던 집이 있었던 곳이라고 전한다. 이 집은 서학의 옥사가 일어났던 정조 9년(1785) 봄, 천주교인 수십 명이 모여서 한국천주교회를 창설하고 최초로 미사를 올렸던 유서 깊은 곳이다.

△ 명동성당과 그 주변 모습(남산의 전 KBS 근처에서 내려다본 명동 일대. 앞의 밭 모양 대지에는 적십자사가 들어섰다).

명동성당 터는 철종시대에 이조판서를 지낸 윤정현의 저택이 들어서 있었다. 프랑스인 신부 백블랑 주교가 윤판서의 아들인 윤태경으로부터 이 집을 사들이고 여기에 서당을 개설했다. 페냐 섬의 신학교로 유학을 간 최바오로·문바오로·정규하 등이 1883년 8월 이곳에서 수학했다는 기록이 있다. 1886년한·불 수호조약이 체결된 후에 비로소 이곳에 성당을 비롯해 주교관·수녀원 등을 짓기 위한 공사가 시작됐다. 그러나 이 공사도 순탄치 못했다.

명례현 바로 아래, 지금의 저동 중부경찰서가 있는 근처에 조선조 역대 왕의 영정을 모신 영희전永禧殿이 있는데, 종현성당을 세우겠다는 곳이 바로 영희전의 주맥에 해당되는 곳이며 영희전을 내려다볼 수 있는 곳이기 때문에 조선 정부에서는 건축이 불가하다고 못박았다. 이것은 다분히 풍수지리설에 입각한 이유였지만, 어쨌든 조선 정부는 이러한 이유를 들어 정치작업의 중지와 토지의 포기를 요구했다.

이 토지분쟁은 프랑스 공사관의 외교적 노력으로 해결되고 1892년에는 대성당의 착공을 보게 된다.

▷ 명동 입구 건너편에 있던 일본인 백화점 초지야(지금의 미도파 백화점).

▷ 명동의 중심부에 있던 전 국립극장(일제시대엔 명치좌라고 했다. 국립극장으로 복원하여 2005년 재개관 예정).

토지분쟁이 종식된 후 교회에서는 청국에서 벽돌 제조공을 초빙하여 용산방 와서瓦署 부근에 가마를 설치하고 벽돌을 굽기 시작했다. 그리고 1892년 5월 8일 뮈텔Mutel 주교는 대성당의 머릿돌을 축성했다. 이때 토지의 정지작업과 성당 건축에 보수를 받지 않고 자진하여 참여했거나 헌금을 한 1천여 명에 이르는 조선인 신도들의 명단과, 조선에서 일해온 선교사들의 명단도 머릿돌과 함께 묻었다.

성당의 설계는 코스트Coste 신부가 담당했다. 그는 이 성당뿐 아니라 주교관·약현성당·용산신학교 등을 설계했던 인물로서, 개화기 한국 건축사를 논하는 데 있어서 빼놓을 수 없는 사람이다.

그후 성당 건축공사는 재정난과 청·일전쟁 등으로 일시 중단되기도 했지만, 코스트 신부의 지휘 아래 꾸준히 진행되었다.

그러나 1896년 성당의 외부공사가 겨우 끝나갈 무렵, 성당의 설계자이며 총지휘자였던 코스트 신부가 세상을 떠나고 푸아넬Poisnel 신부가 그의 뒤를 이어 내부공사를 마치게 됐다.

이리하여 명동성당은 1898년 5월 29일, 성령강림대축일에 공사를 마무리하고 준공식을 거행했다.

명동에 다방이 생긴 것은 1923년을 전후해서 일본 사람이 '후다미(二見)'라는 근대적 다방을 연 것이 처음이었다.

명동은 다방의 거리라고도 할 수 있었는데, 크고 호화로운 다방이 잇달아 생기고 없어지곤 했다. 다방 '노아노아'는 고갱의 작품 이름을 따서 붙인 곳으로 예술인들이 즐겨 모였으며, 정동윤이 주인이던 '휘가로'는 순 음악다방으로 매주 금요일마다 특정 프로를 선정하여 음악회를 열 정도였으나, 휘가로라는 이름이 외국명이라고 해서 일제 말기에는 '후유노야도(冬の宿)'로 고치고, '오아시스'도 '전원'으로 개명했으나, '휘가로'라는 이름은 해방 후에 부활했다.

1930년대 명동 다방의 분위기를 명동 백작 이봉구씨는 이렇게 묘사했다.

다미아의 노래가 명동거리 다방에서 울려나오기 시작한 것은 1930년대 후반기였다. 1938년경, 우리는 명동의 휘가로에서 다미아의 상송을 처음 듣고 흥분했다. 진종일 비가 쏟아지는 어두운 날, 흐느껴 울부짖는 듯한 다미아의 노래는 고전음악 감상에 점잔을 빼고 있던 나를 완전히 흔들어버리고 말았다. 더욱이 다미아의 '글루미 선데이'는 무서운 노래였다. '봄은 돌아와 꽃이 피어도 그대 가버린 쓸쓸한 방안에….' '어두운 일요일'은 첫줄부터 상처받은 이 땅의 젊은 정신, 보헤미안들을 사정없이 매혹케 했다. 아침부터 밤중까지 연속해 듣고 함께 소리쳐 불렀다.

일제 때에도 명동은 서울에서 가장 번화가였으며 문화의 거리였지만, 그후 광복과 6·25전쟁을 전후한 시기에도 명동은 서울의 문화·예술의 중심지였다. 광복의 환희와, 전후의 허무와 페이소스가 흐르는 이 거리에서, 타다 남은

△ 1920년대 명동상가의 모습. ·　　　△ 지금의 명동 거리의 모습.

벽돌더미가 쌓여 있는 이 거리에서 우리의 문화인들은 차와 한 잔의 술을 나눠 마시며 한과 정을 풀었다.

명동에 박인환의 시 '세월이 가면'에 얽힌 비화가 전해져온다. 1956년 이른 봄, 시인 박인환이 이진섭에게 가슴 속 이야기를 털어놓았다.

박인환은 어느 날 남대문시장에서 한 여인을 만났는데, 그녀는 피난 시절 대구에서 만난 여인이었다. 여인은 그의 친구와 함께 대구에서 '포엠'이란 작은 다방을 하고 있었다. 인환은 입술이 여리고 눈이 큰 그 여인을 사랑했다.

여인은 마음도 여려, 다방에 레코드를 갖다주며 드나들던 남자의 구애를 거절하지 못하고 고민하던 중, 그 남자가 수면제로 자살을 기도하자 울면서 인환과 헤어지고 그 남자에게로 간 것이었다.

오늘 남대문시장에서 만난 그 여인은 등에 아이를 업고 있었으며, 머리엔 흰 리본이 매어져 있었다. 애기 아빠가 전사했다고 한다. 그리고 그 여인의 장바구니 속에는 출판된 지 얼마 안되는 박인환의 시집 〈목마와 숙녀〉가 들어 있었다.

박인환은 그 여인을 생각하며 시를 썼다.

　　　지금 그 사람 이름은 잊었지만
　　　그 눈동자 입술은 내 가슴에 있네.
　　　바람이 불고 비가 올 때면
　　　나는 저 유리창 밖 가로등 그늘의 밤을 잊지 못하지.

사랑은 가고 옛날은 남는 것
여름날의 호숫가 가을의 공원
그 벤치 위에 나뭇잎은 떨어지고
나뭇잎은 흙이 되고 나뭇잎에 덮여서
우리들 사랑이 사라진다 해도
내 서늘한 가슴에 있네.

이 시에다 이진섭이 즉흥적으로 멜로디를 붙였다.

이것이 바로 오늘 우리가 그렇게 사랑하는 명동의 샹송 '세월이 가면'이다. 이해 가을 박인환이 30세의 젊은 나이로 세상을 떠났을 때 이진섭은 그의 관 위에 조니워커 한 병을 눈물과 함께 뿌려주었다.

많은 문인들이 명동에 숱한 일화를 남겼다. 이제 '동방살롱'도, '은성'도, 또 재주꾼 이규석이 곤두박질한 낙서로 벽을 장식했던 퇴계로의 술집 '포엠'도 없다.

세월이 흐르면 세태도, 거리도, 인정도 변하는 것일까. 국립극장의 무대가 있던 곳에, 아담한 찻집이 있던 곳에, 그리고 조촐한 대폿집이 있던 곳에 증권회사가 들어서고, 낯선 빌딩이 들어서고, 이제 명동은 마치 이방인의 거리 같은 느낌을 준다.

명동 백작 이봉구씨는 명동에 결별사를 썼다.

가는 길 오는 길, 쉬는 곳 머무는 곳이 거의 같아서 자주 만나던 우리의 명동파들은 60년 초 우리들의 명동이 막을 내림과 동시에 명동을 떠나게 되었다.

명동에서 30년간 구멍가게를 지키고 있던 어떤 할머니는 이렇게 말했다.
"명동은 머무는 곳이 아니라 지나가는 곳이라오."

24. 충무로

충무로는 서울 중앙우체국과 신세계 백화점이 있는 곳에서부터 시작된다. 일제 때 신세계 백화점은 미쓰코시(三越)라는 백화점이었다. 충무로를 영화의 거리라고 불렀다. 그것은 충무로 3가에 '스타 다방'이라는 곳이 있어서 영화인들이 이곳을 중심으로 모이곤 했기 때문이다.

충무로의 옛 이름을 진고개라고 했다. 지금 충무로 2가를 중심으로 한 지역을 옛날에는 진고개, 즉 이현泥峴으로 통칭했다. 남산에서 뻗어내려온 고갯길

△ 1920년대 충무로 입구의 모습.

에 흙이 몹시 질어서 비가 오면 왕래하기도 어려울 정도였다고 한다.

일본인들이 이 땅에 들어오면서 이 일대를 본정통本町通, 즉 혼마치라고 했는데 혼마치에는 이 진고개뿐만 아니라 명례방明禮坊 명동·대룡동 각 일부, 회현방會賢坊 낙동·장동·회동 각 일부, 명례방 저동·종현동·명동 각 일부와 훈도방薰陶坊 주동 일부, 초동·궁기동·주동의 각 일부와 성명방誠名坊 초동·필동의 각 일부, 낙선방樂善坊 오궁동·예동·필동·회동·묵동의 각 일부와 생민동 일부, 명철방明哲坊 쌍림동·오장동·침교동·야현동 각 일부가 편입됐다. 이렇듯 상당히 넓은 지역을 소위 본정통으로 편입했는데, 이것은 후일의 대화정大和町, 즉 야마토마치를 중심으로 그들이 손아귀에 넣은 남촌 일대를 그들 번영의 중심지로 삼으려는 포석이었던 것 같다.

진고개는 일본 사람들이 차지하면서 발전한 곳인데, 그들이 차지하기 전에 진고개에서 가장 유명했던 것은 지금의 충무로 2가 근처, 아마도 세종호텔 근처에 있었던 굴우물이라는 곳이다.

동주 이민구는 인조 때의 문인으로, 지봉 이수광의 아들이며, 영의정 이성구의 아우였다. 그가 열세 살 나던 해인 선조 34년(1601)의 일이다.

이민구와 아이들은 놀다가 바위틈에서 막아도 막아도 샘솟듯이 흘러나오는 맑은 물을 발견했다. 이민구는 아이들을 불러모아 이곳에 우물을 파고 그 가장자리를 돌로 둘러놓았다.

이민구가 성장해서 벼슬길에 나가 내외 관직을 두루 지내고, 죄를 입고 관직에서 물러나 예순여섯이 되던 해 어느 날 진고개를 지나다가 문득 발을 멈추었다.

"이 근처에 옛날에 우물이 하나 있었을 텐데, 샘물이 솔솔 솟아나오는 우물 말이다."

이민구가 지나가는 아낙네를 붙들고 묻자 아낙네는 굴우물을 가르쳐주었다.

"아, 왜 모릅니까. 굴우물 말이죠? 저쪽 골목 안에 들어가시면 좁은 굴이 있는데 그 안에 있는 게 굴우물입죠."

골목 안의 굴우물은 아이들이 쌓아놓은 돌에 둘러싸여 맑은 물을 담뿍 담은

▷ 충무로 입구에 있던 경성 중앙우체국.

▷ 충무로 입구 건너편에 있던 미쓰코시 백화점(현 신세계).

예전의 우물 그대로의 모습이었다.

이민구는 감회에 젖어 이런 시를 남겼다.

> 그 어느 해 내 손수 샘물을 파서 넓혔는데
> 지금 와서 보니 어느덧 50년이 지났구나.
> 돌우물의 시원한 물, 옛날과 조금도 다름이 없는데
> 그 물에 비친 초췌한 저 모습, 이게 도대체 누구인고.

낙타 낙駱자를 쓰는 낙동은 지금의 충무로 1가와 명동 2가, 회현동 3가에 걸쳐있는 마을인데 원래는 타락, 즉 우유를 파는 집이 있었기 때문에 타락골이라고도 했다.

이 동네에는 일찍이 여말선초의 명사로 알려진 문강공 조말생의 고택이 있어 유명한데, 이 집터는 특히 남산의 정맥이 바로 뻗어내려온 복구형伏龜形으로 무학대사가 선정해준 곳이라고 해서 후손들이 많이 살고 있었다.

또 이 마을 서쪽에는 조문강의 고택이 있고, 동쪽에는 영조 때의 정승 문익공 윤시동의 집이 있었는데, 이 두 집이 거북의 양쪽 눈에 해당한다고도 했다.

장동은 충무로 1가와 회현동 1가, 남대문로 3가에 걸쳐 있는 마을로, 이곳에 장흥고라는 관청이 있었기 때문에 장흥곳골로 부르기도 했다. 또 옛날 서울에서는 남주북병南酒北餠이라 해서 남촌의 술을 명물로 삼았는데, 이곳 장동과 회현동의 술은 빛과 맛이 좋고, 한 번 마시면 곧 취하고 깬 다음에는 갈증이 나지 않아 가히 명주라고 했다.

이곳에는 남산동 술정(酒精)에 관한 전설이 남아서 전한다.

옛날 남산골 장동에 주서방이란 사람이 살았는데, 큰 부자는 아니더라도 몇 백 석 하는 집에 태어났으니 아무 일 안해도 편안히 먹고살 수 있었다. 그가 열다섯에 장가를 들어 어른이 됐는데 젊어서부터 반주를 매우 좋아했다. 이때부터 술에 묻혀 지내기를 기십 년, 그저 허구한 날 손들과 어울려 아침부터 밤까지, 밤에서 아침까지 술이나 마시면 그만이었다. 40여 년 동안 주서방은 나날을 술만 마시며 살았다. 그러다가 주서방이 환갑을 넘어 병을 얻었는데, 무슨 병인지 명의도 고치지 못하는 것이었다.

그런데 이 주서방이 와병 60일 만에 고생고생 끝에 무슨 기름 묻은 고깃덩이 같은 것을 토해냈는데, 버릴 수도 없고 해서 말총으로 동여매서 기둥에 걸어두었더니 빳빳하게 말라 나무꼬치처럼 돼버렸다.

어느 날 중국에서 사신이 왔는데, 이 사람은 세상에 둘도 없는 기인이었다.

"저기 남산 밑에 서기가 있어 보이는데, 저곳이 어딘가?"

그가 역관에게 물었다.

"남산골 장동이라는 곳입니다. 술맛이 아주 좋은 곳입니다."

"술맛이 문제가 아니다! 우리를 저곳으로 안내해다오!"

역관은 중국 사신을 데리고 남산골 장동으로 갔다. 중국 사신은 곧 주서방 집

사랑으로 들어가 좌정을 하고 나서 말했다.

"이 집에 보물이 있다! 우리가 돈 많이 주고 사갈 것이니 가져오라고 하라."

주서방은 다락에서 가보로 전해온 몇 가지 물건을 꺼내놓았으나 명나라 사신은 거들떠보지도 않았다.

"허어, 이 사람이 우리를 속이려 하는구나. 진짜 보물은 저기 마루에 걸려 있다. 그것을 팔아라."

"네? 마루에 걸려 있는 거 말씀입니까? 그건….'

주서방은 술병 끝에 속에서 토해낸 거라고 얘기하려다 말았다.

"이거 준다!"

명나라 사신은 손가락 두 개를 펴 보였다.

"에이, 그까짓 것 무슨 값을 받겠습니까요. 그냥 가져가시지."

주서방이 입속으로 말을 얼버무리자 이번에는 손바닥을 확 펴서 보인다.

"이 사람 값 올린다. 좋다! 이거 주지!"

"다섯 냥요? 값은 무슨, 그냥… ."

"또 올려? 좋다, 이거 다 준다! 이거 정말 다 준다!"

"저, 우리 나으리께선 십만 냥을 주신다고 하십니다. 웬만하면….'

보다 못해 역관이 귀띔을 해주었다.

"네! 십만 냥? 아이구! 이거 정말 알 수 없는 노릇이군!"

명나라 사신은 그 자리에서 금 십만 냥이란 어음을 써주고는,

"이거, 내일 사관으로 가지고 오면 현금으로 준다. 하핫, 우리 사람 정말 좋은 보물 싼값으로 샀다! 하핫….'

사신의 이러한 행동을 기이하게 여긴 역관은 그것을 어디다 쓰느냐고 물었다.

"이건 바로 술의 정精이라고 하는 것이다. 이건 아무나 만들 수 있는 것이 아니다. 사람이 일생 술만 마셔야 간신히 만들 수 있는 것이다. 사람의 온 정력과 정기가 여기에 콱 굳혀 있는 것이다."

명나라 사신은 큰 대접에 냉수를 떠오게 하더니 술의 정을 잠깐 담갔다 빼내고는,

"이것 먹어봐. 이거 술이다. 정말 맛 좋은 술이다! 두 번 담그면 독해서 못 먹

는다!"

해서 마셔보니 이게 바로 명주인데, 명나라 사신은 이 술의 정을 소중히 간직하다가 조정에서 거두게 되니, 임진왜란 때 명나라 장수 이여송이 차고 나왔다가 벽제관 전투에서 잃어버렸다고 한다.

△ 1920년대의 혼마치(本町通) 1정목의 모습.

1882년 임오군란이 일어날 무렵까지만 하더라도 서울의 도성 10리 안에는 양인·일인을 막론하고 외국인의 거주를 허락하지 않았다. 1880년 4월에 개설된 최초의 일본 공사관만 하더라도 서대문 밖 청수관에 두었다.

고종 17년(1880) 일본 정부는 경성에 공사관을 설치하고, 12월 하나부사 변리공사가 부임하여 서대문 밖 청수관을 공사관으로 하고 주재했다. 임진왜란 이래 오랫동안 자취를 보이지 않았던 일본인은 공사 이하 관원 일행과 함께 일본 국기를 게양하고 비로소 경성에 거주하게 된 것이다.

당시의 일본인은 40여 명에 불과했다. 청수관은 본래 경기중영이라고 하는 군사의 유적지로 2년 후의 변란에 크게 불타고, 지금은 정조 때 세워진 천연정 天然亭이 남아 있을 뿐이다.

당시의 공사관원 이시하리(石張)는 다음과 같은 기록을 남겼다.

당시에는 조선인이 외국인을 몹시 싫어했으며, 어떤 기록에 의하면 조선 정부는 외국인의 산책마저도 억제하고, 산책지로서는 오직 성벽 밖의 약수터와 남묘 등 수개소로 제한하고 성문 내에는 공용 외에는 절대로 들여보내지 않았다. 그리하여

▷ 충무로 2가에 있던 일본인 백화점 미나카이(三中井).

▷ 1930년대 충무로 입구의 일본인 상가.

공용이 아닌 것으로 처음 성내를 통행한 사람은 하나부사 공사를 수행하고 온 무관 2명, 학생 1명의 3명으로, 그들은 명치 13년 12월 17일 동대문 밖의 관제묘에 이르러 그날은 민가에 숙박하고 다음날 아침 동대문으로부터 종로를 경유하여 청수관으로 돌아왔다. 이 때문에 한때 서울 장안이 몹시 시끄러웠다고 한다.

1882년 임오군란으로 일본 공사관은 난군의 습격을 받아 불타버리고 하나부사는 일본으로 쫓겨갔으나, 그해 8월 12일 해군소장 니레(仁禮)와 육군소장 다카시마(高島)가 인솔하는 육·해군 1천 2백 명을 거느리고 인천으로 진주, 8월 16일에는 도성 안으로 들어와 지금의 충무로 2가 부근에 있던 금위대장 이종승의 집을 가공사관으로 하고 군대는 남산 일대에 주둔했다. 이때부터 그들은 왜성대와 진고개에 진을 치며 그들의 세력을 넓혀갔다.

곤도 대리공사는 19년의 변란을 고려하여 조약상 성내의 거주구역에는 하등의 제한이 없음에도 불구하고 외무협판 및 청국이사관과 단합하여 취체의 편리상 일본인은 남산 산록에, 청국인은 수표교 부근에 주거케 하기로 하고, 일본인의 거주지를 공사관을 기점으로 영사관으로부터 북행하는 소로의 양측 고도부키조(壽町), 즉 주자동과 본정 2정목의 남변에 있는 소로까지의 1소구역 안으로 정했다.

당시 이 소로의 폭은 현재와 별 차이가 없으나 부근의 타 도로에 비하면 그래도 가장 넓었다.

본정통(혼마치)에는 일본인 가옥은 하나도 없었으며, 영업을 하기 위해 조선인 가옥을 임대하여 상품을 가게 앞에 늘어놓고 조선인에게 판매케 하고, 일본인은 안에서 이를 감독했다. 그런데 고종 25년(1888)에는 외국인이 조선인 아동을 납치하여 살해하고 그 고기를 수프의 재료로 사용했다는 풍설이 유포됐다. 심지어 일본인 모씨의 집에서 유아의 시신을 요리하는 것을 목격했다고 하고, 혹은 유아를 데리고 가던 조선인 수 명이 마포대로에서 참살됐다고 하며 요로에 호소해온 자도 있어, 조선 정부에서는 조선인 아동이 일본 거류지에 들어가는 것을 엄중히 금지시켰다.

일제가 진고갯길을 개수하기 시작한 것은 을미사변이 나던 해, 즉 1895년이었다. 그들은 진고개와 주자동·명례현 일대에 자리잡은 일본 상인들의 왕래를 위해 국가예산을 들여 진고갯길 옆의 가가假家를 철거하고 하수도를 설치하여 진고개의 면목을 일신했다.

그후 1901년에는 제일은행에서 1만 원을 빌려 본정 5정목으로부터 남대문에 이르는 길을 넓히고 대대적인 개수를 하여 도로 450칸 사이에 30여 개의 전등을 가설하자 진고개는 불야성으로 변했다.

한일합병이 되면서 일제는 진고개와 남산 일대의 동명을 그들 마음대로 고쳤다. 혼마치·메이지마치·아사이마치·고도부키조·야마도마치·히노데마치….

일본 공사관이 왜성대에 자리하며 군대가 남산에 주둔해 있던 1884년경만 하더라도 진고개 일대의 일본인 부락에서는 게이샤라는 이름의 일본인 기생은 고사하고 여염집 부녀자인 왜각시도 구경하기가 쉽지 않았다. 조선인 가옥을

△ 남산 기슭 왜성대 아래 일본인 촌(왼쪽 아래가 일본인 요정 이몬로).

쓰면서 드문드문 섞여 사는 일본인들 속에서 여자라고는 단 두 사람, 공사관 부근에 과잣집을 차린 어느 일인의 아내와 그의 여동생이 있었을 뿐이다.

요릿집은 그보다 좀 늦어서 1885년에서 1886년 사이에 개업을 했는데, 이름은 전해지지 않는다. 간판도, 옥호도 없이 아마 설렁탕집이나 노천 간이술집인 모줏집보다는 조금 크다는 정도였을 것으로 추측된다. 이리하여 1887년에 개업한 이몬로, 즉 정문루井門樓가 실로 한국에서는 처음 보는 일본식 고급요정이었다. 이 요정은 공사관 아래쪽 주자동에 있었는데, 나카이라고 해서, 말하자면 식모 겸 작부를 두어 두 사람이 통근을 하고 있었다. 개진정은 이보다 조금 늦게 진고개 2정목에서 개업했고, 남산정은 주자동에, 송본루는 공사관 정문 북서쪽에 있었다.

이것이 청ㆍ일전쟁 이전에 서울에 있던 일본인 요릿집인데, 한일합병 후에는 진고개를 중심으로 일본인들의 요릿집과 환락가가 더욱 번창했다.

진고개에 일인들의 요릿집이 번창해지자 일인들은 요릿집에 나가는 게이샤를 다루기 위해 1906년에 오키야(置屋)라는 것을 개설했는데, 오카베란 사람이 개설한 청수석이 바로 그것으로, 이것은 경성 권번으로 발전, 우리나라의 전통적인 기생제도를 본따서 권번에 흡수해버렸다.

충무로는 해방 후 1946년 10월 1일, 일본식 동명을 개정할 때 일제시대의 소위 혼마치, 즉 본정통을 고친 것이다. 세종로 · 을지로 등의 명명과 같이 우리 역사상 위인의 한 분인 충무공 이순신 장군의 시호를 이름으로 택한 것이다.

처음 일제의 강점하에 있을 때는 그들이 많이 살고 그들과 유서 깊은 거리라 해서 자기들 마음대로 본정통이라 부르던 곳인데, 바로 임진왜란 때 일인들을 이 땅에서 몰아내는 데 결정적인 역할을 했던 충무공의 이름을 따서 충무로라 했던 것이다.

해방 후에 이곳 충무로에서 일어났던 일 가운데 가장 처참하고 세인의 기억에 오래 남는 사건은 바로 1971년 12월 25일에 일어났던 대연각 호텔 화재사건을 들 수가 있을 것이다.

성탄절 아침, 중구 충무로 1가 대연각 호텔 2층 커피숍에서 큰불이 일어나 지상 21층 건물을 모두 태우고 이날 오후 5시 30분경에야 진화되었다. 이 화재로 222개의 객실에 들어 있던 157명의 내외국인 투숙객이 타죽었거나 질식해서 죽고, 더러는 애타게 구원을 외치다 창가에서 떨어져 죽었다. 이때의 광경을 묘사한 한 기사를 읽어보자.

불은 18층과 19층이 가장 심했던지 불이 댕긴 유리창과 쇳조각들이 폭음을 내며 우박같이 밑으로 떨어져 소방관들이 그 밑에 접근할 수가 없었다. 잠옷바람으로 떨어져 죽은 손님들의 시체 위로 불덩어리가 마구 떨어졌다. 각층 창문에는 투숙객들이 몰려들어 지면을 향해 살려달라고 애타게 손짓했다. 그러나 높은 곳이어서 고가사다리도 6층까지밖에는 미치지 못했다. 불길에 몰린 이들은 바람에 날리듯 차례로 떨어져 숨져갔다. 호텔 주변에 모였던 시민들은 투숙객이 떨어질 때마다 발을 구르며 안타까워했으나 마음뿐, 이들을 구해낼 방법이 없었다.

역사는 되풀이된다는 말이 있지만, 진고개와 충무로의 슬픈 역사는 그렇지 않기를 바랄 뿐이다.

25. 경복궁의 재건과 조선총독부

　태조 이성계가 조선왕조를 창건하고 한양에 도읍을 옮긴 후 먼저 서둘러 조선왕조의 정궁으로 1395년에 경복궁이 완성됐다. 그리고 약 200년 후 1592년에 일어난 임진왜란으로 불타버린 뒤 280년 가까이 폐허로 남아 있었다. 진경산수화로 여러 역사의 기록을 남긴 겸재의 〈경복궁도〉를 보면 폐허로 남아 있던 경복궁의 모습을 짐작할 수가 있다. 280년에 가까운 공백, 항간에 알려진 바로는

△ 경복궁의 정문인 광화문(우측의 건물은 의정부 청사이다).

△ 겸재 정선의 〈경복궁도〉(임진왜란 때 불타고 여기저기 빈 기둥만
서 있다).

선조가 한성을 빠져나간 다음에 경복궁은 폭도의 방화로 불타버린 것으로 돼
있다. 그러나 일설에는 경복궁은 조선의 폭도에 의해 불에 탄 것이 아니라 조선
과 명의 군대가 한성을 수복하기 전에 일본군이 불을 지르고 퇴각한 것이라고
한다.

그것은 민족사학자 문일평 선생의 사외이문史外異聞의 '경복궁 화재변'을 보
면 뚜렷이 알 수가 있다.

옛날 경복궁이 임진역에 불에 탄 데 대하여 두 가지 설이 있다. 일설은 조선 난

민이 불을 놓았다 함이요, 또 일설은 일본군이 불을 놓았다 함이다. 그러면 어느 것이 진실이냐 하면, 전설보다 후설이 사실이다.

일본군이 경성에 들어오기 전 선조께서 파천하시던 4월 29일 밤에 조선 난민들이 형조 장예원掌隸院에 불을 놓아 광염이 작천한 것은 여러 기록에 보이는 바이지만, 경복궁이 불탄 여부에 이르러는 잘 알 수가 없다. 조선측의 문헌에는 경복궁이 불탔다는 기사는 〈서애집〉에 보일 뿐이다.

일본측의 문헌에는 경복궁이 일본군이 입성하기 전에 불에 탔다는 기사가 없을 뿐 아니라, 당시 일본군 석 세키(釋 是琢)의 〈조선일기〉를 보면 경복궁의 건축미를 성찬하고 있으니, 이는 경복궁이 불에 타지 아니한 일대 반증이다. 만일 경복궁이 일본군이 입성하기 전에 난민의 손에 불탔을진대 석 세키가 이처럼 샅샅이 그 웅환을 그려낼 수 있었을까? 일부라도 불탔으면 반드시 무슨 말이라도 있을 것인데 이것조차 없는 것을 보면 전부는 물론이요 일부도 타지 아니한 증거이다. 그러면 경복궁이 언제 불탔는가? 일본측 기록인 〈정한위록征韓偉錄〉에 의하면 계사癸巳 (1593) 2월 19일 일본군이 경성에서 퇴각할 때 불에 탄 것이다.

〈정한위록〉 3권을 보면, 이때 서울에서는 조선의 사민이 일본군사 가운데 많이 있었는데, 여러 장수들은 모두 그들이 명나라 군사와 합세하지나 않을까 근심이 되어 외부와의 통행을 차단했다… 의견이 분분해서 결정을 짓지 못하고 고바야카와(小早川隆景)에게 물었다. 고바야카와는 "모든 군영에서 불을 지르고 그 연기를 이용해서 퇴각하는 것이 좋겠소" 하여, 모든 장수가 그의 의견을 쫓아 서울을 떠날 때 그의 말대로 했다. 조선의 사민들은 다 달아나 피하고 감히 뒤쫓는 자가 없었다.

이 기록을 보면 일본군이 서울을 떠날 때 그들이 점령하고 있던 경복궁을 비롯한 모든 군영에 방화한 것이 분명하다.

조선왕조의 정궁인 경복궁의 수난은 이뿐만이 아니었다. 그들이 한반도를 침략하여 서울에 들어와 의도적으로 궁궐을 훼손하면서 광화문을 철거하고 그 앞에 그들의 총독부를 세웠던 것이다.

△ 한일합병이 되던 날 근정전에는 일장기만이 걸려 있다.

이렇게 해서 경복궁은 임진왜란으로부터 흥선대원군이 재건할 때까지 280년 간의 공백을 기록하게 됐던 것이다.

후사 없이 승하한 철종의 뒤를 이어 고종이 왕위에 오르자 흥선대원군은 그 다음해(1865) 경복궁의 재건을 들고나왔다.

궁궐의 영건은 왕권을 중심으로 하던 국가에서는 가장 중요한 일이었다.

불타버린 경복궁 근정전 앞뜰에는 누가 가꾸지도 않았는데 영산홍이 붉게 피어 있었다. 고종 2년 4월의 어느 날, 이 나라의 실권을 쥔 흥선대원군이 몇몇 중신들과 함께 텅 빈 경복궁 뜰 안을 거닐고 있었다.

"영상대감, 왕부의 존엄은 무엇으로 상징됩니까?"

대원군이 영의정 조두순에게 물었다.

"궁궐이 장엄해야 합니다. 그런데 장엄해야 할 궁궐이 폐허가 된 지 3백 년이 가까워옵니다. 열성조의 숙원이 경복궁의 재건이었으나, 나라가 태평할 때에 는 그런대로, 또 어지러우면 그런대로 궁궐은 내버려져왔습니다."

이때 대원군의 결심은 이미 서 있었다.

경복궁의 중건은 크게 국력을 기울여야 하는 일로 결코 쉬운 일이 아니었다. 그러나 대원군은 경복궁 중건을 밀어붙일 작정으로 조대비에게 의논하고 4월 3일, 창덕궁 희정당熙政堂에서 중신회의를 소집했다. 이 자리에서 조대비는 이러한 전교를 내렸다.

"이번의 대역사는 왕실 3백 년의 숙원을 이룩하는 것이며, 대소 제반사를 대원위 대감께서 총괄할 것인즉, 백관은 충성을 다해 힘을 모으시오!"

그러나 경복궁 중건에는 이론이 분분했으며, 반론을 들고 나오는 사람도 있었다.

"이 일이 너무나 중대해서 간단히 찬성할 수가 없습니다. 나라의 재력이 탕진되어 있는 이 마당에 그런 큰 공사를 창졸간에 시작한다는 것은 무모하기 이를 데 없는 일이며, 백성들의 원성은 오히려 왕실의 존엄을 잃을 우려가 있는 일이옵니다."

영돈녕부사 김좌근의 반론이다. 그러자 영부사 정원용의 발언이 이어졌다.

"제 생각엔 그렇게 어려운 일은 아닌 줄로 생각합니다. 먼저 회진된 전각의 기지를 조사한 후 우선 쉽게 세울 수 있는 전각부터 세워가면서 재력과 공력을 참작하면서 조영해나가면 그리 어려운 일은 아닌 줄로 아옵니다."

이렇게 찬반 토론이 진행되는 가운데 대전 내시 한 사람이 황급히 희정당으로 들

△ 경복궁을 재건한 흥선대원군(회갑 때의 모습).

어오더니 승지 조성하에게 귓속말로 속삭이며 흙 묻은 옥돌 하나를 제시했다. 곧 옥돌은 대원군과 영의정 조두순 앞으로 전해졌다. 경복궁 앞 형조아문을 수 즙하고 있을 때 바로 경복궁 정문 근처 흙 속에서 나온 것으로, 그 옥돌에 음각 으로 새겨진 글씨가 심상치 않아 급히 희정당까지 가져왔다고 했다.

옥돌에는 이렇게 새겨져 있었다.

癸末甲元　新王雖登　可不懼哉　景福宮殿　更爲創建　寶座移定　聖子神孫　繼 繼承承　國祚更延　人民富盛

계해년 말이나 갑자년 초에 비록 새로운 임금이 등극할 것이나 역시 또 후사가 끊어질 것이 두렵지 아니한가. 모름지기 다시 경복궁을 지어 옥좌를 옮길진대 성 자신손이 내내 이어져서 이 나라의 운수가 다시 이어지고 만백성이 부성하리라.

누가 새겨서 땅에 파묻었는지 알 수는 없으나, 이러한 옥돌의 출현은 다분히 주술적인 효과를 가진 것이다. 이제 더이상 경복궁 중건에 반대하는 대신은 한 사람도 없었다.

이렇게 해서 경복궁의 중건은 강행되었다. 나이 어린 고종을 위하여 수렴청 정을 하고 있던 조대비는 대원군이 요청하는 대로 경복궁 중건의 교령을 내리 고, 경복궁 조영도제조에는 영의정 조두순과 좌의정 김병학이 임명되었다.

다음날 종묘에 고유제가 올려졌고, 같은 날 경복궁 터에서는 요란스러운 고 사기 지내졌다. 남산 국사당, 무아재 원앙당의 당주 무당들이 지진굿을 놀았다. 그리고 남사당패들까지 동원하여 공사를 독려했다. 각 지방에서 스스로 부역 을 하러 온다고 큰 깃대를 대오의 선두에 세우고 부역꾼들이 모여들었다.

경복궁 담장 밖의 민가를 헐고, 철거되는 민가에 대해서는 옮겨갈 집터와 상 당한 보상금이 지급되었다. 또 공사판에 나온 부역꾼들에게는 위로금조로 1전 씩이 주어졌다.

경복궁 중건의 공사는 고종 2년 4월 13일에 착공하여 3년 후인 고종 4년 (1867) 11월에 준공되었다. 그러나 대원군의 경복궁 중건의 강행은 많은 부작용

△ 일제가 광화문을 동십자각 옆으로 옮겼을 때의 광화문(왼쪽) .
담장과 연결돼 있을 때의 동십자각(오른쪽).

을 가져왔으며, 이로써 대원군의 반대세력을 만들기도 했다.

경복궁의 대표적인 건물은 근정전이다. 근정전은 사방 둘레에 회랑과 함께 중창 때 그대로 남아 있는 건물로, 돌로 쌓은 두 겹 기단 위에 정면 5칸 1백 척, 측변 5칸 70척의 중층으로 된 목조건물이다. 화강석으로 꾸민 중층 기단에는 사방에 돌계단을 내어 오르내리도록 했고, 이 주석 사이에는 연꽃잎 동자기둥으로 난간을 돌렸다.

건물은 기단 위에 한단 장대석으로 돋은 위에 주춧돌을 놓고 기둥을 세웠으며 다포계 양식의 팔작지붕으로 돼 있다. 천장 중앙에는 다포의 천개를 얹고 개판에는 운용을 조각했다. 천개 아래 임금이 앉는 옥좌가 놓이는 단이 설치돼 있고, 그 보개에는 매우 화려한 풍련이 조각돼 있어서 더욱 운치를 돋우고 있다. 단청은 금단청으로, 중건 당시에 시공한 색채가 오늘날까지 그대로 내려오고 있다.

사방이 연못으로 둘러싸인 중루에 팔작지붕을 한 경회루는 그 큰 건물이 무리 없이 튼튼하게 꾸며졌고, 또 물 가운데 세워져 있으면서 그 기초가 매우 튼튼히여 육중한 건물에도 아무런 지장이 없도록 처리되어 있어서 사람들로 하

△ 경복궁의 정전인 근정전.

여금 더욱 감탄을 금치 못하게 한다.

지금 국립중앙도서관에 보관되어 있는 〈경회루 전도〉에 보면 경회루가 역易의 원리와 일치한다는 것을 밝히고 있다. 1865년 경회루가 중건되던 해에 만들어진 〈경회루 전도〉에서는 경회루와 역과의 관계를 이렇게 풀이하고 있다. 즉, 경회루가 경복궁에 자리잡고 있는 목적은 불을 물로써 제압하려는 데 있다는 것이다. 따라서 경회루의 모든 구성은 물을 상징하는 숫자 6으로 이루어졌고, 경회루의 건축적 요소는 평면·입면·주변 환경, 이 모든 것이 〈주역〉의 원리에 입각하여 구성되었다고 했다.

이밖에도 경복궁에는 사정전·사정문·근정문·근정전 행각·천추전·자경전·집옥재·향원정 등의 많은 건물이 남아 있어서 옛모습을 찾아볼 수가 있다.

경복궁이 대원군에 의해서 중건됐을 때에는 250여 동의 건물이 들어서 있었다. 전체의 대지가 13만 평이나 되는 경복궁 안에는 5보步에 1루樓, 10보에 1각閣이라고 형용할 정도로 많은 건물이 있었는데 지금은 불과 30여 개의 건물만

이 남아 있을 뿐이다.

일제는 이 땅을 강점하면서 조선왕조의 정궁이었던 경복궁부터 없애버리려고 했다. 그들은 조선 사람들의 국가의식과 민족정신을 말살해버리려고 잔인하고도 난폭한 방법으로 경복궁을 헐어냈다.

우선 건춘문 안에 있던 정현각이 장충동에 있는 남산장 별장이란 요릿집으로 옮겨지고, 부근에 있던 또 다른 건물은 남산동에 있는 화월 별장이란 요릿집으로 둔갑했다. 그밖에도 많은 건물들이 남산동, 필동, 용산 등의 일본인 주택이나 요릿집으로 팔려나갔다. 남의 나라 궁전을 헐어다가 요릿집부터 차리다니…. 그리고 한일합병 5년째가 되는 해에는 시정기념 5주년이라고 해서 조선물산공진회를 경복궁에서 하기로 결정했다. 이것은 그들이 경복궁의 격을 낮추고 자기들의 놀이터로 만들려는 속셈이었던 것이다.

이 공진회라는 것은 일제가 우리나라를 강점한 후로 그들의 업적을 내외에 과시하기 위한 박람회, 즉 요새 흔히 말하는 EXPO와 같은 것이다. 일제는 경복궁 안에 남아 있던 근정전, 교태전, 경회루 등 중요한 건물의 이용은 물론, 7만

△ 광화문이 제자리로 옮겨졌으나 뒤에 총독부 청사가 버티고 서 있었다(위). 일제의 잔재인 총독부 청사는 반세기 만에 헐렸다(총 독부 청사를 헐기 위해 앞에 막을 세웠다)(아래).

2천 평의 넓은 땅을 이용하겠다는 계획 아래 궁 안에 남아 있던 작은 건물들을 모두 철거했다.

그리고 거기에다 5천 2백 평에 달하는 각종 진열관을 새로 만들었다. 그때 만든 진열관은 거의 모두가 경복궁의 건물을 헐어내기 위한 가 건물이었다.

그런데 한 가지 기가 막힐 노릇은 경복궁 안에 축산장려관이라고 해서 외양간을 비롯해 닭장, 돼지우리까지 만들어놓았다는 것이다. 그뿐 아니라 근정전과 교태전 등을 개회장과 귀빈실이라고 해서 일인들의 흙발로 마구 유린했던 것이다.

이렇게 일인들이 경복궁을 훼손하는 가운데 그중에서도 우리 국민들의 분노를 산 것은 이 조선물산공진회의 개장식이

△ 경복궁 근정전의 옥좌(일제가 공진회를 열었을 때 당시 총독 데라우치는 여기 앉아서 개회사를 했다).

거행되던 날, 당시 조선 총독이었던 데라우치가 근정전 안의 용상에 턱 올라앉아서 사무총장의 경과보고를 받고 개회사를 했던 것이다. 이 얼마나 방자하고도 무엄한 짓인가.

데라우치 총독은 일본의 육군대신을 지낸 자로, 이토 히로부미, 소네에 의해서 세번째로 통감이 됐다가 초대총독이 된 자로서, 한일합병이 되던 해 12월에는 안중근 의사의 형인 안명근 의사에 의해서 암살되려다가 계획이 미연에 발각돼 목숨을 건진 사람이다.

공진회가 끝난 다음 미술관으로 썼던 건물은 총독부 박물관으로 이름을 바꾸어 삼한시대의 발굴물, 신라시대의 불상, 고려시대의 도기, 조선시대의 칠기, 서화 등을 전시했다. 그런데 일제는 내친 김에 경복궁의 궁궐이라는 이미지를 실추시키기 위해 1918년부터는 근정전, 사정전, 만춘전, 천추전까지도 고적 전시실로 사용했다. 박물관을 구경온 사람들은 누구나 신을 신은 채로 근정전이

건 사정전이건 마음대로 드나들 수 있게 만들었다.

　이러한 조선물산공진회가 끝난 다음 일제는 경복궁을 아주 없애버리려는 계획을 꾸미게 된다. 즉, 경복궁 자리에다 그들의 통치기관인 총독부를 세우려는 것이었다.

　그들의 처음 계획은 근정전이건 무슨 문이건 다 무시해버리고 경복궁 대지 안에다가 총독부를 세우려고 했다. 그래서 그들이 이 땅을 강점한 직후부터 계획을 세우고 경복궁 내의 건물을 야금야금 헐어내기 시작했던 것이다. 그래도 쥐꼬리만한 양심은 남았던지, 아니면 임진왜란 때 종묘 안에 포진을 했다가 열성조의 신령의 노여움을 산 경험이 있어서 그랬는지, 경복궁의 정전인 근정전만은 피해서 세우기로 했던 모양이다.

　일제는 1916년에 경복궁 안에서 일본식인 지진제를 지내고 조선총독부 청사를 착공했다. 이에 앞서서 그들은 근정전 남쪽에 있는, 다시 말해서 근정전과 근정문만을 남기고 홍례문과 그 좌우에 있던 낭무를 위시해서 유화문, 용성문, 협생문, 그리고 금천교 일대의 건물들을 헐어냈고, 공사가 진행되는 중에도 궁성 동쪽의 건춘문에서 서쪽 영추문까지의 횡단도로를 내느라 또 헐어내고, 그야말로 경복궁 안은 쑥대밭이 된 것이다.

　총독부의 신청사는 첫째로 경복궁의 모습을 완전히 씻어내고 바깥 모양에서부터 민중을 제압할 수 있는 설계가 요구되었다. 그리고 그 뒤에 있는 근정전을 위압하는 모습을 해야 한다는 것이다. 총독부 건물은 착공 10년 만인 1926년에 완공이 됐다.

　총독부 건물은 반세기나 그 자리에 버티고 서 있었다. 6·25전쟁을 겪으면서 그 건물은 여러 가지로 이용됐으나 반세기 만에 역사 속으로 사라졌다. 그 앞에 광화문이 복원되면서 이제 경복궁은 차츰 옛모습을 되찾아가고 있다.

26. 을미사변과 경복궁 옥호루

경복궁에 들어가면 경회루 뒤쪽, 민속박물관 옆에 명성황후 조난비가 서 있고 그 뒤에 한 건물이 복원돼 있다. 이곳이 바로 고종 23년(1895), 일인들에 의해 명성황후 민비가 시해당한 곳이다. 일국의 왕비가 다른 나라의 폭도들에 의해 왕궁 내에서 시해되기는 세계 역사상 유례가 없는 일이다.

△ 명성황후의 사진(비공식적으로 인정된 사진).

1894년에 일어났던 청·일전쟁이 일본의 승리로 끝나자 일본은 요동반도를 손에 넣고 의기양양해했으나, 러시아와 독일, 프랑스의 맹렬한 반대로 3천만 원의 배상금을 받고 이 요동반도를 돌려줄 수밖에 없었다. 그후 요동반도는 조차租借의 형식으로 러시아의 수중으로 들어가고, 동시에 러시아의 세력이

△ 미우라 고로 일본공사(후일 정계의 원로로 활약한 미우라의 모습. 맨 왼쪽).

중국은 물론 한반도에까지 크게 뻗치기 시작했다.

한편 청나라의 세력이 물러간 한반도에서는 정권을 잡고 있는 민씨 일파가 일본세력을 배격하고 러시아와의 유대를 강화해 비밀 협정설까지 나돌게 되자, 이에 당황한 일본은 이노우에(井上) 공사를 소환하고 그 후임으로 일본 육군중장 출신의 미우라 고로(三浦吾樓)를 내보냈다.

일본이 미우라 공사를 발탁해서 내보낸 뒷배경에는 중대한 음모가 깔려 있었다. 즉, 한국 정부 내에서 러시아의 세력을 끌어들이려는 장본인을 제거하고, 어떻게 해서든지 한국 정부를 일본 쪽으로 기울게 해서 회유한 뒤 한국을 손아귀에 넣으려는 것이었다.

미우라 공사가 우리나라에 부임한 것은 1895년 7월이었는데, 이때 한반도는 몹시 뒤숭숭한 상태에 있었다. 이해 2월에는 청나라에 사대를 하던 영은문이 철폐되는가 하면, 동학교주 전봉준이 처형되고, 새 학제(學制)가 공표되고, 대원군의 손자인 이준용을 옹립하려는 음모가 발각되어 이준용이 교동도에 유배되고, 대원군이 손자를 따라가겠다고 마포강변까지 나갔다가 공덕동 아소정에 은거하는가 하면, 전국적으로 호열자가 대유행을 하고 있었다.

△ 당시 조선에 와 있던 일본 낭인들의 모습.

그는 7월 15일에 경복궁 장안당에서 고종을 알현하고 국서를 올린 후로는 남산에 있는 일본 공사관에 칩거하여 불당 앞에서 염불만 외고 있었다. 그래서 항간에서는 그를 염불공사라고까지 했다. 그러나 그는 많은 심복들을 동원해서 그가 계획하고 있는 일을 위한 정보를 수집하고 있었던 것이다. 그는 일을 성사시키기 위해서는 대원군을 끌어들이는 일이 가장 중요한 것임을 판단, 대원군의 심복인 이주회, 이두황, 우범선 등의 협력자도 끌어들였다.

그리고 8월 16일, 조선군대의 고문으로 있던 오카모토 류노스케(岡本柳之助)로 하여금 공덕리에 있는 대원군을 방문케 했다.

이노우에 공사의 조선 정부에 대한 3백만 엔의 차관 제의에 대해 조선 정부는 대찬성이었으나, 당시의 일본내각은 이에 난색을 보이고, 군인 출신의 과감한 성격의 미우라 고로를 주한공사로 내정하고 조선에 대한 세 가지 정책을 제시했다.

1. 조선을 동맹의 독립국으로서 장차 일본이 단독으로 조선 전토의 방위와 개혁을 단행한다.

2. 열강과 공동보호의 독립국으로 한다.

3. 장차 1, 2의 강대국과의 분쟁이 불가피할 것으로, 한 개의 강대국과 조선을 분할 점령한다.

이런 정책을 알게 된 미우라는 이토 히로부미와 야마가타 아리토모(山縣有朋)의 강력한 권유로 '언젠가는 나의 판단대로 임기응변으로 처리하겠다'는 결심으로 부임을 한다. 서울에 부임한 미우라 공사는 이노우에 공사와 함께 부임인사를 하면서 자신은 아무런 공로도 세우지 못한 무능한 군인이라고 했으나, 대원군을 업은 훈련대의 쿠데타로 민비를 제거할 것을 생각하고 있었다. 그는 자신의 이러한 계획을 스기무라(杉村) 1등 서기관에게, 일본 수비대를 주축으로 하여 공사관원, 영사경찰, 재조선 일본인의 세력에다가 조선의 훈련대를 가담시켜서 대원군과 훈련대의 쿠데타라는 형식을 취하여 경복궁 침입과 여우사냥(민비 암살)의 계획을 다지고, 실행은 11월(양력)로 정하고 스기무라와 함께 훈련대 고문으로 있던 오카모토 류노스케, 조선군부고문인 공사관부무관인 구스노세(楠瀨幸彦) 중령, 일자신문〈한성신보〉사장 아다치 겐조(安達建造), 동 편집장 고하야카와(小早川秀雄) 등을 심복으로 포섭하고 있었다.

미우라 공사는 조선 정부에는 무관심한 태도를 보이며 비밀리에〈한성신보〉편집장인 호리구치 구마이치(堀口九萬一)를 시켜 공덕리의 대원군을 방문케 하여 대원군의 심중을 떠보게 했다. 이때 대원군은 민비를 비난하면서, 미우라 공사의 도움을 요청했다. 1895년 10월이 되자 미우라 공사는 경복궁 침입의 결행일을 10월 10일(양력)로 정하고 인원 동원의 규모와 현장지휘의 책임자를 아다치 겐조로 결정했다. 10월 5일에는 오카모토 류노스케를 공덕리로 보내 대원군의 결심을 재확인키로 했다.

"소인, 이번에 본국으로 돌아가게 되어 인사차 찾아뵈었습니다."

이것은 표면상의 이유였고, 실은 민비의 세력을 제거하기 위해서 대원군을 업고 나오려는 속셈이었다.

"내 나이 이제 일흔여섯에 술잔이나 기울이고 사는 여생이오. 시냇가 버들 그늘에 매미 소리 들으며 시나 지어보는 인생인데(대원군의 시에서) 왜 나를 끌어내려 하는가?"

오카모토는 대원군에게 대담하게도 민비를 제거한다는 계획을 실토했다. 대원군은 자기가 실세를 한 것이 오직 민비 때문이라는 생각을 하고 있었기 때문에 이 계획에 귀가 솔깃했다.

오카모토는 대원군이 재기할 수 있는 운을 떠 보이며 네 가지 조건을 제시했다. 즉, 첫째, 대원군은 궁중에 들어가서 사태수습을 하되, 앞으로 정치에는 관여하지 않는다. 둘째, 김홍집을 내각수반으로 하되 그밖에 개혁파를 기용한다. 셋째, 대원군의 큰아들인 이재면을 궁내부 대신으로 임명한다. 넷째, 대원군의 손자 이준용을 일본으로 유학시킨다는 것이었다.

"지금 민비는 노국공사와 결탁해서 비밀협정을 준비하고 있다는 얘기까지 들리고 있는데, 그 삼엄한 경계를 뚫고 과연 내가 입궐을 할 수가 있을까?"

"저하! 그 점은 염려하지 마십시오. 이 계획을 위해서 일본과 만주로부터 막강한 무사들을 소집해놓았습니다. 당일은 저희가 저하를 모시고 입궐을 합니다."

"그게 그렇게 마음대로 될까?"

"거사일은 이달 스무 날이 지나서 잡았습니다. 어둠을 틈타서 노도와 같이 밀어닥치면 문제가 없을 것입니다. 또 저하의 심복으로 거사에 협력할 인사들도 확보돼 있습니다."

"그러나 왕과 왕세자를 다치게 해서는 안될 것일세."

이렇게 해서 대원군과 오카모토와의 밀약은 성립되고, 오카모토는 그 길로 인천으로 향했다. 이것은 마치 오카모토가 출국하기 위해 배를 타려는 것처럼 보이게 한 행동이었다. 그는 배는 타지 않고, 인천에 있는 일본인 요정으로 들어가 낭인들을 규합하고 서울에서 연락이 오기만을 기다리고 있었다.

이때 대원군이 일인들이 내놓은 조건을 선뜻 수락한 데에는 무엇보다도 교동도에 유배된 손자 준용을 구하고 싶었던 것이 아닌가 싶다. 그때 76세의 대원군으로서는 다시 정치일선에 선다는 것은 생각도 할 수 없는 일이었다. 그래서 그는 오카모토에게 이렇게 말했던 것이다.

"나는 이제 늙어서 무엇을 하려고 해도 할 수가 없네. 이대로 죽게 되더라도 내 운명으로 알고 감수할 수밖에 없네."

그런데 민비를 제거하려던 미우라 공사와 오카모토의 계획을 앞당겨 실행하지 않으면 안될 뜻밖의 일이 생겼다.

군부대신 안경수가 미우라 공사를 찾아와서 그 동안 일본교관이 훈련을 맡아 양성해놓은 조선훈련대를 해산하게 됐다고 통고해온 것이다. 미우라는 당황하지 않을 수가 없었다. 훈련대 제2대 대장인 우범선도 공사관으로 달려와 일본의 압력으로 훈련대 해산을 저지해달라고 했다.

그들이 경복궁으로 처들어가 민비를 암살하고 친일정권을 수립하는 데는 일본 수비대의 병력으로도 충분했다. 그러나 그렇게 할 경우 훈련대가 궐기해서 대원군을 받들고 쿠데타를 결행했다는 명분을 내세울 수가 없게 되는 것이다.

그날 밤으로 행동을 개시해서 다음날 8일 새벽까지 모든 결말을 낸다면 훈련대는 그대로 경복궁의 경비를 담당했던 것이 된다. 이렇게 생각한 미우라는 스기무라 서기관과 의논한 끝에 그날 밤으로 행동을 개시하기로 하고, 인천에 있는 오카모토에게 전보를 쳤다.

이렇게 해서 미우라는 실행계획서를 공사관에 있던 바야하라(馬屋原) 소좌와 오기하라(萩原) 경부, 아다치 겐조 등에게 보내 구체적인 지령을 내렸다.

이날 저녁 때 용산에 도착한 일본인들은 아다치 겐조를 중심으로 40명이 넘는 집단이 돼 있었다. 그들은 일본인 상점과 경찰서 등에 분산해서 인천으로부터 오카모토가 도착하기를 기다렸다.

미우라는 모든 계획을 오카모토의 지휘를 받아 결행하라고 했다. 인천에서 오카모토와 함께 있던 구스노세 중좌는 밤 열 시쯤 도착했는데 오카모토는 좀처럼 나타나지 않았다.

오카모토가 용산에 모습을 나타낸 것은 한밤중 자정이 가까워서였다. 처음의 계략은 오카모토와 아다치 겐조 등 40여 인이 공덕리로 가서 대원군을 모시고 남대문으로 향한 뒤 그곳에서 일본 수비대와 합류하고 조선훈련대를 합해서 경복궁으로 들어가기로 돼 있었다.

그들은 자정을 지나 용산을 출발했다. 아소정에 도착했을 때 그들은 먼저 경비원들을 감금하고 대원군의 처소로 달려갔다.

대원군은 침상에서 자고 있었다. 오카모토와 호리구치가 침실로 들어가 대원군을 깨우고 결행의 날이 왔음을 알렸으나 대원군은 좀처럼 차비를 할 생각을 안했다. 얼마 전에 특사를 받아 대원군과 함께 지내고 있는 이준용이 방안으로 들어왔다.

이윽고 대원군이 자리에서 일어났다.

"무슨 일이 있더라도 국왕 전하와 세자 전하를 다치게 해서는 안되오!"

이 한마디를 하고 갓을 쓰고 두루마기를 입는데, 시종이 두루마기를 거꾸로 갖다대는 바람에 소매가 좀처럼 들어가지를 않았다. 대원군은 쓴웃음을 지으며,

"너 역시 천하의 변천을 눈치챘느냐? 어찌 너마저 나를 거꾸로 입히려고 하느냐?"

라고 했다는 말이 측근에 의해 전해지고 있다.

오카모토가 대원군의 가마를 모시고 공덕리의 아소정을 떠난 것은 새벽 세 시가 훨씬 넘어서였다. 대원군을 호위하고 떠난 일인들의 몰골을 보면 참으로 한심스러운 불량배들이 틀림없었다. 양복을 입은 사람도 있었고, 허리에 칼을 찬 사람도 있었고, 몽둥이를 든 자, 피스톨을 가진 자, 짚신을 신은 자, 양복을 입고 밀짚모자를 쓴 자, 그 해괴한 모습은 문자 그대로 폭도에 지나지 않았다. 이들과 합세한 경성 수비대의 4백여 명에다 우범선이 지휘하는 제2대대가 경복궁으로 쳐들어갔다. 그때 시간이 새벽 여섯 시경, 시간이 지체된 것은 우범선이 이끄는 제2대대가 길을 잘못 들어 남대문 일대에서 일행이 지체됐기 때문이라고 한다.

훈련대의 움직임이 수상한 것을 눈치챈 훈련대 연대장 홍계훈이 군부대신 안경수에게 보고를 하고 제1대대 병력을 설득하여 광화문으로 달려갔을 땐 이미 일본 수비대와 경찰에 의해 광화문이 열리고 대원군의 가마는 광화문 바로 앞에 와 있었다.

이윽고 총격전이 벌어졌다. 홍계훈은 말에서 내려,

△ 명성황후 시해사건이 있었던 경복궁 옥호루.

"군부대신이 여기 계시다! 연대장이 여기 있다. 광화문을 닫고 어서 물러가라!"

하고 외쳤으나, 곧 일본 수비대의 총에 맞고 쓰러졌다. 홍계훈이 쓰러지자 경복궁을 수비하고 있던 수비대와 훈련대원들은 뿔뿔이 흩어지고 군부대신마저 도망쳐버리고 말았다.

대원군의 가마가 광화문을 통과하여 강녕전 앞에 이르렀을 때, 대원군은 가마를 멈추게 하고 국왕의 윤허를 기다리겠다고 했다.

수비대의 일부와 훈련대 일부가 왕과 왕비의 침전인 건청궁으로 달려갔다. 왕이 방에서 나왔을 때 일본인들은 왕에게까지 덤벼들려고 했으나, 가까이 모시고 있던 시신들이 국왕임을 알리자 더이상의 소란은 일어나지 않았다.

한편 오카모토에게 지시를 받은 수비대원들은 재빨리 뒷길로 해서 왕비의 침실인 곤녕합으로 달려갔다. 왕비는 나인들의 호위를 받으며 옥호루 쪽으로 피신을 했다. 이때 궁내부 대신 이경식은 민비의 신변에 위험이 닥치고 있는 것을 알고 왕비를 경호하러 쫓아가다가 일인들의 칼에 참살을 당했다. 폭도들은

△ 1897년 11월 22일, 명성황후의 국장행렬이 덕수궁 대안문을 나서고 있다.

민비의 얼굴을 알지 못했기 때문에(일설에는 일인이 찍은 사진으로 인해 그들이 민비의 얼굴을 잘 익혀 알고 있었다고도 한다) 나인을 보는 대로 칼을 휘둘렀다. 그들은 옥호루 앞에서 세 명의 궁인을 참살했다. 그러면서도 피에 굶주린 이리떼들처럼 왕비는 어디 있느냐며 이곳저곳을 뒤졌다.

어떤 자가 옥호루 앞에서 참살당한 궁인들 가운데 민비가 있을지도 모른다는 말에 다른 궁녀와 왕세자를 데리고 와서 확인시킨 결과 그중의 한 사람이 민비임을 확인했다. 후일 히로시마에서 재판이 열렸을 때 그들 중 한 폭도가 진술한 바에 의하면, 확인된 민비가 너무나 젊어 20대로 보이기 때문에 시신의 가슴을 풀어헤치고 비로소 40대의 민비임을 확인했다고 한다.

그런데 이 폭도들 가운데서 과연 민비를 시해한 하수인은 누구인가? 그것은 어떤 특정인으로 확정할 수는 없으나 일대의 일본인 폭도들이며, 그것을 직접 지시한 것은 일본공사 미우라가 틀림없다. 더구나 최근에 밝혀진 자료에 의하면 민비의 시해를 명령한 것은 일본의 외무대신이라는 설도 있다.

이날 새벽, 미우라 공사는 공사관에서 스기무라 서기관 등과 포도주를 마시

고 있었다. 이때 고종으로부터 속히 입궐하라는 전지가 도착했다. 이때 경복궁 쪽에서 총성이 일어났을 때,

"무슨 일인가?"

라고 전혀 모른 척 시치미를 뗐다고 한다.

그가 경복궁에 들어간 것은 오전 8시경, 그때는 이미 일본 수비대와 그들과 한통속인 조선훈련대 제2대대가 경복궁을 경비하고 있었다.

미우라가 고종을 알현했을 때 고종 앞에는 대원군이 앉아 있었으나, 그는 대원군에게 인사도 하지 않고 모른 척했다고 한다.

한편 민비의 시신을 확인한 수비대들은 시신을 건청궁 동쪽의 녹원鹿園 숲속으로 옮겨 장작을 높이 쌓은 곳 위에 올리고 그 위에 석유를 뿌려 불을 질렀다. 이때 친위대의 장교 윤석우가 우범선에게 물었다.

"이와 같이 지밀한 곳에서 시신을 태우다니 웬일입니까? 혹시 유골이라도 남아서 사람의 눈에 띄면 결례가 될 것이니 어찌하오리까?"

그러자 우범선은 다음과 같이 말했다고 한다.

"시신이 다 타면 주변을 깨끗이 치우고 타다 남은 찌꺼기가 있으면 연못 속에 버려라."

그러나 훈련대의 사관들이 차마 연못에 버리지를 못하고 근처 땅을 파고 묻었다고 한다.

그후 고종은 일본의 요구대로 친일내각을 구성하는 한편, 일련의 사건이 일어난 지 이틀 뒤인 10월 10일에는 미우라가 처음부터 계획하고 있던 대로 민비를 폐한다는 조칙이 내려진다.

"국정에 간섭하여 정치를 어지럽힌 왕비 민씨를 서인으로 삼고 폐출한다."

이 조칙에 서명하라고 각료들이 요구하자 고종은 "차라리 내 양 팔을 자르라"고까지 격노하며 거부하려 했으나 미우라는 강압으로 서명을 하게 했다. 그러나 이 조칙은 45일 후인 11월 26일에 취소된다.

당시 서울에서는 이 사변에 일본인들이 관계하고 있었다는 것을 모르는 사람이 없을뿐더러, 일본에서 외무대신을 지낸 고바야시 주타로(小林壽太郎)가 조

사관으로 나온다고 하자 서울에 남아 있던 낭인들은 불안을 느껴 미우라와 오카모토를 협박하게 된다. 이때 오카모토는 대원군이 지급한 것이라고 하며 2백 원씩의 위로금을 그들에게 주어 한국을 떠나게 했는데, 이 자금은 일본공사의 기밀비에서 나온 것이다.

한편 일본에서는 미우라를 비롯한 외교관과 오카모토를 소환해서 진상을 조사하고 히로시마 재판소에서 공판을 했는데, 이들은 증거불

△ 경복궁 안에 있는 명성황후 조난비(이승만 전 대통령의 휘호로 알려지고 있다).

충분이라는 이유로 전원 석방이 된다. 정말 어처구니없는 일이다.

그리고 그들의 입김으로 조선의 정부는 세 사람을 을미사변의 하수인으로 지명해 교수형에 처하게 된다. 세 사람이란 군부협판을 지낸 이주회, 박선, 윤석우이다. 당시 김홍집 내각은 사건의 하수인이 일본인들이라는 것을 알면서도 이 세 사람을 범인으로 조작했던 것이다.

박선은 당시 다른 죄목으로 감옥에 있었는데 금전문제로 어떤 여인과 옥신각신 끝에 술에 취해서,

"나는 신분이 높은 여자를 죽인 일도 있어!"

라고 한 말이 화근이 되어, 그에게 일본인으로 가장하고 경복궁에 들어간 것으로 혐의를 뒤집어씌운 것이다.

윤석우는 훈련대의 부위副尉(지금의 중위)로, 우연히 민비의 시신을 소각하는 옆을 지나다가 나중에 유골을 땅에 묻은 것밖에는 없다.

세번째로 이주회의 경우는 여러 가지 설이 있다. 그는 동학난 때의 공으로 일본군과 박영효의 추천으로 군부협판까지 오를 수가 있었는데, 이주회가 당시의 반주류파이기 때문에 진상을 폭로할 것 같아 처형했다는 것이며, 당일 그는

경복궁 가까운 곳에 살고 있었기 때문에 느닷없이 경복궁 안에서 일어난 총성을 듣고 평복을 입은 채로 경복궁 안으로 들어갔다는 것이다.

그러나 히로시마 재판에서 일본인들은 그가 처음부터 모의에 참가했으며, 사건 당일 새벽에 공덕리에서 일인들과 합류했다고 증언을 하고 있으나, 이에 대해 일부 역사가들은 일인들의 위증이라고 주장하고 있다.

한편, 진짜 범인인 우범선은 일본으로 망명했다가 민비의 심복이었던 고명근에게 암살당한다.

1897년 고종은 황제 즉위식을 올리면서 민비를 명성황후明成皇后로 추존하고 청량리 홍릉에 모셨다가 후에 금곡릉에 합장했다.

명성황후의 국장이 거행된 것은 을미사변이 일어난 지 2년 후인 1897년 11월이었다.

27. 대한제국과 덕수궁

요즈음 덕수궁 부지 내에 미국인 아파트를 짓느냐 못 짓느냐 하는 의론이 분분하다. 덕수궁은 대한제국의 마지막 궁궐로서, 고종 황제가 퇴위하고 함녕전에서 붕어할 때까지 기거하던 중요한 유적지이다.

궁궐 내에는 단층이나 2층짜리 한옥뿐이고, 모두 역사적으로 매우 가치있는

△ 덕수궁의 중화전과 석조전. 앞의 중층 건물은 석어당.

유적인데, 거기다 20여 층짜리 아파트를 짓다니 말도 안된다. 더구나 1905년 우리의 주권을 빼앗은 을사보호조약이 강요된 중명전의 바로 옆이라니 더욱 모욕감을 느낀다.

덕수궁의 옛 이름은 경운궁慶運宮이다. 경운궁은 원래 정릉동 행궁이었는데, 광해군 3년(1611)에 경운궁으로 불리게 되었다. 그런데 이 정릉동 행궁은 성종의 형인 월산대군의 옛집이 있던 곳이다.

선조 26년(1593) 10월 1일, 왕과 정부 일행은 벽제역을 떠나 미륵원에서 낮참을 하고 저녁에 정릉동 행궁에 들었으며, 하루를 지나 초사흘에는 월산대군의 경내가 협착하여 계림군의 집을 행궁에 포함했다고 당시의 〈조선왕조실록〉은 적고 있다.

그리고 궐내에 들어 있어야 할 각 관아는 처음에는 우선 궐문 밖 민가에 인접해서 두었다가 차츰 목책을 넓혀 세우고 문을 만들어 임시 궁성을 형성하여 여러 관아와 위사의 거처를 모두 궁성 내에 들어가게 했다. 임진왜란으로 인해 온 서울이 황폐한 상태여서 이 일대에 있는 왕손가를 위시한 민가들을 그대로 행궁의 경내에 포함시켰던 것이다. 또 그 옆에 있는 청양군 심의겸의 집을 동궁으로, 영상 심연원의 집을 종묘로 했던 것이니, 도성 안이 모두 황량한 중에도 이 정릉동 행궁이 자리잡은 부근만은 왕손과 고관들의 주택들이 그대로 남아 있었던 것을 알 수가 있다.

선조는 26년 10월 이곳을 행궁으로 삼은 후 41년(1608) 2월 승하할 때까지 이곳에서 내외정무를 보았으며, 뒤이어 왕위에 오른 광해군 역시 이곳 행궁 서청西廳에서 즉위하여 7년(1615) 4월 창덕궁으로 이어할 때까지 이곳을 왕궁으로 쓰고, 광해군 3년 10월에는 이곳을 정식으로 경운궁이라 부르게 되었다.

선조의 계비였던 인목대비와 광해군은 사이가 좋지 않았다. 인목대비의 아들인 영창대군을 폐하고 국구 김제남을 사사한 뒤 영창대군과 능창군을 해친 광해군이 경운궁을 떠나면서 경운궁 북잠에 군대를 주둔시켜 외부와의 접촉을 끊은 채 인목대비를 궁 안에 유폐시키고 말았다.

광해군 10년(1618), 인목대비의 대비 칭호를 폐지하고 서궁으로 부르게 될 무럽에는 경운궁의 이름 또한 서궁으로 부르게 되었으며, 광해군 12년(1620) 겨울에는 궁내의 각 관아를 헐어 그 목재와 기와 등을 내사에 옮겨두기도 하였으니, 다른 궁궐의 영건과는 반대로 경운궁은 하루하루 몰락의 길을 걸었던 것이다.

그러나 광해군 15년(1623) 계해반정과 함께 인조는 경운궁 별당, 즉 즉조당에서 인목대비의 명을 받들어 왕위에 나가기는 했지만 역시 황량한 모습의 경운궁이 싫었던지 이 궁에 거처하지 않았으며, 그해 7월에는 선조의 침전 두 곳 외에는 그 동안 30여 년간이나 궁성에 속했던 여러 가옥과 대지를 모두 본주인에게 돌려주었다. 이로써 경운궁은 그저 한 작은 별궁 정도로 축소되고 말았다.

고종 30년(1893) 10월 10일, 고종은 세자와 함께 경운궁 즉조당에 나가 전배하고 백만의 하례를 받은 다음 부근 대정동의 노인들을 불러모아 쌀을 하사한 일이 있었다.

고종의 이러한 경운궁 행차는 아마 난국을 앞에 놓고 다시금 3백 년 전 선왕이 국난을 치르던 일을 감회 깊게 생각했을 것이다. 또 갑오경장 때 경복궁에서의 곤욕을 생각하며 경운궁 이어를 결심하기 위해서였을지도 모른다.

고종 32년(1895), 을미사변이 일어난 지 4개월 만에 고종은 치밀한 사전 준비를 하고 이듬해 2월 11일 이른 아침에 왕태자와 함께 경복궁을 탈출하여 경운궁 근처 정동에 있는 러시아 공사관으로 파천했다.

고종의 이 아관파천은 친 러시아계 일부 인사들과의 계획에 의한 바도 있지만, 한편으로는 러시아 공사관이 경운궁에 이웃해 있음을 생각하여 미리 경운궁 이어를 의중에 두었던 것으로 보여진다.

고종의 아관파천과 동시에 만일의 사태에 대비하여 왕태후(헌종의 계비인 홍씨)와 태자비를 경운궁으로 옮겨가 있도록 했으며, 아관파천이 있은 5일 후에는 경운궁의 수리를 명했다. 공사는 9월 28일에 끝났으며, 이에 앞서 9월 4일에는 경복궁 집옥재에 봉안하고 있던 역대 왕의 어진을 경운궁으로 옮기고, 민비의 빈전을 경복궁에서 경운궁의 즉조당으로 옮겼다. 민비의 산릉이 청량리로 정해진 것은 이듬해인 건양 2년(1897) 1월 3일이다.

고종은 이해 2월 20일에 러시아 공사관을 떠나 경운궁으로 이어했다. 그리고

△ 1904년에 일어난 덕수궁 대화재(일본인들의 방화로 추정).

고종 황제의 칭제건원은 바로 이 경운궁에서 이루어졌다. 또한 고종은 그후에
도 여러 전각을 보수케 했는데, 광무 6년(1902)에는 중화전의 영건 등으로 궁궐
의 면모를 갖추게 됐다.

광무 8년(1904) 4월 14일, 경운궁에 큰불이 일어났다. 이 화재로 그 동안 영건
되었던 경운궁의 건물들이 거의 소실되고 말았다.

불은 황제가 거처하던 함녕전에서 일어났다. 함녕전에는 며칠 전부터 구들
을 고치는 공사가 진행중에 있었는데, 이날 구들을 말리느라고 땐 불이 온돌과
열로 전각에 옮겨붙어 일어난 것이다. 불은 때마침 불어오던 동북풍을 타고 크
게 번져 중층의 법전인 중화전·즉조당·석어당 등 중심부의 여러 전각과 관
아 및 소장된 여러 문적과 보화 등을 모두 태워버리고 다음날 새벽 4시쯤에야
가까스로 진화되었다. 그중에서도 고종은 인조의 즉위 기념으로 수백 년 동안
서까래 하나도 고치지 않고 그대로 보존해오던 즉조당의 소실을 가장 슬프고
애석하게 생각했다고 한다.

불이 나자 고종은 황태자와 함께 평성문을 나서서 수옥헌(중명전)으로 피난
했다. 이 수옥헌은 경운궁이 중창되기까지 고종이 편전으로 사용했으며, 어전

△ 화재 이후 재건되어 덕수궁 밖에 남아 있는 중명전(일명 수옥헌).

회의가 열리기도 했는데, 지금은 덕수궁 담장 밖에 있어 개인기업의 소유가 되었다.

한편 경운궁에 불이 나자 고종은 중신들을 수옥헌으로 불러 선후책을 의논했다. 여러 중신들은 성 안에 경복궁을 비롯한 여러 궁궐이 있으므로 그곳으로 이어할 것을 권했으나 고종은 특히 경운궁에 애착을 가지고 있었다.

"병신년에 짐이 경운궁에 이어할 때에도 즉조당이 있을 뿐이었소. 지금 궁성이 불에 타기는 했지만 가정당·숭덕전·구성헌이 있지 않은가. 짐이 보기에는 병신년 때보다 지금이 훨씬 좋은 편이오. 지금은 명성황후의 상중에 있는만큼 궁을 옮길 수는 더더욱 없는 일이오. 또 재정이 궁색하기는 하나 경운궁은 반드시 중건되어야 하오!"

고종은 경운궁의 중건을 서둘렀다.

고종이 1896년 러시아 공사관으로 파천했을 때 독립협회의 서재필을 비롯한 여러 사람들이 중국의 굴레를 벗어나 자주독립을 선포할 것을 상주했다. 중국 사신을 맞는 영은문 자리에 독립문을 세운 것도 이 무렵이다. 고종은 다음해 경운궁, 지금의 덕수궁으로 환궁하면서 여러 사람들의 건의를 받아들여 자주독

△ 고종 황제가 즉위식을 올린 원구단(석고단과 팔각정이 조선호텔 안에 남아 있다)(위). 조선호텔 내에 남아 있는 팔각정(아래).

립의 기틀을 튼튼히 하기 위해 국호를 조선왕국에서 대한제국으로 하고, 연호를 광무로 하며, 왕은 황제로서, 즉 천자天子로서 하늘에 제사를 지내는 원구단을 세우기로 하고, 이 남별궁 자리에 원구단을 세우게 했던 것이다.

지금 조선호텔 뒤뜰에 보면 팔각정이라는 이름으로 부르고 있는 황궁우라는 건물과 그 옆에 북 모양을 한 석고가 세 개 남아 있다. 이 일대가 사적 제157호로 지정돼 있는 원구단 터인데, 황궁우, 즉 팔각정은 원구단의 부속 건물로, 본래의 원구단은 지금의 조선호텔 로비에 해당하는 위치에 3층단으로 이루어졌으며 단마다 따로따로 화강암으로 다듬어진 돌난간이 둘러져 있었다고 한다.

원구단이란 농경사회에 있어서 천지와 자연에 대한 제사를 지내는 것으로, 중국의 천단을 본따서 광무 2년에 새로 지은 것인데, 당시 세간에 도는 말로 두돈 오푼짜리 백동전을 그대로 쌓아올린 것과 마찬가지로 건축비가 들었다고 한다. 이 단을 쌓아놓고 고종은 황제로서의 즉위식을 거행했고, 2년 전에 일본사람들 손에 시해당한 민비를 명성황후로 추존했다.

그런데 한 가지 재미있는 것은 청에 대한 사대를 폐지하고 종주권을 폐기하면서도 황제의 즉위는 중국의 예를 따라 천단을 세우고, 또한 경운궁의 정문의 이름을 중국의 천안문이란 이름 중 하늘 천天자에서 한 일一자 하나를 빼서 겸손하다는 의미로 큰 대大자를 써서 대안문으로 했다는 얘기가 있다. 물론 이것은 공식적인 기록으로 남긴 것이 아니고 속설로 전해내려오는 이야기일 뿐이다.

남별궁 자리에 천단을 쌓고 고종은 임금에서 황제로 즉위를 했다.

"짐은 황조의 선령에서 사뢰나이다. 지금은 시세가 크게 변하여 공사 공히 구태에 의하지 않고 신의 있는 우방이 밖에서 도우며 충실한 내신이 안에서 다지고…."

고종 황제는 이때의 즉위식에 대해 썩 마음 내켜하지 않았다고 한다. 그것은 이 황제 즉위식이 다분히 외세에 의한 것이었기 때문이다. 청·일전쟁에서 승리한 일본이 대한제국은 독립국이라고 하면서 청에 대한 대한제국의 종주권 행사를 견제하며 침략의 전제로써 조종하는 일이기 때문에 고종으로선 내키지 않는 일이었다.

즉위식이 있던 날 아침에 고종은 측근에게 전날 밤에 꾼 꿈 이야기를 했다. 어느 시대의 왕인지는 알 수가 없지만 한 선왕이 꿈속에 나타나서, 옛날부터 전해내려온 유풍을 갑자기 변혁한다는 일은 좋지 않은 일이라고 고종에게 화를 내며 돌아서더라는 것이다. 그래서 고종은 즉위식에 가야 할 시간이 다 되어서

도 머뭇거렸다는 것이다.

고종은 즉위식에 예정된 시간보다 훨씬 늦게 도착했다. 고종은 처음에 40명이 메고 가는 대련을 준비했는데 이것을 싫다 하고 네 사람이 메고 가는 소련을 타고 가겠다고 고집을 부렸다. 더군다나 천단으로 가는 도중에 철종의 부마인 박영효가 낙마를 하는 불상사가 일어났다. 이때 고종은 불길한 일이라고 하면서 크게 한숨을 내쉬었다고 한다. 이렇게 고종이 황제로 즉위한 다음 남별궁에는 황제로 즉위한 것을 축하하는 기념물이 세워지게 된다.

광무 3년에 원구단 경내에 천지의 신위를 모시는 황궁우를 완성했는데, 그해 12월 동짓날에는 천지의 신위에 태조고황제의 신위를 배 위로 모시고 배천대제를 거행했다. 그리고 고종이 즉위한 지 40주년을 기념해서 광무 6년(1902)에는 황궁우의 동쪽에 고종 황제의 성덕을 기리는 북 모양을 한 석고, 즉 돌북을 만들어 세웠는데, 이 석고 허리 부분에 조각된 용의 모양은 조선조 말기의 조각을 대표할 걸작의 하나라고 한다.

한편 러시아와 일본의 개전에 이어 내외 정세는 날이 갈수록 긴박해지고 궁

△ 1905년 을사보호조약을 반대하는 군중이 대안문 앞에 모여 있다.

궐 영건에 주력할 만한 여유도 없는 가운데, 광무 9년(1905) 9월 5일, 일본과 러시아가 강화조약을 체결하여 10월 15일 비준문서를 교환함으로써 러·일전쟁은 일본의 승리로 막을 내렸다.

전쟁 말기부터 조선을 보호국으로 만들 계획을 진행해온 일본은 미국·영국 등 이해관계가 있는 각국에 대하여 외교조치를 취하고 이토 히로부미를 조선으로 파견했다.

광무 9년(1905) 11월 9일, 이토 히로부미는 많은 수행원을 거느리고 부산에서 경부선으로 서울역에 도착했다. 그는 정동에 있는 손탁 호텔에 여장을 풀고, 그의 숙소를 경비한다는 핑계로 고종 황제가 있는 수옥헌 주변에 일본 군대를 풀어 포위한 가운데 을사보호조약을 체결할 것을 요구했다.

서울의 민심은 매우 소란했다. 이토 히로부미가 도착하던 날, 이용구·송병준 등이 주도하는 일진회는 일본이 외교권을 요구하는 것은 당연하고, 이를 반대하면 자멸할 수밖에 없다는 내용의 성명을 발표했다.

이토 히로부미는 도착한 다음날 일본공사 하야시 곤스케(林權助)를 거느리고

△ 대안문이 대한문으로 바뀐 다음의 고종 황제의 행차.

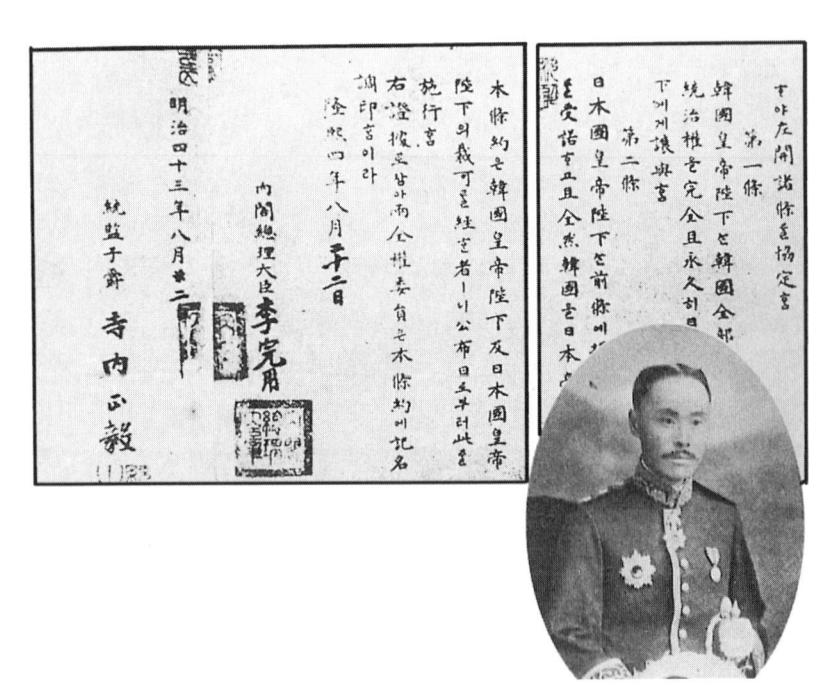

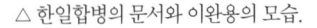

△ 한일합병의 문서와 이완용의 모습.

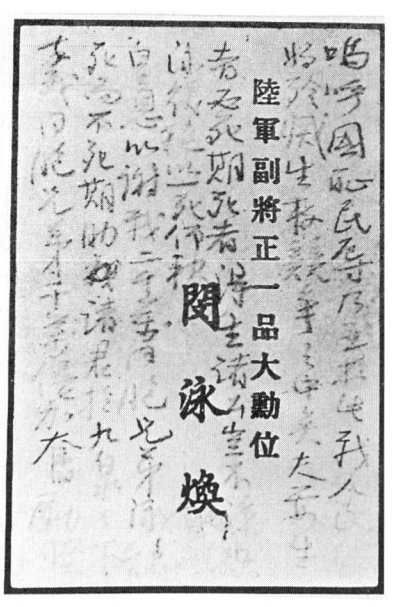

△ 을사보호조약을 반대하고 자결한 충정공 민영환과 그의 명함
에 적힌 유서.

경운궁 수옥헌으로 고종을 방문하여 일본 명치 천황의 친서를 전달했다. 그는
그후 인천 등지를 여행하고 돌아와 며칠 동안 뜸을 들인 후, 11월 15일 다시 수
옥헌을 방문하여 본격적인 회담에 들어갔다.

고종은 이토 히로부미의 요구에 대하여 단호히 거절했다.

"이 조약을 인정한다는 것은 나라가 망하는 것이나 다름없소이다. 나는 국가
에 순사할지언정 이를 인정할 수가 없소!"

그러나 이토 히로부미는 여러 대신들에게 회유와 협박을 되풀이하면서 이를
17일 오후에 어전회의로 몰고갔다.

이토 히로부미는 을사보호조약은 더이상 시일을 지연시킬 수가 없는 문제이
니 외부대신에게 칙명을 내려 하야시 공사와 타결을 보게 해달라고 하고, 한편
으로는 다른 대신들을 협박해 6 대 2로 가결됐다고 우겨 억지로 조약을 체결하
게 했는데, 이것이 11월 18일 새벽 두 시의 일이다.

그런데 최근에 규장각에 보관돼 있는 여러 가지 문서를 정리하는 가운데 일제에 의해서 강요된 이 을사조약이 국제법상 전적으로 무효라는 것이 밝혀졌다. 즉, 국가간에 조약이 체결될 때에는 국왕이 특명대사에게 위임장을 통해 권한을 맡기는 게 상례이고, 조약이 체결된 후에도 국왕의 비준절차가 필요한데, 이 을사조약이 체결된 당시 어느 문건에서도 고종의 위임장과 비준 증빙서류가 발견되지 않았다는 것이다. 지금은 이것이 국제법상 무효임을 증명할 수도 있고 주장할 수도 있으나, 1905년 당시에는 일제의 압력에 의해 을사보호조약은 그대로 체결되어 발표됐던 것이다.

강압에 의한 을사조약이 체결되고 이것이 발표되자 나라의 운명을 걱정하는 우국지사들의 항의가 잇달았다. 그때 민영환 선생은 부인의 장지인 용인에 갔다가 상경하자마자 을사보호조약을 반대하며, 특진관 조병세와 함께 정청, 즉 궁내부 앞마당에 멍석을 깔고 상소를 올리며 항의 연좌를 계속했다. 당시 대한제국은 일본의 헌병대와 합세해서 이 대안문 앞에서 정청을 하는 지사들을 문밖으로 내치곤 했다. 민영환 선생도 조병세 선생도, 모두 을사조약에 항의를 하다가 결국 자결을 하고 말았다.

이런 가운데 덕수궁의 재건공사는 계속 추진됐고, 을사조약이 체결된 다음해인 1906년 5월에는 대체로 완공을 보게 되었다. 그러나 고종은 계속해서 수옥헌에 머물고 있었다.

1907년 고종이 헤이그 밀사사건을 계획한 곳도 바로 이 덕수궁 담장 밖에 있는 수옥헌에서였다. 고종은 네 사람을 밀사로 선정했다. 이상설·이준·이위종, 그리고 아직까지도 이름이 밝혀지지 않는 또 한 사람 등 네 명은 수옥헌에서 고종의 밀명을 받았다. 그러나 고종은 러시아의 블라디보스토크에 가서 전에 군부대신까지 지낸 이용익을 만나 그가 시키는 대로 하라고 했을 뿐, 비밀보장을 위해 구체적인 이야기는 하지 않았다. 그리고 신임장은 별도로 이용익에게 밀송했다. 이용익은 이 무렵 일본 사람들의 압력에 못 이겨 블라디보스토크에 망명해 있었고, 고종과는 미리 연락이 있었다고 한다.

4월 중순 서울을 떠난 이들은 블라디보스토크에 가서야 네덜란드 헤이그에서 열리는 만국평화회의에 참석하라는 사명을 비로소 알게 되었다. 이들은 이용익을 만나 고종의 신임장을 받고 페테르스부르크를 거쳐 6월 24일 회의 장소인 네덜란드의 헤이그에 도착했는데, 이때 이름이 알려지지 않은 한 사람은 도중에서 탈락하고, 헤이그에 도착한 것은 세 명이었다.

그들은 러시아 주재 한국공사 이범진을 만나 고종의 친서를 니콜라이 2세에게 전달하도록 하고, 만국평화회의가 열리는 헤이그로 갔다. 이때 이범진의 아들 이위종이 이들과 합류했다. 이들은 만국평화회의 의장인 넬리도프Nelidov를 만나 회의에서 발언할 수 있는 기회를 달라고 요청했다.

한국의 밀사가 헤이그에 도착한 것을 알게 된 일본은 크게 놀라 넬리도프 의장과 주최국인 네덜란드 정부에 압력을 가하기 시작했다. 결국 네덜란드 정부는 한국 정부의 자주적인 외교권을 승인할 수 없다며 한국 대표의 회의 참석을 거부하고 말았다. 다행히 한국 대표는 평화회의를 계기로 열린 국제협회에서 연설할 기회를 갖고 한국의 입장을 호소했다. 그리고 '한국의 호소'라는 글이 미국의 〈인디펜던트〉 지에 실리게 되었다.

그러나 밀사들은 투숙한 숙소에 태극기를 게양하고 정식 외교사절단의 형식을 띠고 활약했으나, 일본은 전력을 다해 이들의 활동을 방해했으며, 한국인의 의사가 전달되지 않음에 안타까워하던 이준은 단식하다가 7월 14일 조국을 구해달라고 절규하면서 마침내 분사하고 말았다.

헤이그의 밀사사건이 터지자 일본의 정계는 당황했다. 이후로 그들은 한국 내정에 관한 전권을 장악하고자 그들의 침략 근성을 노골적으로 드러내기 시작했다.

이토 히로부미는 고종을 알현하고 이 사건에 대한 책임을 지라고 하며 양위를 강요했다. 매국 내각들도 이에 동조하지 않을 수가 없었다. 농상공부대신 송병준은 이 사태를 해결하기 위한 두 가지 책략에 대해 고종에게 진언했다.

"첫째는 폐하 스스로 일본의 천황을 방문하여 일본의 진의를 오해한 것을 사과하고, 황태자 전하의 교육을 일본에 의탁하는 것이며, 또 하나는 폐하 스스로 하세가와 대장의 군문에 사죄를 하는 것이옵니다."

경운궁에서 열렸던 어전회의에서 송병준의 발언이 있자 고종은 자리를 박차고 일어나면서 이렇게 탄식했다고 한다.

"짐이 농상공부대신 송병준의 인물됨을 잘못 보아왔군. 짐이 그대를 몇 년 전에 중용했더라면 나라가 이 지경에 이르지는 않았을 텐데!"

7월 22일 고종 황제는 황태자인 순종에게 양위하고 태황제가 되었으며, 그해 8월에는 경운궁의 궁호를 덕수궁으로 개칭했다.

28. 정동의 삼각지대 ① – 러시아 공사관

러시아 공사관과 덕수궁의 별관인 중명전, 민비가 총애했던 손탁 여사가 지은 손탁 호텔은 바로 대한제국 말기 역사의 삼각지대라고 할 수 있을 것이다.

지금 서울시청 근처의 높은 건물에서 정동 쪽을 바라보면 문화체육관 근처에 하얀 탑 모양의 작은 건물이 숲으로 둘러싸여 외롭게 서 있는 것이 보인다. 이것이 바로 19세기 말에 제정 러시아가 서울 한복판에 자리잡은 러시아 공사관 터로, 옛날에는 제법 큰 건물이었지만 한국전쟁 때 다 타버리고 탑만 덩그러니 남아 있다. 이곳은 대한제국 말 고종 황제가 1년간이나 머물러 있던 곳으로 지금은 사적 제253호로 지정돼 있다.

△ 현재 3층 탑만이 남아 있는 러시아 공사관.

△ 1890년대의 러시아 공사관 전경. 이곳에 고종 황제가 파천해 있었다(위). 러시아 공사관 안의 고종 황제의 거실(아래).

러시아 공사관 터에서 정동 큰길로 내려와 정동교회 쪽으로 가다 보면 왼쪽에 골목이 하나 있는데, 그 골목 안에 오래된 2층 양옥이 하나 서 있다. 이것이 서울시 유형문화재 제53호로 지정돼 있는 중명전(일명 수옥헌)이다. 이 건물은 본래 덕수궁 궐내에 세워진 최초의 양식 건물이었으나, 일제의 궁궐훼손 정책으로 덕수궁 밖으로 밀려난 것이다.

1904년 덕수궁이 불에 타자 고종 황제는 이곳 중명전에 기거하면서 1905년에는 일본 전권대사 이토 히로부미에게 을사보호조약을 강요당했다. 이때 이토 히로부미는 중명전 건너편에 있던 손탁 호텔에 머물면서, 정동에 주둔시킨 일본군대로 중명전을 포위하고 총칼과 대포로 고종 황제를 위협하여 조약을 강요했던 것이다.

먼저 러시아 공사관부터 살펴보기로 한다.

러시아와 우리나라가 수교를 하게 된 데에는 많은 우여곡절이 있었다. 러시아는 고종 즉위 초부터 함경북도 쪽에 출몰하면서 수호통상을 요구하고 여러 가지 말썽을 일으켰다. 조정에서는 그때까지만 해도 쇄국정책을 지켜오던 터라 여러 가지 핑계를 들어서 거절을 해왔다. 1876년에 일본의 무력으로 강화도에서 병자수호조약을 맺게 되고 일본의 세력이 한반도 전역에 걸쳐 침투해 들어오자 러시아는 여러 각도로 우리나라와 수호통상조약을 맺자고 졸라댔다. 그것은 우리나라의 항구가 겨울에도 얼지 않는 부동항不凍港이었기 때문에 그들이 계속해서 남쪽으로 내려오고 싶어했던 것이다.

우리나라는 청나라 이홍장의 권유로 1882년에 미국과 우호조약을 맺는 반면에 러시아에 대해서는 계속해서 거부하는 태도를 취하고 있었는데, 공교롭게도 역시 청국의 간섭으로 영국과 독일과도 우호조약을 맺게 됐다. 그러자 러시아는 북경에 있는 러시아 공사로 하여금 청국의 실력자인 이홍장에게 한국과의 수교를 알선해달라고 교섭을 해왔다. 그러나 전부터 러시아의 남진정책에 대해 달갑지 않게 생각했을 뿐 아니라 국경분쟁에서도 많은 영토를 러시아에 빼앗긴 이홍장은 이 교섭을 일언지하에 거절했다.

이때 한국과의 수교 교섭을 맡고 나선 사람이 바로 천진의 총영사로 있던 베베르란 사람이었다. 베베르는 이홍장을 거치지 않고 직접 한국에 나타났다. 이때 한국에는 독일사람 묄렌도르프가 이홍장의 추천으로 한국 정부의 고문 겸

△ 1905년 을사보호조약을 강요당했던 덕수궁 밖 중명전의 옛 모습(화재로 내부가 소실되기 전의 모습).

통리아문의 협판(총리부의 차관격)으로 있었다. 그의 한국 이름은 목인덕이었다. 한국 정부는 묄렌도르프의 말은 곧 이홍장의 말이나 다름이 없다고 생각하고 있었다. 그래서 베베르는 이 사람을 매수하기로 한 것이다.

묄렌도르프를 매수한 베베르는 묄렌도르프의 주선으로 1884년 7월 간단히 한국과의 수호조약을 체결하는 데 성공했다. 그리고 베베르는 그 다음해인 1885년 가을에 주한 대리공사 겸 총영사로 서울에 들어왔다. 그리고 자신의 처형인 손탁을 통해 민비와 고종의 신임을 얻어, 한국에 대한 이권획득 경쟁에서 청·일본과 함께 삼파전을 벌이게 된다.

수호조약을 체결하는 데 성공한 베베르는 러시아 공사관을 어디에 세우느냐 하는 데 고심한다. 당시의 외교관들은 경복궁에서 멀리 떨어져 있지 않은 정동에 모여 있었다. 미국 공사관, 영국 공사관이 모두 정동의 옛날 경운궁 근처에 몰려 있었다. 베베르는 정동에서도 제일 높은 언덕에 있는 운구터에 관심을 기울였다. 운구雲廐터라는 것은 말을 먹이고 기르는 마구간이란 뜻이다. 폭군으

△ 고종과 순종, 영친왕이 중명전 2층 창문으로 일본군의 시위를
내려다보고 있다.

로 유명한 연산군이 사냥을 좋아해서 대궐 안팎에 말 기르는 곳을 여러 군데 만
들었는데, 운구터도 그중의 하나였다. 이곳이 바로 정동의 명당자리였다.

베베르 공사는 여기에다 공사관을 짓기로 하고, 러시아인 건축기사 사바틴이
란 사람에게 설계를 하게 했다. 사바틴은 후에 독립협회가 중국에 사대하던 영
은문을 헐고 독립문을 세울 때, 파리의 개선문을 본따서 독립문을 설계한 사람
이다.

사바틴의 설계에 의한 르네상스식 건물인 러시아 공사관의 특징은 정동에서
도 제일 높은 지대에 3층의 탑을 세운 것이었다. 이 탑에 올라가보면 경복궁은
물론 주변의 다른 나라 공사관 뜰 안까지 내려다볼 수 있었다. 그리고 본관 안
에는 넓은 무도장을 만들어서 한국의 고관과 각국의 외교관들을 초대해 무도
회를 열곤 했는데, 고종 황제가 러시아 공관으로 파천했을 때 이 무도장이 고종
의 거실이 됐다. 그리고 언덕 아래에는 역시 파리의 개선문을 본딴 정문을 따로
만들어서 여러 나라의 외교 사신들을 압도하기도 했다.

◁ 고종이 러시아 공사관에 파천했을 때 일본군이 군대를 이끌고 와서 환궁을 강요하는 사진이라고 전해지고 있으나, 이 건물은 러시아 공사관이 아니다.

▽ 일본군이 러시아 공사관으로 대포를 끌고 와서 고종에게 환궁할 것을 강요하는 사진이라고 알려졌지만, 이곳 역시 러시아 공사관 앞이 아니다.

옛날에는 러시아를 아라사俄羅斯라고 했다.

1895년은 그야말로 격동의 한 해였다. 을미사변이 일어나 민비가 시해되고, 제3차 김홍집 내각이 성립되었으며, 이해 말에는 단발령斷髮令이 내려졌다.

단발령은 형식상 왕명으로 돼 있었으나, 실은 일본측의 압력과 친일파 각료들의 요구로 강행된 것이다. 따라서 단발에 대한 반발은 일본의 야욕과 친일파의 횡포에 대한 반발로, 을미사변으로 인한 민족적인 울분과 함께 작용하여 각처에서 의병의 봉기를 가져오게 했다.

김홍집 내각이 각종 개혁의 추진과 의병의 진압에 몰두하여 친위대의 병력을 지방으로 분산시키는 등 국내문제에 동분서주하고 있을 때, 러시아 공사관에서는 미묘한 변화가 일어나고 있었다.

먼저 1896년 1월 9일에는 전부터 전출설이 나돌고 있던 베베르의 후임이라는 스페이에르가 나타나고, 12일에는 이 두 사람이 함께 입궐하여 국왕을 알현했다. 그러나 베베르는 여전히 서울에 남아 있으면서, 2월 10일에는 갑자기 공사관 경비를 강화한다는 구실을 내세워 인천에 있던 러시아 군함에서 수병水兵 120명과 대포 1문, 탄약, 식량 등을 서울로 끌어들였다.

더구나 춘생문春生門 사건 이후 상해로 도피했던 이범진이 어느샌가 비밀리에 귀국하여 러시아 공사관에 들어와 있었다.

"베베르 공사, 일본의 세력을 축출하려면 먼저 김홍집 내각을 무너뜨려야 합니다. 대군주 폐하께서는 아직도 일본에 대한 미련을 버리지 못하고 계십니다."

"그것은 미련이 아니라 일본의 강압에 못 이기시는 겁니다."

"베베르 공사! 일본의 세력을 벗어나기 위해선 대군주 폐하를 이곳 러시아 공사관으로 모시고 개혁을 단행하는 길밖에는 없습니다."

"기꺼이 협력하죠. 그 대신 우리가 요구하는 여러 조건을 들어주셔야 합니다."

이렇게 해서 베베르 공사와 이범진 사이에 밀약이 성립되었다.

며칠 후 한 궁녀가 영추문을 빠져나와 몰래 러시아 공사관으로 들어갔다. 김상궁이었다.

"이 밀서를 대군주 폐하께 전해주시오."

밀서의 내용은 이러했다. 대원군과 친일파들은 을미사변을 일으켜 중전마마를 시해했음에도 불구하고 이제 다시 국왕 폐립의 음모를 추진중에 있다, 지금 폐하가 안전하고 종사를 보존할 수 있는 길은 국왕 폐하와 세자 전하께서 러시아 공사관으로 잠시 파천을 하고 친일파들을 타도하는 길밖에는 없다는 것이다.

"이 밀서를 엄비께 전하시오. 그러면 폐하께서 보시게 될 겁니다."

이때 이범진은 수문장들을 무마하기 위한 자금까지 건네주었다.

1896년 2월 11일, 고종은 나인이 타는 가마에 올라 그 앞에 박씨라는 궁녀를 태우고 영추문으로 향했다. 수문장들은 나인만을 확인하고 가마를 통과시켰다.

이렇게 해서 영추문을 빠져나온 왕과 왕세자는 그 길로 러시아 공사관으로 들어가 이완용과 이범진의 영접을 받았다.

그날로 고종은 경무관 안환을 러시아 공사관으로 불러 김홍집·유길준·정병하·조희연·장박 등 5대신을 역적으로 몰아 잡아죽일 것을 명령했다.

고종의 아관파천은 그 다음해 2월에 가서야 경운궁, 즉 덕수궁으로 환궁하게 된다.

이런 한말의 풍운의 역사를 지닌 러시아 공사관 터인만큼 사적으로 지정되는 것은 당연한 일이다. 항간에는 일본에서 발행된 어떤 사진첩을 근거로 고종 황제가 러시아 공사관에 파천해 있을 때 일본군이 군대를 이끌고 와서 협박을 했다는 사진이 유포되어 있다(336쪽 사진 참조). 그러나 이것은 러시아 공사관이 아니고, 고종 황제가 중명전에 있을 때 일본군의 협박으로 을사보호조약을 강요당할 때의 사진이다.

29. 정동의 삼각지대 ② - 손탁 호텔

정동이 구한말, 즉 대한제국 말기의 역사를 움직이게 한 삼각점의 무대가 된 것을 알기 위해서는 먼저 정동의 역사와 함께 개화의 열풍이 불던 시절을 되짚어보아야 한다.

정동은 태조 이성계의 계비 신덕왕후 강씨의 정릉貞陵이 이곳에 있었기 때문에 붙여진 이름이다. 신덕왕후는 상산부원군 강윤성의 딸로, 태조가 즉위하

△ 정동이란 이름의 유래가 된 정릉의 전경.

던 1392년에 계비로 책봉됐으며, 무안대군 방번, 의안대군 방석, 경순공주를 낳았다.

특히 태조의 깊은 사랑을 받아 의안대군 방석을 세자로 삼고 영화를 누리다가 태조 5년(1396) 8월에 세상을 떠났다. 이에 태조는 매우 상심하여 10일간이나 조회와 시정을 폐지하게 했다고 한다.

태조는 신덕왕후의 능지를 물색하다가 경복궁에서 바라다보이는 현재의 정동 4번지 영국 공사관 터를 선정했다. 이것은 한양 4대문 안에는 묘를 쓸 수 없다는 법을 위배하면서까지 강행했던 것으로, 태조가 강씨를 얼마나 총애했던가를 짐작케 한다.

태조는 친히 능침陵寢을 꾸미는 공사를 감독했고, 한편으로는 원당願堂으로 흥천사興天寺를 능 동쪽에 건립하게 했다.

태조 7년(1398) 8월, 이른바 왕자의 난을 일으킨 방원은 정도전과 남은을 제거하고 그의 형인 영안군으로 하여금 세자의 자리에 오르게 했다. 태조는 세자에게 양위하여 곧 정종이 즉위를 했다. 그러나 정종은 재위 2년 만에 다시 방원에게 왕위를 물려주니, 그가 바로 태종이다.

태종이 도읍을 다시 한양으로 옮긴 것이 태종 5년(1405)의 일이다.

태종 8년(1408)에 태조가 승하하자 태종은 그 다음해에 정릉을 옮길 것을 명했다.

"본디 도성 4대문 안에는 아무도 능침이나 사묘를 쓰지 않기로 돼 있는데 유독 신덕왕후의 정릉만이 왕궁 가까이 있는 것은 합당치 않은 일이니, 지관으로 하여금 적당한 곳을 물색해서 옮기도록 하라."

이리하여 정릉은 태종 9년에 현재의 정릉동으로 옮겨졌으나 종묘에 부묘祔廟하지 않아 오랫동안 그 존재조차 모르다가, 선조 때에 이르러 신덕왕후의 친정 후손이 국묘國墓 봉사자의 군역 면제에 따른 혜택을 보고자 제소하여 정릉의 소재 파악에 들어갔다. 이때 변계량의 이장축문에서 겨우 그 위치를 찾아 이장한 지 260년 만인 현종 10년(1669) 신덕왕후의 태묘배향을 계기로 본격적인 복구작업을 펴서 수호군과 모든 상설을 구비하게 되었다.

△ 1900년대 정동에 있던 외국 공사관 전경.

정동은 또한 서울 장안에서 제일 먼저 개화의 물결이 밀어닥친 곳이기도 하다.

1882년 한·미통상조약이 체결되면서 미국 공사 푸트 장군이 서울에 들어와 정동에 자리를 잡기 시작하면서 러시아·영국·프랑스 등도 제각기 정동에 터전을 잡았다.

한편 미국 북감리교회의 선교사 아펜젤러 목사와 함께 의사 스크랜턴 모자母子가 서울에 도착한 것은 고종 22년(1885) 6월이었다. 스크랜턴 부인은 아들이 경영하는 시병원施病院에서 인습과 봉건제도 속에 얽매여 있는 이 땅의 여성들에게 새로운 교육을 실시하기 위해 학교를 세울 생각이었다.

1886년 5월 31일, 한 양반집 부인이 스크랜턴 부인을 찾아왔다.

"선생님, 제 남편은 정부의 관직을 맡고 있는 사람입니다. 선생님께서 학교를 차리시고 학생을 구하신다는 말씀을 듣고 찾아왔습니다."

"댁의 자녀들을 저희 학교에 보내주시겠습니까?"

"저는 아직 학교에 보낼 만한 큰 아이가 없습니다. 공부를 하려는 것은 바로 접니다."

양반집 유부녀가 학교에 나와 공부를 하겠다고 하니 스크랜턴 부인은 놀라지 않을 수 없었다. 부인은 말을 계속했다.

"저는 집에서 부친께 한문과 언문을 조금 배웠습니다. 제 소망은 영어를 배워서 왕비마마를 위해 통변을 하는 일입니다. 그것은 제 남편을 위하는 일이기도 할 것입니다."

이 부인은 스크랜턴 부인이 세운 학교의 첫번째 학생이 되었다.

며칠 후에 조별단이라는, 열두 살 먹은 소녀가 학교를 찾아와 학생이 되었는데, 며칠 후에 그 소녀의 어머니가 학교로 찾아왔다.

"선생님, 저희 집 애를 내주십시오. 집으로 데리고 가야겠습니다."

"우리는 별단이에게 영어를 가르치고 산수도 가르치고 장차 훌륭한 여성을 만들려고 그러는데 어째서 집으로 데려가겠다고 하십니까?"

"안됩니다. 저희는 비록 가난하게 살고 있지만 별단이를 서양 귀신으로 만들 수는 없습니다."

"서양 귀신이라니, 그게 무슨 소립니까?"

"여기서 어린아이를 데려다가 영어나 몇 개 가르쳐서 서양으로 팔아버린다면서요?"

스크랜턴 부인은 별단이 어머니를 설득하는 데 진땀을 뺐다. 그리고 간신히 알아들은 별단이 어머니에게는 딸과 함께 학교에 있으면서 가정부 노릇을 해달라고 했다.

1886년 단 한 명의 학생으로 시작한 스크랜턴 부인의 학교는 바로 이화학당의 전신이었다.

이렇듯 어렵게 모인 학생들로 시작된 이화학당이지만 1886년 10월에는 4명으로 늘고 그해 말에는 7명이 되었는데, 이들 중에는 가문이 좋은 학생들도 있었다.

1890년대엔 금릉위金陵尉 박영효의 딸이 공부했다는 기록이 있는 것을 보면 개화된 양반의 자녀와 부인들도 와서 공부했다는 것을 알 수가 있다.

한편 정동에 여러 나라의 공사관이 들어서면서 손탁 호텔에 정동구락부貞洞

俱樂部라는 것이 등장한다.

덕수궁 돌담을 끼고 정동으로 들어서면 대법원이 있고 정동교회가 있으며 이화여고가 있다. 이 근처에는 구한말과 인연이 깊은 건물이 많이 있다. 바로 이화여고 부지 안에 정동에 있던 서울 최초의 호텔인 손탁 호텔과, 내외의 거물 정객들이 모이던 정동구락부가 있었다.

정동에 있던 손탁 호텔은 우리나라 구한말 이면사에 적지 않은 자취를 남긴 곳으로, 이 호텔의 주인인 손탁이 자신의 이름을 따서 붙인 이름이다.

손탁 호텔의 주인공인 손탁 여사가 한국에 온 것은 1885년 가을이다. 그녀가 당시로서는 서양문물과는 거리가 먼 한국에 어떻게 해서 오게 됐는지 그 동기는 알 수가 없으나, 표면상으로는 그의 동생의 남편인 베베르란 사람이 청나라 천진 총영사로 있을 때 한국에 와서 어렵사리 수호조약을 체결하고 대리공사 겸 총영사로 부임할 때 함께 온 것으로 돼 있다.

손탁의 혈통은 프랑스인이며 국적은 독일로 돼 있다. 손탁이 처음 서울에 들어왔을 때 나이는 서른두 살이었다. 그녀는 용모도 아름다운데다가 태도가 세련되었고 뛰어난 사교술을 가진 여성이었던 모양이다. 음악과 그림에도 조예가 깊었고, 당시 서울 주재 외교관들 사이에서는 상당히 인기가 높아서 사교계의 여왕으로 군림했다.

손탁이 서울에 와 있는 외교관들 사이에서 인기를 한몸에 받고 있다는 소문을 들은 민비는 러시아 공사 베베르의 소개로 손탁을 접견하게 되었다. 우리나라는 일본과 수교한 후로 갑자기 미국·독일·영국 그리고 조금 후이긴 해도 프랑스·이탈리아 등과 수교를 하게 되자 여러 나라의 외국사신들이 대궐에 출입을 하게 되고, 그들의 풍습에 익숙지 못한 궁중에서는 이들의 접대를 어떻게 해야 좋을지 막연하던 차에, 민비는 공사 부인이 아닌 개인 자격의 손탁에게 이러한 외국인 접대에 관한 일을 맡겨볼 생각이었던 것이다.

손탁을 접견한 민비는 그녀가 마음에 들었다. 그래서 손탁은 수시로 궁중에 드나들게 되었고, 서양의 역사와 간단한 회화며 풍습·제도, 그리고 음악·회화·서양요리에 이르기까지 전반을 민비에게 가르쳐주었다. 심지어 민비의 화장술까지도 코치했으며, 민비가 쓰는 향수까지 손탁이 모두 조달했다. 그뿐 아니라 창덕궁 안의 생활양식도 손탁에 의해 차츰 개량되었다고 한다. 말하자면 창덕궁 안에 개화의 바람을 일으킨 것이다.

창덕궁 안에 전기가 들어오자 생활양식도 이에 따라 변화를 가져오게 됐는데, 왕과 왕비가 거처하는 전각의 커튼을 비롯해서 실내 장식과 가구, 침대에 이르기까지 모두 손탁의 지휘로 개량이 이루어졌다.

손탁은 고종과 민비에게 서양요리를 제공하기도 했다. 고종은 손탁이 가져온 커피에 맛을 들여 애용하게 되었다. 그러나 고종이 이렇게 커피를 즐겨 마시다가 독차사건까지 일어났다. 김홍륙이란 자가 커피에 독을 타서 왕을 시해하려고 했던 것이다. 이 사건이 있은 후 고종은 궁중의 음식도 믿을 수가 없어서 손탁이 직접 조리하는 서양요리만 안심하고 먹었다고 하니, 고종과 민비가 손탁을 얼마나 신임했는지 짐작이 가고도 남는 일이다.

손탁이 고종과 민비의 신임을 얻게 되자 러시아 공사인 베베르 부부 또한 문지방이 닳도록 궁중에 드나들었다. 그들은 민씨 일파를 끌어들여 친러파를 만들었으며, 심지어는 민비와 베베르 공사부인이 중심이 돼서 모종의 한·러 비

▷ 정동에 있던 이화학당의 옛
모습.

▷ 그 후에 새로 세워진 이화학
당의 모습.

밀협정까지 준비돼 있었다는 말까지 나왔는데, 일본측이 이를 따지고 들자 민
비는 변명하느라 진땀을 흘렸다고 전해진다.

그 배경은 이러하다.

임오군란이 일어났을 때 난동을 진압한다는 명목으로 군사 개입을 한 청나
라에서 대원군을 납치하여 3년간이나 보정부에 감금했다. 대원군이 귀국한 것
은 3년 후인 1885년 8월로, 손탁이 서울에 들어온 것과 거의 같은 시기였다.

대원군과 함께 조선에 나온 원세개袁世凱는 북양대신인 이홍장의 세력을 믿
고 조선 정부에 여러 가지 요구를 하며, 마치 조선총독이라도 된 듯이 안하무인
격으로 행동했다.

원세개는 민씨의 정권을 사당私黨이라고 하며 그들의 축출을 고종에게 요구
했다. 그러나 고종이 그들의 말을 들을 리가 없었다. 그리고 고종은 이미 관직

◁ 정릉이 있었던 자리에 세워진 영국 공사관.

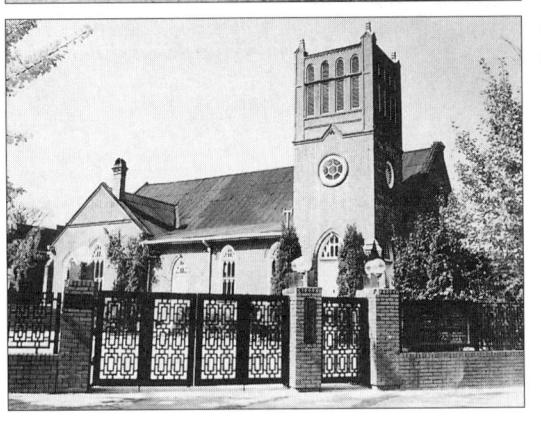

◁ 정동에 있는 최초의 서양식 건물인 정동교회.

에서 물러난 묄렌도르프와 손탁의 중개로 한국과 러시아 간의 비밀협정을 진행시키고 있었다. 그 내용인즉, 러시아는 조선왕국을 보호하고, 제3국과 분쟁이 일어나면 군함을 보내서 원조를 한다는 내용인데, 이 제3국이란 청국과 일본을 가리킨 것이다.

　이 비밀협정을 알아낸 원세개는 조선 정부에 강력히 항의했으나 정부에서는 전혀 모르는 사실이라며 발뺌을 했다.

　이때 원세개는 묄렌도르프를 귀국시키고 몇 사람의 관리를 귀양까지 보냈으나 손탁에게만은 손을 대지 못했다.

　얼마 후 손탁은 고종으로부터 정동 29번지에 있는 왕실 소유의 148평의 대지

△ 지금은 없어진 손탁 호텔의 옛 모습.

와 집 한 채를 하사받았다. 바로 러시아 공사관과 인접해 있는 땅이었다.

손탁은 고종에게서 하사받은 땅에 있던 집을 헐고 그 자리에 2층짜리 양옥집을 짓고 자신의 이름을 따서 '손탁 호텔' 이란 간판을 내걸었다. 2층에는 왕실의 귀빈을 위한 객실이 있고, 아래층에는 보통 객실과 식당·회의장 등을 마련했는데, 여기서 장안의 신사들에게 맛 좋은 커피를 끓여냈다고 한다.

당시만 해도 서울 장안에서 외국 귀빈이 머물 만한 곳은 정동의 손탁 호텔밖에는 없었다.

일본이 청국과의 전쟁을 일으킨 1894년경부터 이 손탁 호텔에는 한국의 유력인사와 외교관들이 모여 일종의 친목단체를 만들었는데, 그것을 정동구락부라고 했다.

이 정동구락부에서는 어떤 결의나 정치적인 일을 한 적은 없지만, 한국의 고관들과 외교관들이 친분을 두텁게 하는 데 큰 역할을 했다. 여기 모였던 멤버를 보면 민영환·서재필·이완용·윤치호·이봉래·이상재 선생들을 비롯해서, 미국 공사, 프랑스 공사, 언더우드, 아펜젤러 등 다양한 인사들이 많았다.

이 정동구락부의 특징은 회원 가운데 일본 사람은 한 명도 끼어 있지 않았다

△ 러·일전쟁으로 서울을 떠나는 러시아 공사관원들(손탁도 이들과 함께 서울을 떠났다).

는 사실이다.

　일본이 청·일전쟁에서 승리하여 한국을 마치 속국 다루듯 마구 주무르자 손탁 호텔을 근거로 하고 있던 정동구락부의 분위기는 자연히 일본을 배척하는 쪽으로 기울어졌다. 더구나 을미사변으로 민비가 일본인들에 의해 시해되자 정동구락부에 모인 모든 사람들이 일본을 규탄했고, 이 호텔의 주인인 손탁도 함께 〉일본을 규탄했다.

　한편 민비가 시해된 후 고종은 신변에 불안을 느껴 미국 공사에게 부탁해서 권총을 가져오게 한 뒤 거실에 두었고, 식사까지도 미국 공사관이나 러시아 공사관에서 만든 것을 가져다 들었다. 그리고 드디어 황태자와 엄비, 그리고 몇 사람의 나인을 데리고 러시아 공사관으로 파천하게 되는 것이다. 이때 손탁과 베베르 부인이 중요한 역할을 한 것은 물론이고, 러시아 공사관 안에서 고종의 처소를 마련하고 모든 식사에 이르기까지 고종의 수발을 든 것도 손탁이었다.

　러시아 공사관 안에서 1년 동안이나 답답한 생활을 한 뒤 덕수궁으로 환궁한 고종 황제는 파천하기 전보다 체중이 늘었다고 하니까 손탁이 얼마나 지성으로 모셨는지 알 수 있다.

　1904년에 러·일전쟁이 일어났다. 전쟁은 일본의 승리로 끝나고, 러시아가

△ 러·일전쟁을 치른 일본군이 서울 거리를 누비고 있다.

우리나라에서 물러가는 대신에 일본이 그 다음해에 보호조약을 체결하게 된다.

배후 세력이던 러시아가 물러나고, 왕실은 무력해졌으며, 정동구락부의 핵심 멤버였던 이완용은 친일파로 돌아서서 거들떠보지도 않게 되자 손탁 호텔엔 사람들의 발길이 끊어지고 말았다.

1909년 손탁은 손탁 호텔의 문을 닫고 25년 동안의 한국생활을 청산한 뒤 프랑스로 돌아간다.

서울에 남겨둔 손탁 호텔은 1917년에 이화학당이 매입하고, 1922년에는 낡은 건물을 헐어 그 자리에 3층 벽돌집을 짓고 이화학당 본부 건물로 쓰다가, 대학부가 신촌으로 이사를 간 다음에는 이화여중이 사용했다.

1971년부터는 서울예술고등학교가 사용해오다가 1975년 5월 12일 밤에 원인 모를 불로 타버리고 말았다. 지금 그 자리에 건물은 들어서지 않고 그대로 잔디밭으로 남아 있다.

정동에는 우리나라 개신교의 역사를 얘기해주는 정동교회가 있다. 지금 사적 제2566호로 지정돼 있는 정동교회는 우리나라 최초로 조영된 개신교의 예배당으로서 1896년에 준공되었다.

또한 1926년 7월 정동 1번지에 경성방송국이 기공되어 그해 12월 24일에 준공, 다음해 2월 16일 호출부호 JDDK로 우리나라 최초의 라디오 방송이 시작된 곳으로도 정동은 우리들의 역사에 한 페이지를 남기고 있다.

30. 광나루와 뚝섬

광나루는 동대문 밖에 있는 한강의 나루터로, 서울과 강 건너 남쪽을 잇는 유일한 나들목이었다. 광진廣津, 즉 광나루는 서울에서 한강을 건너 남쪽으로 나가는 첫번째의 나루터이다.

조선왕조가 성립되고, 이성계를 비롯한 막료들이 한양으로 천도하면서 가장 역점을 두었던 것은 수리와 조운시설이었다. 예부터 한강을 차지한 집단이 한

△ 겸재 정선이 그린 광나루의 옛 모습.

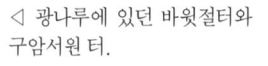
◁ 광나루를 나룻배로 건너다
니던 옛 사람들.

◁ 광나루에 있던 바윗절터와
구암서원 터.

반도의 중앙을 차지할 수 있었다는 말이 나올 만큼 한강은 한반도의 허리요, 한
강의 나루터는 한양의 심장이었다. 지금 광나루에 나가보면, 한강에서도 가장
구식이고 좁아서 쓸모가 없는 광진교와, 그래도 옛 냄새를 풍기는 버드나무집
이 남아 있는 게 다행이라고 생각할 만큼 옛 모습은 온데간데없어지고 말았다.

광나루는 한강의 남북을 연결시켜주는 길목으로 일찍이 상고시대부터 사람
들의 왕래가 많았다. 신석기 시대에는 북쪽에서 이주해온 민족의 일부가 지금
의 강동구 암사동 일대에 수혈식竪穴式 주거시설을 만들고 살았다. 광나루 건
너편 암사동의 신석기 시대의 유적지가 바로 이것이다.

암사동의 유적은 1925년 을축년 대홍수 때 한강변의 흙이 씻겨내려가면서
나타났고, 1970년대와 1980년대에 서울대학교에서 이곳을 여러 해 동안 발굴
하면서 많은 수혈식 움집터가 나타났다. 또 여기서는 많은 유물들이 출토됐는
데, 동물을 잡아먹기 위한 화살촉이라든가, 물고기를 잡기 위한 낚싯바늘이나,
그물에 달았던 그물추 같은 것이 나타나기도 했다.

고구려에서 갈라져 따로 나라를 세우고자 했던 온조왕은 처음에는 지금의 서울지방인 하북에 위례성을 쌓았다가 그후 지금의 강동구 천호동 일대인 하남으로 위례성을 옮기고 본격적인 국가 활동을 시작했다. 더구나 하남지방은 토지가 비옥하고 교통이 편리하여 많은 사람들이 모여들었고, 당시에는 민족의 이동이 계속되고 있었기 때문에 광나루의 교통로의 역할은 매우 컸던 것으로 짐작할 수 있다.

백제가 나라의 기틀을 잡고 북방민족과 대치하면서부터 광나루는 군사작전의 요충지가 됐고, 또한 선진문화를 수용하기 위한 외교·문화의 통로이기도 했다. 특히 고구려의 장수왕은 남하정책을 펴면서 백제로 들어가는 길목인 이곳으로 군대를 대거 투입하기도 했다. 396년에는 고구려 광개토대왕이 친히 수군을 거느리고 광나루를 건너 백제 도성까지 육박했고, 475년에는 장수왕이 3만여 명의 군사를 거느리고 나루를 건너 하남 위례성을 함락시키고 개로왕을 사살하자, 백제는 한강 유역을 버리고 금강을 중심으로 나라를 이끌어나갔다.

신라와 고구려가 왕래하는 중요한 길목이 된 곳도 바로 광나루이다.

신라 진흥왕 때, 이 지역을 차지하고 한산주를 설치하면서 이곳은 신라의 대북방 진출의 교두보 역할을 했다.

고구려의 온달 장군이 전사한 곳도 바로 광나루의 뒷산인 아차산성에서였다. 〈삼국사기〉 '열전'에는 온달 장군의 얘기를 다음과 같이 기록하고 있다.

온달은 고구려 평강왕 때의 사람으로, 그 용모가 기이하게 생겨 우스웠지만 마음만은 착했다. 그는 집이 몹시 가난하므로 항상 걸식하여 어머니를 봉양했고, 다 떨어진 옷과 낡은 신발을 신고 시정을 왕래하여 모든 사람들이 그를 보고 바보 온달이라고 했다. 이때 평강왕의 어린 공주가 울기를 잘하므로 왕은 희롱하는 말로,

"또 공주가 울고 있느냐? 너는 울기만 하여 내 귀를 요란스럽게 하니, 커서도 사대부의 아내가 될 수는 없으리라. 꼭 바보 온달에게나 시집보내겠다."

고 했다.

평강공주가 자라서 16세가 됐을 때, 왕이 공주를 상부의 고씨에게 시집보내려 하자 공주가 대답했다.

"아바마마께서 말씀하시기를, '너는 꼭 온달에게 시집보내겠다' 하옵더니 지금 무슨 까닭으로 먼저 하신 말씀을 고치시나이까. 필부도 오히려 식언을 하려고 아니하옵는데, 황차 지존하신 분의 말씀으로 어찌 그러할 수가 있사오니까?"

또한 공주는 다음과 같이 말하며 온달에게 시집가기를 고집했다.

"아바마마께서 입버릇처럼 하신 말씀을 어찌 희롱하는 말이라 하여 일조일석에 고치시옵니까?"

이윽고 공주는 귀중한 팔찌 열 개를 팔목에 차고 궁궐을 나와 온달의 집으로 향했다. 온달의 늙은 어머니는 공주를 보고 놀라며 말했다.

"내 아들은 가난하고 누추한 아이요, 귀인이 가까이 할 바가 못됩니다. 지금 그대의 향기로 보나 그 부드러운 손으로 보나 천하의 귀인 같은데 누구의 댁에서 오셨는지요? 내 아들은 굶주림을 참지 못하여 느릅나무 껍질을 벗기려고 산으로 갔습니다. 부디 댁으로 돌아가십시오."

그러나 공주는 아랑곳하지 않고 그를 찾아다니다가 마침내 산에서 내려오는 온달을 만났다.

"소녀는 아바마마의 뜻대로 온달님을 지아비로 모시고자 찾아다녔습니다."

"이곳은 어린 여자가 다닐 곳이 못 된다. 그런 말을 하는 것을 보니 사람이 아니고 필시 귀신일 것이다. 내게 가까이 오지 마라!"

이렇게 말하며 온달은 공주를 쫓아보냈다. 그러나 공주는 굽히지 않고 그들 모자를 찾아가 설득했다.

"옛 사람의 말에 한 말의 곡식이라도 찧을 수가 있고, 한 자의 베라도 꿰맬 수가 있다면 오히려 족하다 하였습니다. 진실로 한 마음 한 뜻이라면 기필코 부귀를 누려야만 같이 살 수 있겠습니까."

결국 온달은 공주를 맞아들일 수밖에 없었다. 그후 온달은 공주의 정성어린 내조를 받았고, 왕의 군사를 따라 배산의 들에서 적을 맞아 싸웠는데, 이때 온달이 선봉이 되어 공을 세웠고, 영양왕이 즉위하자 한강 이북의 땅을 회복하기 위해 왕에게 아뢰어 군사를 이끌고 신라로 쳐들어갔다. 온달은 기필코 문경과 조령의 서북 땅을 회복하기 전에는 돌아오지 않겠다고 맹세하고 싸움터로 나갔다.

온달은 신라군과 아단성, 즉 아차성 밑에서 싸우다가 적의 화살에 맞아 전사했다. 그런데 출상을 하려고 하니 관이 움직이질 않았다. 이에 공주가 아단성에 이르러 관을 어루만지며 말했다.

"장군님! 이제 죽고 사는 것은 결판이 났사오니 마음 놓고 돌아갑시다."

그러자 비로소 관이 움직여 출상할 수가 있었다. 문경과 조령을 회복하겠다던 온달은 광나루에 이르러 이곳을 건너지 못하고 죽음을 맞이했다.

광나루는 강폭이 넓은 곳에 있다고 해서 얻어진 이름인데〈동국여지승람〉'한성부 산천조'에 보면, 한강물이 광주 지경에 와서 도미진이 되고, 광진이 되고, 삼전도가 된다고 하여 광진의 위치가 광주 땅 도미진의 하류, 삼전도의 상류임을 말하고 있다. 또 '경기도 양주목조'에 보면, 광진의 또 다른 이름이 양진楊津이었던 것을 알 수가 있다. 양진, 즉 버드나무 나루의 이름은 강기슭에 버드나무가 많이 있었던 데서 연유했다. 지금도 광진교 북단에는 버드나무가 늘어선 숲길이 있고 그 숲 속에 유명한 버드나무집이 있다.

고려시대에 접어들면서 광진은 한강 이북과 중부지방을 잇는 교통의 요충지로서 큰 역할을 했다. 고려 태조 왕건이 후백제를 공격하러 안동지방으로 출정할 때 이곳을 도하하여 문경새재를 넘기도 했다.

광나루의 산수풍경은 매우 아름다웠다. 팔당에서 들어오는 물이 동호東湖, 즉 지금의 옥수동에서 돌아서 나가는데, 들어오는 물이 잘 보이고 나가는 물이 보이지 않는다고 해서 바로 명당이라고 했다.

뚝섬은 옛날부터 인심이 좋고 살기 좋은 곳이라고 했다. 한강의 윗강 중에서도 뚝섬에 있던 객주들은 굵직굵직한 것이 많았다고 한다.

객주란 객상주인이라는 뜻으로, 보행객주와 물상객주라는 것이 있었는데, 보행객주는 주막보다 고급이어서 객실과 대우가 월등해 중류 이상의 양반들이 유숙을 했다. 또 물상객주는 일종의 상업 금융기관으로서 중요한 기능을 가지고 있었다. 상품의 매매를 하는데 창고업·위탁판매업·운송업을 겸하고 있으며, 하루의 편의를 위해서 여숙업까지 하고 또 때로는 은행업까지 겸하고 있었다고 한다.

옛날 객주와 비슷한 업종으로 여각旅閣이라는 것이 있었는데, 여숙업을 전업으로 하는 보행객주와 상업거래를 하는 물상객주가 합해진 형태의 객주였으며, 주로 항만이나 강나루에 있었다. 뚝섬에는 한강의 윗강 중에서도 큼직한 여각들이 있었는데, 이들은 한강 상류에서 배들이 싣고 오는 통나무·뗏목·장작의 위탁판매를 했고, 장안의 목재 연료 등을 대곤 했다. 특히 이들 객주들은 장안의 왕족·귀족 또 부잣집과 단골을 맺어 일용품을 고정적으로 대주었고, 북촌의 높은 양반집과 거래를 갖고 있었기 때문에 지방에서 올라오는 매관배들이 세도가에 연줄을 대보려고 몰려들어 뚝섬 여각에는 그들의 발길이 끊일 날이 없었다.

반면에 뚝섬 사람들은 어떤 집에 저녁 짓는 연기가 굴뚝에서 올라오지 않으면 서로 추렴을 해서 찾아가 도와주었다고 하니, 장안 서민의 인심이 뚝섬만큼 좋은 데가 없었다.

뚝섬의 화양동이란 이름은 이곳에 바로 화양정華陽亭이란 정자가 있었기 때문에 붙여진 이름이다. 화양정이 있던 자리에는 고목나무가 된 느티나무 일곱 그루가 남아 있다.

뚝섬과 광나루 사이에는 낙천정樂天亭이 있었다. 지금의 자양 2동 446번지 부근에 위치해 있었다고 하는데, 왕이 자주 거둥하여 일명 대궐이라고도 불렸다. 낙천정의 정자가 퇴락하여 없어진 후에는 이곳 정자 터에 관운장의 영정을 모시고 어사각이라고 했는데, 이 앞을 지날 때는 누구나 말에서 내려 걸어가야 했다고 한다. 그렇지 않으면 말발굽이 땅에 붙어 꼼짝도 할 수가 없었다고 한다.

한편 낙천정은 높이가 44m나 되는 대산臺山 위에 세워졌는데, 정자가 이룩된 것은 세종 때이다. 세종은 상왕이 된 태종을 모시고 자주 이곳을 찾았으며, 늘

△ 이종무 장군이 정벌한 대마도의 한 풍경. 대마도 후나고시 근처에 세워져 있는 한국 전망대(맑은 날이면 부산이 보인다)에 세워진 최익현 선생의 순국 추모비.

상왕을 위로하는 주연을 베풀었다고 한다. 〈조선왕조실록〉 '세종 원년(1419) 5월조'를 보면, 5월 13일에 세종은 태종을 받들어 누선을 한강 상류에 띄워 화포를 시험하고, 권희달에게 명하여 그물로 고기를 잡게 하여 백사장에서 술잔치를 마련했다고 적혀 있다. 오늘날의 뚝섬유원지의 효시라고 할 수가 있다.

그런데 재미있는 것은 그해 5월 22일에는 상왕인 태종과 세종이 두모포 백사장에서 이종무 등 여섯 명의 장수를 전송하고 낙천정으로 갔다가 저물어서야 환궁했다는 기록이 있다. 이종무는 왜구들의 발호를 막기 위해 그들의 중계지인 대마도(쓰시마)를 정복하러 떠났던 것이다.

일본의 규슈 지방과 세토나이카이, 그리고 대마도에 있는 무사들이 무장을 하고 우리나라 연안에 쳐들어와, 경비가 허술한 틈을 타서 약탈을 일삼아 사찰과 서원 등의 문화재를 마구 실어내가기도 한 해적떼들을 왜구라고 했는데, 이들은 고려 말엽부터 극성을 떨더니 조선조 초에도 끊임없이 우리나라의 남해안과 서해안에 출몰했다.

이종무 장군이 대마도에 쳐들어가서 상륙한 곳은 대마도 중부에 있는 후나고시(船越)라는 포구였다. 이때 대마도 주민들은 그들의 해적선이 나갔다가 돌

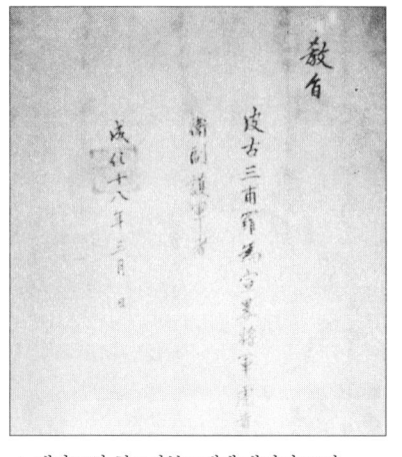
△ 대마도인 히코사부로에게 내려진 교지.

아오는 줄 알고 주민들이 포구로 나와 손을 흔들며 환영을 했다고 한다.

이종무 장군은 거침없이 상륙해 3일간이나 이 지방을 점령하고 드디어 항복을 받고 개선했다. 태종과 세종 역시 두모포에서 이들의 개선을 맞고 상을 내렸다고 한다.

그후 우리나라에서는 대마도의 무인 히코사부로라는 사람에게 호위장군이란 직책을 제수하는 교지를 내리고 왜구를 다스리게 했는데, 이 교지는 지금도 히코사부로의 후손이 소중히 간직하고 있다.

대마도는 일본 본토보다는 오히려 우리나라와 거리가 가까운 섬이다. 역사적으로 볼 때 종宗씨라는 성주가 섬을 다스리고 있었으며, 임진왜란이 일어났을 때는 선도역을 담당했고, 또 정유재란 후 강화를 할 때에는 그 중계역할을 하느라 국서까지 변조한 일도 있었다.

대마도와 우리나라와의 역사적인 관계는 임진왜란 훨씬 전으로 거슬러올라간다. 신라 때 일본에 인질로 간 미사흔 왕자를 무사히 탈출시킨 다음 자신은 일인들에게 잡혀 화형을 당한 박제상의 유허가 대마도의 북단 와니우라라는 곳에 그대로 남아 있다. 또 근세에 와서는 면암 최익현 선생이 의병을 이끌다가 일본 헌병에게 잡혀 유폐돼 있다가 순국한 곳이 대마도의 이즈하라라는 곳이다.

옛날부터 대마도에는 산업이 빈약해서 우리나라가 세견미를 주지 않으면 먹고살 수가 없는 곳이었으며, 일제 때만 해도 대마도의 아낙네들이 퍼머를 하기 위해 부산으로 다녀갔다고까지 한다.

또 대마도는 우리나라 문화의 영향을 많이 받았다. 대마도 말에 '도망갔소다' 라는 말이 있는데, 이 말은 어떤 사람의 소식이 끊어졌다, 행방불명이 됐다는 말로 쓰인다. "나카무라 상 도망갔소다요" 하면 '나카무라라는 사람, 요새

△ 뚝섬 역시 예전에는 배를 타고 건너야 했다.

소식도 없이 뭘 하는지 모르겠다' 라는 말로 쓰인다는 것이다.

또한 고종 황제의 고명딸인 덕혜옹주가 하강한 곳이 이 대마도 주인 종씨의 후손이었다.

뚝섬에는 고려 현종 때의 명장 강감찬 장군이 호랑이를 퇴치한 얘기가 있다. 강감찬 장군이 한양의 판관으로 있을 때의 일이다.

때마침 동교東郊(그때는 뚝섬을 동교라고 불렀다)에 호랑이가 나타나 사람을 물어 가고 관원이 다치는 등 호환이 있어 골치를 앓고 있었는데, 그 얘기를 들은 강감찬 장군은 3, 4일만 있으면 자신이 호랑이들을 말끔히 퇴치할 것이니 걱정 말라고 장담을 하는 것이었다.

한양부윤은 과연 3, 4일 안에 그렇게 될까 하고 한쪽 귀로 듣고 한쪽 귀로 흘려 버렸는데, 강감찬 판관은 아전에게 쪽지 한 장을 적어주며, 내일 새벽에 북동이란 곳을 가면 늙은 중이 바위 위에 앉아 있을 것이니 이 쪽지를 보이고 불러오라고 했다.

아전이 그 쪽지를 들고 북동에 가보니 과연 판관이 이른 대로 노승이 혼자 바위 위에 앉아 있었다. 아전이 강판관이 적어준 쪽지를 보였다. 그러자 노승은 아전

△ 뚝섬의 호랑이를 퇴치한 강감찬 장군의 모습.

을 따라 한양부로 찾아와 강판관을 보더니 공손히 절을 하고 머리를 조아리는 것이다. 이때 강감찬 판관은 느닷없이 큰소리로 호령을 했다.

"네 이놈! 네가 금수 중에서도 영물이라고 하는데, 어찌 그다지도 사람을 해치는가?"

노승은 그대로 머리를 조아리고 있을 뿐이었다. 강감찬 장군은 다시 노승에게 소리쳤다.

"내가 너한테 닷새 동안의 말미를 줄 터이니 네 무리를 이끌고 다른 곳으로 멀리 떠나거라! 만약 내 말을 듣지 않으면 너희들은 모두 내 화살을 받을 것이다."

강판관이 이렇게 호령을 하니 늙은 중은 머리를 조아리며 잘못했다고 사죄를 하는데, 부윤은 도무지 영문을 알 수가 없었다. 아무래도 강판관이 장난을 치고 있는 것 같아 판관에게 미쳤냐고 물으니, 강판관은 이 말에 아랑곳하지 않고 노승을 보며 너의 본 모습을 드러내 보이라고 호통을 쳤다. 그러자 일진의 바람과 함께 노승은 어느새 늙은 호랑이로 변해 으르렁대고 있는 것이다. 놀란 부윤이 사람 살려를 외치자 판관은 호랑이를 보며 그만 그치라고 했다. 그러자 호랑이는 다시 노승의 모습으로 돌아가더라는 것이다.

그리고 닷새 후에 부윤이 아전을 시켜 뚝섬 쪽으로 나가보게 했더니, 늙은 호랑이 한 마리가 여러 마리의 호랑이 무리를 이끌고 광나루를 건너 광주 쪽을 향해 산속 깊숙이 들어갔다고 한다. 그후 얼마 동안 한양에는 호환이 없어졌다고 한다.

31. 박가분 시절 - '구리무' 와 인력거

1920년대 우리나라에 국산 화장품이 처음 나오던 시절, 티호노프라는 백계 러시아인이 아코디언을 연주하고 골목골목을 누비며 '구리무' 와 '미안수' 를 팔고 다녔다. 그때 우리가 타고 다니던 것은 인력거가 주류였는데, '깍두기' 라는 청년이 빨간 나비 넥타이를 매고 여기저기 나타나서 화제를 뿌렸고, 50대의 여승이 전차를 무료로 타고 다니며 시국의 경박함을 대로에서 외치고 다녔다. 이런 시대를 '박가분 시절' 이라고 할까, 아무튼 지금 생각해보면 호랑이 담배 피던 시절의 이야기이다.

△ 화장품의 최대 구매층인 기생. 기생들은 몸에 해로운 줄 알면서도 납분을 발랐다.

우리나라에 개화바람이 불어닥치기 이전에 여성들이 쓰는 화장품이라고 하면 머리를 곱게 빗기 위한 동백기름, 분꽃의 씨를 곱게 빻아서 만든 분가루 등 천연에서 얻어지는 것, 그것도 우리의 생활 주변에서 쉽게 얻을 수 있는 것이 보통이었다.

머리를 매만질 때도 동백기름이나 아주까리 기름을 써서 행여 머리카락 하나 흐트러질세라 참빗으로 곱게 빗어서 찰싹 붙게 하는 것이었다.

몸을 닦는 데에도 옛날에는 비누가 없었으니 팥이나 녹두를 맷돌에 갈아서 그 가루를 한 줌 세숫대야에 풀어 거품을 일게 해 세수를 하고 몸을 씻었던 것이다. 이때 몸이나 얼굴에 남는 팥이나 녹두의 날비린내를 없애기 위해서 향내가 나는 꽃을 조금씩 몸에 발랐다고 하는데, 바로 오늘날의 향수와 같은 것이라고 할 것이다.

서민들은 분꽃의 씨를 빻아서 분가루를 만들어 사용했지만, 대궐에서는 어떤 화장품을 사용했을까? 개화 이전에 궁중에서 귀인이나 비빈이 어떤 분을 사용했는지에 관한 기록은 전혀 없으니 알 길이 없다.

다만 개화 이후에 대궐을 방문한 영국의 탐험가 비숍 여사가 민비를 배알하고 기록한 글에서 민비가 어떤 화장품을 사용했는지에 관한 기록이 한 가지 보인다.

민비의 어발御髮은 흑칠과 같으시고, 화장에 진주분을 사용하셔서 그러한지 옥안이 창백하게 보이며, 눈은 날카롭고 냉정했으며, 용모의 전체적인 인상이 기민하신 성격을 표시하셨다.

여기서 말하는 진주분이는 것은 진줏빛이 나는 고급 화장품으로, 서양에서 만들어 수입된 것임을 알 수가 있다.

당시 황실에서 민비에게 화장품을 제공하고 또 화장을 지도해준 사람은 1880년대에 들어와 있던 러시아 공사의 처형이 되는 손탁이었다. 손탁 여사는 민비에게 서양의 역사·풍속·식사·요리, 그밖에도 미술이나 음악에 관해서

도 가르쳐주었고, 당연히 화
장에 관한 것도 가르쳐주었
는데, 민비는 이에 대해서
대단히 흡족해했다고 한다.
그래서 손탁은 분은 물론이
고 향수에 이르기까지 모든
것을 공급하고 민비의 취향
까지 알아서 잘 보좌했다는
것이다.

팥비누, 녹두비누를 쓰다
가 사분이라는 이름의 비누
를 쓰게 된 것은 19세기 중
엽부터였다고 한다. 그러나
이것이 대중화되기까지는
상당한 시일이 걸렸다. 초기
에는 비누만 하더라도 무척
귀한 물건으로 여겼다고 한

△ 국모의 체면을 지키기 위해 화장에도 많은 신경을 쓰
던 명성황후 민비.

다. 그래서 대중화된 초기에도 화장비누를 사서 쓰는 사람들은 대개 형세 있는
사람들이었다. 그리고 이 화장비누에는 향료가 들어 있어서 사람들은 이러한
화장비누의 냄새에 대해 '멋쟁이 냄새'라는 별명을 붙이기도 했다.

그 당시 멋쟁이로 행세를 하려면 몸에서 화장비누 냄새를 풍겨야 하기 때문
에, 비누칠을 한 다음에도 일부러 비눗기를 남겨두고 세수를 함으로써 오래도
록 화장비누 냄새를 풍기게 했다고도 한다.

비누가 우리나라에 처음 들어온 것은 역시 북경을 거쳐 우리나라에 들어왔
던 천주교의 앙베르 주교를 비롯한 여러 신부들이었다. 의금부에 잡혀온 리델
신부는 자기 처소에 보관해두었던 비누를 가져오게 해서 비누 거품을 내며 세
수를 했는데, 포졸들이 이것을 보고 몹시 신기해했다는 기록도 남아 있다.

비누가 상품으로서 우리나라에 들어온 것은 1882년에 조선과 청나라가 체결한 무역협정이 조인된 후부터라고 할 수 있다.

그 다음해 상해와 인천 간의 정기항로가 트인 다음부터는 여러 가지 양품들이 앞을 다투어 우리나라에 들어왔고, 진고개에 일본 사람들이 가게를 차린 후 가장 불티나게 팔린 물건이 성냥과 난포, 그리고 비누였다고 한다.

청·일전쟁 직후 하루의 품삯이 80전이었는데 비누 한 개의 값은 1원이었다고 하니 대단한 귀중품이었던 것이다.

우리나라에 화장품이 들어왔을 때 어떤 사람들이 썼을까? 처음에는 대부분이 기생이나 창녀가 고작이었고, 나들이할 때 장옷으로 얼굴을 가리지 않았던 천민들, 한편으로는 그와는 정반대로 왕족이나 극히 개화된 상류층의 일부 부녀자들이 주로 사용하는 고객이었다. 그렇기 때문에 당시의 한국여성들은 시집갈 때 처음 화장을 하고 연지와 곤지를 찍어봤다고 하는 사람이 많았던 것이다. 그러다가 개방이 급속도로 진행되면서 1920년대에 들어서는 화장품 값이 엄청 뛰어올랐고, 그러한 외국의 비싼 상품에 대항하기 위해서 국산품 분이 나오기 시작했다. 이때 가장 보편적으로 사용했던 것이 바로 박가분朴家粉이라는 것이었다.

박가분은 네모반듯한 고형분인데 두께는 2~3mm 정도이고, 표면에 바둑판 모양으로 금이 가 있어서 이것을 한 조각씩 떼어내서 손바닥 위에 놓고 물을 몇 방울 떨어뜨려 잘 풀어 개어서 얼굴에 찍어 발랐던 것이다.

박가분은 값은 쌌지만 품질이 낮았기 때문에 서양에서 들여온 양분이나 일본서 들어온 왜분을 찾는 사람도 많았다. 창기들의 등급에도 양분기가 일등이고, 그 다음이 왜분기, 그리고 맨 끝이 연분기라고 했다. 이 연분鉛粉이라는 것은 납으로 만든 분으로 중독현상이 아주 심했다.

연분은 값이 싸고 얼굴에 잘 퍼져 한때 화류계 여성들 사이에서 인기가 대단했다. 납조각에 식초 기운을 쐬어서 보름쯤 계속해서 숯불에 달구어놓으면 납조각에 하얗게 납꽃이 피어난다. 이 납꽃가루를 긁어모아서 그것을 주성분으로 만든 것이 연분이다. 이 연분은 물이나 기름에 잘 녹아서 사람의 살갗에도 잘 퍼진다. 그래서 많은 사람들이 아무 생각 없이 썼는데, 이것을 계속해서 쓰면 납중독을 일으켜 피부는 푸르뎅뎅하게 썩어가고, 그것을 가리기 위해서 하루에도 몇 차례씩 두터운 화장을 해야 하니 점차로 중독이 심해져서 잇몸이 검게 되고 구토가 나며 관절이나 뇌세포까지 납중독이 스며들어 마침내는 정신이상이 된 기생들까지 속출했다고 한다.

이렇듯 연분의 해독은 너무나 심해서 일제시대에는 이런 연분을 추방하기 위해 일본의 화장품 회사가 애를 쓴 일도 있다.

1930년대에 서울에서는 까만 색안경을 쓰고 아코디언을 연주하며 화장품을 팔러 다니는 티호노프란 백계 러시아인이 있었다. 티호노프는 제정 러시아 때의 사람인데, 러시아에 공산혁명이 일어나자 국외로 탈출을 하거나 아니면 추방을 당해 외국에 나와서 살던 사람들을 공산 러시아의 사람과 구별하기 위해서 백계 러시아인이라고 했다.

나이는 약 50세, 빨간 머리에 빨간 수염을 길게 늘어뜨린 채 동그란 색안경을 코끝까지 내려쓰고 아코디언을 연주하며 골목을 찾아다니던 티호노프가 끌고 다니는 손수레에는 큼직한 생철통에 든 크림과 여러 가지 유리병에 든 미안수(스킨로션)가 가득 들어 있었다. 키는 작달막한데 수염은 가슴까지 내려오고, 생글생글 웃으며 아코디언을 연주하는 모습이 아주 경쾌했다.

△ 박가분이 나돌 무렵, 백계 러시아인이 아코디언을 연주하며 골목골목에서 구리무(크림)와 미안수(스킨로션)를 팔고 다녔다.

이 티호노프 영감은 자신이 특별한 처방으로 크림을 만들어서 가지고 다녔는데, 당시 상표가 있는 일본제 레에토 구리무나 우데나 구리무의 반값밖에 안됐다고 한다. 티호노프 영감은 우리말도 약간 할 줄 알아서, 골목 어귀에 와서 한참 아코디언을 연주하면서 우리말로 "예쁜이도 나와요, 복순이도 나와요, 누구든지 바르면 이뻐지는 구리무를 가지고 왔어요" 하면서, 모여드는 계집애 콧잔등이나 볼에 크림을 슬쩍 찍어서 발라주곤 했다. 크림을 살 때 크림병을 가지고 나오면 편편한 수저 같은 길쭉한 주걱으로 크림을 퍼서 병 속에 담는데, 반쯤 차면 크림병을 탁탁 쳐서 한 병 가득 채워주곤 했다. 값싼 화장품치고는 비교적 질이 좋아서 사람들에게 인기가 좋았다.

그런데 이 티호노프 영감이 골목마다 화장품을 팔러 다니는 것은 전에 동거하던 한국인 여인이 가출을 해서 그 여인을 찾아 돌아다닌다는 소문도 있었지만 그 진부는 알 길이 없고, 태평양전쟁이 막바지에 올랐을 때 슬그머니 자취를 감춰버리고 말았다.

이보다 앞서 일반 가정의 아낙네들은 쌀가루 한 홉과, 기장이나 조·옥수수 같은 곡식가루 한 홉을 섞어 곱게 가루를 내서 비단헝겊에다 걸러 분을 만들어 썼고, 또 분꽃씨를 가루를 내거나, 칡뿌리를 말려 곱게 빻아서 가루 낸 것을 얼굴에 바르는 것으로 만족을 했다.

처녀가 시집을 가는 날에는 비로소 연지 곤지 찍고 화장을 했는데, 연지라는 화장품은 오뉴월에 피는 홍람화의 꽃잎을 말려서 태웠다가 물에 재워 베수건으로 탕약을 짜듯 그 즙을 체에 걸러내어 굳힌 것을 다시 가루를 내서 짚이나 생목탄 등으로 태우면서 붉은색을 낸 것이다. 이런 과정을 두 번 거치면 두 번 홍紅, 세 번 거치면 세 번 홍이라고 해서 횟수를 거듭할수록 좋은 품질로 쳐주었다고 한다. 옛날 사람들이 인륜대사인 혼인 때 쓰는 연지인만큼 얼마나 정성을 들여 만들었는가를 알 수가 있다.

연지는 이렇듯 여러 번의 번거로운 과정을 거쳐서 만드는 것이기 때문에 값도 상당히 비싸서 여염집에서는 시집갈 때만 쓰고 보통 때는 쓰지 않았다. 또 옛날에는 분만 바르면 창녀요, 분을 바른 위에 연지로 입술을 칠하면 기생이라는 구별도 있었다고 한다.

옛 여인들은 눈썹을 그리는 것을 아주 중하게 여겼다. 눈썹을 그리는 화장품 역시 까다로운 공정을 거쳤는데, 목화의 자색꽃을 태운 재를 기름연기에 재서 참기름에 짓이겨 만들었다. 이것은 약간 푸른빛이 돈다고 해서 대청黛青이라고 불렀고, 또 보리깜부기와 솔잎을 태운 유연을 짓이겨 만든 것은 꽃자줏빛이 돌아 대갈黛褐이라고 했다.

이 대갈이나 대청을 가지고 눈썹을 그리는데, 눈썹의 가장자리는 족집게로 뽑아버리고 대청이나 대갈로 초승달처럼 그리는 것을 초생월 미眉라고 했으며, 뻐꾸기 앵미, 당나라 양귀비처럼 그렸다고 해서 당미, 하미霞眉 등으로 눈썹을 정성들여 곱게 그렸다.

연지며 대청·대갈 등 재래의 화장품들도 단절되지 않고 화장술과 함께 일관성있게 이어져내려왔더라면 동양적인 전통미의 화장술이 이어지지 않았을까 하는 아쉬움이 남는다.

어쨌든 옛날에 처녀는 시집가는 날에 처음으로 화장을 하는 경우가 많았다. 성혼 전의 처녀는 혼인날을 맞아서야 난생 처음으로 이마나 목덜미에 보송보송하게 피어난 솜털을, 양손에 명주실을 팽팽히 늘여서 벌려 잡고 그것을 살에 붙여 아래위로 밀면서 솜털을 뽑았다. 그리고 그 위에 비로소 분을 바르고 연지와 곤지를 찍고 머리 단장을 했다.

지금으로부터 100년 전만 하더라도 사람이 어깨에 메고 다니는 가마가 교통수단이었고, 사람이 끌고 다니는 인력거가 고급 교통수단이었다.

인력거는 순전히 일본에서 창안된 물건이다. 우리나라의 가마와 마찬가지로 말하자면 비인도적인 교통수단임에는 틀림없지만, 그래도 19세기 말에서 20세기 초에는 상당히 많은 사람이 이 인력거의 신세를 졌고, 제법 중요한 교통수단으로 큰 역할을 했던 것은 사실이다.

인력거는 1869년경에 일본인 다카야마 고스케(高山幸助) 등이 서양의 마차를 작게 해서 말 대신 사람이 끄는 것으로 개조해서 만들어낸 것이다.

이 인력거가 우리나라에 들어온 시기에 대해선 다음과 같은 두 가지 설이 있다.

그 하나는, 일본의 하나야마란 사람이 1894년에 일본으로부터 10대의 인력거를 들여와서 지금의 저동 근처인 영락정에 하나야마 조바(帳場)라는 것을 차려놓고 서울―인천 간과 서울 시내를 달리며 영업을 시작했는데, 이때의 인력거꾼은 일본 사람들을 데려다가 썼다는 것이다.

또 한 가지 설은 그보다 한 10년쯤 전인 1884년 3월, 그러니까 개화파의 김옥균·박영효 등이 갑신정변을 일으키기 조금 전의 일이다. 중국 상해에서 발행되는 〈신보申報〉라는 신문에 '조선의 근사近事'라는 기사가 실렸다. 즉, 조선국왕 철종의 사위인 박영효가 일본으로부터 비싼 값으로 승용마차 두 대를 사들여 거리를 왕래하고 있는데, 그 모양이 아주 화려하고 수백 년 이래 일찍이 없었던 일이란 기사였다.

그것을 보면 1884년에는 승용마차가 일본으로부터 수입된 것을 알 수가 있는데, 이 기사 끝에, 국왕이 일본으로부터 소차小車 수십 량을 사들여 외교관에게 1량씩 주어 타게 한 것은 일본 풍속을 따른 것이라는 기사가 있다. 여기에서 말한 소차라는 것이 바로 일본에서 발명된 인력거가 틀림없을 것이니, 일본의 인력거가 수입된 것은 승용마차와 같은 시기가 아닌가 하는 설이다. 아무튼 인력거는 상당히 빠른 시기에 일본으로부터 수입된 것이 틀림없는 것 같다.

처음 인력거가 우리나라에 수입됐을 때 국왕이 외국사신들에게 나눠주어 타게 했다는데, 외국사신뿐만 아니라 한국의 고관들도 주로 이 인력거를 자가용으로 타고 다녔다는 것은 쉽게 짐작할 수가 있는 일이다.

1909년 12월 22일, 당시의 총리대신 이완용이 베르기 황제의 추도식에 참석하기 위해 명동성당에 갔다가 돌아오는 길에 인력거 위에서 이재명이란 자에게 칼을 맞고 피살당할 뻔한 사건이 있었는데, 이것을 보더라도 구한말의 고관들이 대개 인력거를 타고 다녔다는 것을 알 수가 있다.

우리나라의 개화기에는 고관대작뿐만 아니고 의사가 왕진을 갈 때에도 이

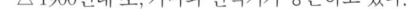
△ 1900년대 초, 가마와 인력거가 공존하고 있다.

인력거(그때 병원의 인력거는 자가용이었다)를 타고 왕진을 하면, 자가용인데도 환자의 집에서는 꼬박꼬박 차대를 지불했다고 한다.

인력거와 비슷한 시기에 우리나라에는 승용마차뿐 아니라 자전거도 도입됐다. 자전거는 명확한 연대는 알 수가 없지만, 미국과 일본에서 유학을 했던 윤치호가 미국서 돌아올 때 가지고 와서 타고 다녔던데 구경꾼들이 모여들어 모두들 신기하게 보았다고 한다. 윤치호가 미국에서 귀국한 것이 1883년과 1895년 두 차례였는데, 어느 때인지는 확실치 않다.

그러나 이보다 앞서 미국의 선교사들이 한국에 입국했을 때 자전거를 가지고 들어온 것은 충분히 짐작을 할 수가 있는 것이다.

1905년에는 인력거 영업단속규칙이라는 것이 공포되었다. 그만큼 이때는 인력거가 상당히 보급됐다는 것을 알 수가 있다.

조선 정부 경무청에서 인력거 영업단속규칙이 공포됐을 때 이와 함께 야간에 등화 없이 자전거를 타는 것을 금한다는 규칙도 생겼다. 그때의 도로는 형편

△ 1906년 이토 히로부미가 조선군 사령관 하세가와 대장(제2
대 조선총독)과 함께 승용마차를 타고 서울에 들어오고 있다.

△ 1911년 포드 자가용 두 대가 수입됐는데, 한 대는 조선총독
부에서, 또 한 대는 이왕직에서 수입하여 고종 황제가 사용했
다. 지금 창덕궁 내 어차고에 보존돼 있다.

없어서 자전거를 타고 가다가도 길이 나쁘면 자전거를 등에 메고 가야 했다.

인력거와 함께 수송수단으로 소가 끄는 소달구지가 급격히 보급되기도 했다. 그래서 정부의 고관을 지낸 사람들이 수레바퀴제조주식회사를 만들었는데, 사장에는 김기진, 부사장에는 민영환·한규설이 취임했다.

1911년 육상 운반수단의 통계를 보면 당시 자동차는 두 대뿐이고, 인력거가 1217대, 소달구지가 38,337대나 되고, 말수레는 585대, 승용마차는 110대밖에 안되었다. 그나마 인력거의 대부분은 서울에 있었다.

인력거는 고관대작이나 부자들만이 이용한 게 아니라 시골서 올라오는 기차 손님들도 많이 이용했다. 이 사람들이 서울역에서 내리면 처음 오는 경우가 많고 또 길을 잘 모르니까, 지리에 밝고 웬만한 골목에도 잘 들어갈 수 있는 인력거를 많이 이용했다.

그러나 인력거를 가장 손쉽게 애용했던 사람은 역시 명월관을 비롯한 서울 요릿집의 기생들이었다. 요릿집에 손님이 나타나면 요릿집 보이들이 손님에게 지명할 기생 이름을 묻는다. 기생들의 이름을 적은 명단을 초일기初日記라고 하는데, 요릿집에 단골로 다니는 손님은 우선 보이에게 초일기를 가져오라고 해서 지명을 한다. 그러면 보이는 인력거부에 전화를 걸거나 아니면 전속으로 있는 인력거를 기생집이나 권번으로 보내서 기생을 데려오게 하는 것이다.

요릿집에서 지휘를 받은 기생이 타고 요릿집으로 출근하는 교통기관이 바로 인력거이다. 인력거에는 일본말로 '호로', 즉 포장이 있어, 이름이 알려진 고귀한 분이 요릿집 나들이를 할 때는 얼굴을 숨기기 위해서 호로를 내리고, 또 기생이 혹시 낮에 인력거를 타고 다닐 때는 일부러 호로를 올린 채 지금의 오픈카처럼 하고 타고 다녔다. 기생은 얼굴이 간판이니까 선전 겸 해서 얼굴을 보이면서 인력거를 타고 다녔던 것이다. 또 어떤 시골 사람은 인력거를 탈 때 인력거 안이 너무 깨끗했기 때문에 신발을 벗고 올라탔다는 얘기도 전해내려온다.

인력거꾼은 초기에는 일본에서 일본인들을 데려다가 차부로 썼는데 나중에는 우리나라 사람으로 대신했다. 옛날의 운동회에서는 인력거꾼 출신이 언제나 달리기에서 일등을 했다.

인력거가 급행으로 가야 할 때는 앞에서 끌고 뒤에서 밀고 하는 식으로 더블로 운행을 하기도 했는데, 이것을 '두패지른다'고 했다. 또 인력거꾼 가운데에는 기생들의 끄나풀이나 기둥서방이 있는가 하면, 독립운동가들의 연락책노릇을 하는 학생들도 더러 있었기 때문에 인력거꾼이라도 함부로 무시를 못했다.

양반집 규수가 학교에 통학을 할 때에도 인력거를 탄 뒤 포장을 내렸고, 은행의 현금 수송에도 인력거가 이용됐다. 또 몰래 다니는 사람들이 많았기 때문에 포장을 내린 인력거는 일본 헌병이나 고등계 형사들이 일일이 검문을 하기도 했다.

해방 후에는 이 인력거를 어두컴컴한 골목 안에 세워두고 색시집을 찾는 손님을 실어나르기도 했는데, 6·25전쟁 이후로 인력거는 서울에서 완전히 모습을 감추었다.

32. 서울의 다방

　해방 후 1970년대까지 서울의 변두리든, 중심가든 어디를 가나 다방이 없는 곳이 없었고, 모든 만남은 다방에서 이루어졌다. 그러나 지금은 이 다방이라는 곳이 20세기의 유물이라고 할 정도로 명칭도, 모습도 많이 달라졌다.

　우리나라에 커피가 처음 들어온 것은 고종 19년(1882)부터 구미 각국과 수호조약을 체결하면서 외국사신들이 궁중에 드나들면서 처음으로 소개가 되었다.

△ 1914년에 개업한 조선호텔. 이곳의 커피숍은 당시 서울의 명물이었다.

◁ 지금의 한국은행 건너편에 있었던 양식당 아오키도(靑木堂). 이곳에서 양식뿐만 아니라 커피도 끓여 팔았다.

그때의 커피는 요즘 같은 원두커피나 인스턴트 커피가 아니라, 각설탕 속에 커피가루를 넣은 것이었다고 한다. 더운 물을 끓여서 그 속에다 각설탕을 몇 개 넣으면 먼저 설탕이 녹고 그 속의 커피가루가 퍼져서 빛깔이 나타나는 것이다.

특히 고종 황제가 커피를 즐기게 된 것은 1896년, 러시아 공사관으로 파천하면서 그곳에서 커피에 맛을 들였다고 한다.

커피가 일반대중에게 선을 보이게 된 것은 러시아 공사의 처형이 되는 손탁 여사가 고종에게서 하사받은 땅에다 '손탁 호텔'을 짓고 여기서 커피를 팔기 시작하면서부터였다.

손탁 호텔이 문을 닫은 후에는 일본 사람이 문을 연 '청목당' (일본말로는 '아오키도'라고 했다)이라는 양식당에서 커피를 끓여 팔았다. 이 청목당은 지금 한국은행 건너편 제일은행 옆에 있었는데, 아래층에서는 양주를 팔고 2층에서는 커피를 비롯한 양식을 팔았다고 한다.

소공동에 조선호텔이 생기기 전까지 청목당은 서울에서는 가장 첨단을 걷는 양식당으로 많은 사람들이 이곳을 찾았다고 한다. 그때는 지금처럼 다방에 마담이나 레지들이 생기기 전이라 돈 많은 귀공자들이 요릿집 기생을 데리고 청목당을 찾아가서 마실 줄도 모르는 쓴 커피를 마시며 데이트를 즐겼다고 한다.

청목당에 이어 서울 사람들에게 커피를 제공한 조선호텔은 서울철도호텔로 착공되어 1914년 9월에 준공, 10월부터 영업을 개시했다. 조선호텔은 우리나라에서 오랫동안 호텔의 대명사처럼 사용돼왔다. 처음 세워졌던 조선호텔의 객실 수는 69실이었다. 지금 관광호텔을 보면 5백 실 이상도 허다하지만, 당시로서는 동양의 일류호텔이었다.

서울에 지금과 같은 형태와 기능을 갖춘 다방이 생기기 시작한 것은 3·1운동 후라고 볼 수 있다. 그때 생겨난 것이 '신식新式'이란 말인데, 개화의 물결과 함께 서양의 문명이 고루 침투되어 어느덧 이 땅의 젊은이들에게도 차를 마시며 이야기할 수 있는 장소가 필요했던 것이다. 1923년에 명치정(명동)에는 '후다미'라는 우리나라 최초의 다방이 문을 열었고, 이어서 본정(진고개) 2정목에는 식료품점 '가메야' 안에 '금강산'이란 이름의 다방이 문을 열었다. 이 두 다방은 모두 일본 사람들이 경영했지만 서울의 다방으로서는 첫 테이프를 끊은 셈이다.

1920년대에 들어서면서 일본인들에 의한 다방이 명동과 충무로 쪽에 생긴 데 이어서, 우리나라 사람들이 연 다방은 역시 우리가 전통적으로 상권을 쥐고 있던 종로에 생기기 시작했다.

우리나라 사람에 의해서 제일 먼저 생긴 다방은 관훈동 입구 3층 벽돌집 아래층에 자리잡은

△ 관훈동에서 '까까듀' 다방을 경영하던 영화감독 이경손씨(맨 앞줄에 비스듬히 앉은 이).

'까까듀'라는 다방이었다. 이 다방을 연 사람은 당시 〈춘희〉〈장한몽〉 등을 만든 영화감독이며 소설, 동화를 쓰기도 한 이경손이란 사람이었다.

이경손이 하와이에서 데리고 온 미모의 여성과 함께 운영했던 '까까듀'에서는 이경손이 직접 커피를 끓여냈다. 실내장식을 보면, 커피 포대인 마포를 벽에 붙인 뒤 그 위에다 한국의 가면을 걸어놓고 촛불을 켜고, 간판에는 붉은 칠을 한 바가지 세 쪽을 달아놓았기 때문에 더욱 이채를 띤 다방이었다. 서울의 역사에 남을 만한 큰일을 한 이경손 감독이었지만, 다방 경영엔 익숙지 못해 수개월 만에 문을 닫고 상해를 거쳐 태국으로 가버렸다.

그뒤 1929년 11월 3일 '멕시코'라는 본격적인 다방이 종로 YMCA 옆에 생겼다. 이 다방의 주인은 일본 미술학교 도안과를 나온 배우 김용규와 역시 배우 심영이었다.

'멕시코' 다방 개업에 동참했던 인사를 보면 참 화려하다. 의자와 테이블, 실내장치 등을 도운 사람은 화가 도상봉, 사진작가 이해선, 무대장치가 구본웅과 김정환 등 모두가 동경 유학에서 돌아온 그야말로 일류 멋쟁이들이었다. '멕시코'는 간판부터가 특이했다. 희고 큰 간판에 'mexico'라고 영문으로 쓰고 간판 위에는 큼직한 물주전자를 매달아놓았다. 옛날 주막에 지붕 위로 장대에 용수를 매달아놓았던 데서 아이디어를 따온 것이 아닌가 하는 생각이 든다.

'멕시코' 다방은 커피만 마시는 게 아니라 양주도 50여 종을 구비해서 찾는 손님에게 실비로 제공했다. 손님들이 '멕시코' 다방을 연락장소로 많이 이용하자 따로 손님들의 메모를 맡아서 챙기는 아이를 두기도 했다. 춘원 이광수를 비롯해서 홍종인, 김을한, 도상봉, 이승만, 복혜숙, 서월영 등 서울 장안의 유명 인사들은 거의 다 '멕시코'를 찾았다. 그래서 주인 김용규는 늘 일본 고등계 형사들의 감시를 받았고 가끔 유치장 신세를 지기도 했다.

원래 이 다방은 젊은 문화인들에게 만남의 장소를 마련해주겠다는 생각으로 문을 연 것이었다. 따라서 돈 버는 데는 관심이 없었고, 젊은 예술인에게는 외상도 잘 주었다고 한다. 그때 커피 한 잔 값이 10전이었으니까 지금 돈으로 치면 거저 주는 것이나 다름없었다. 그래서 개업한 지 2년 만인 1931년 8월에 문을 닫을 때는 외상값이 무려 3500원이나 됐으며, 사인을 받은 전표가 구두상자로 하나 가득했다고 한다. 지금 3500원이라고 하면 감이 잘 안 잡히겠지만, 그때 팔판동이나 삼청동 같은 고급 주택지의 땅값이 평당 27원에서 30원 할 때였으니까 3500원이면 대지 150평을 살 수 있는 그런 돈이었다. 그러니까 지금으로 치면 몇 억쯤 되는 돈이다.

'멕시코' 다방은 3500원의 적자를 내고 문을 닫았지만, 소공동의 '낙랑樂浪파라'는 흑자를 내는 최초의 다방이 됐다는 전설을 남겼다. 1930년대에 접어들면서 지금의 소공동(그때는 하세가와 조(長谷川町)라고 했다)에 동경미술학교 도안과를 나온 이순석이 문을 연 다방이다.

이 '낙랑파라'는 그 동안 여러 사람이 경영하다가 모두 적자를 내고 문을 닫았는데, 오직 이순석씨만이 흑자를 냈다고 한다. 1930년대에 〈청색지〉라는 문예지에 '낙랑파라'가 성공한 원인에 대한 기사가 실렸다. 우선 장소를 대담한 곳에 앉힌 것이 의외로 성공해서 내지인, 즉 일본 손님까지도 끌 수 있었다는 것이다. 그때 한국 사람은 조센징 또는 센징, 즉 선인이라고 했고, 일본 사람들은 내지인이라고 불렀다. 그리고 종로 근처의 다방에는 기생들이 많이 출입했고, 따라서 주정꾼들이 많이 출입하는 것이 큰 폐단으로 돼 있었다는 것이다. 하지만 이곳에서는 다방을 찾는 손님의 취향을 맞출 수 있고 기분을 만족시켜준 데 성공의 원인이 있다고 분석을 하고 있다.

'낙랑파라'에서는 매주 금요일마다 명곡 감상회를 열었고, 또 여기서 러시아의 문호 투르게네프의 백년제까지 지냈다. 아무튼 이 다방은 그후에 배우 김연실이 맡아서 경영을 하다가, 장소를 소공동에서 명동으로 옮긴 후 해방을 맞게 됐다.

천재시인으로 잘 알려진 이상도 1933년 스물네 살 때 부인과 함께 종로 1가에 '제비'라는 다방을 개업했다. 이보다 앞서 '식스나인(6 · 9)'이란 다방의 실내장식까지 손을 댄 뒤 팔아넘기는 등, 그는 다방 경영에 관심이 많았고, 건축전문가로서도 일가견이 있었다. '제비' 역시 이상이 직접 실내장식을 했다. 고객은 주로 화가와 문인들이 많이 모였는데, 2년이 못 돼서 문을 닫는다.

그후에도 '쓰루' 라는 카페를 경영하려다가 실패한 이상은 그래도 단념하지 않고 1935년에는 명동에다 '무기(맥麥)', 우리말로는 보리라는 이름으로 문을 열게 된다. 이 '무기' 다방은 명동에 다방들이 밀집하기 시작한 효시가 되었다.

1933년에 이상이 '제비' 다방을 개업할 무렵, 영화연극인·화가·음악가·문인들이 여기저기에다 다방 문을 열었다. 대개 명동·충무로·종로 또는 소공동에 다방을 차려서 서울에 이른바 다방문화가 활짝 꽃핀 셈이다. 우선 소공동에 극작가 유치진씨가 '플라타너스' 라는 다방을 열고 여러 가지 문학행사를 했다. 또 당시 인기 절정에 있던 여배우 복혜숙씨가 인사동 입구에 '비너스' 라는 다방을 열었다. '비너스' 다방 안에는 그때로서는 이색적인 비너스 상을 세워놓았다.

명동에서는 왕년에 정구선수로 활약했고 또 토월회의 명배우로 이름을 날렸던 연학년이란 사람이 '트로이카' 라는 다방을 열었다. 이 다방에서는 러시아

△ 1935년 〈역습〉이란 영화에 주연으로 출연한 복혜숙씨는 인사동에서 '비너스' 란 다방을 열었다.

식 홍차에 모래사탕을 넣고 보드카를 타서 마시는 것이 일품이었다.

소공동에 있었던 '엘리사' 라는 다방은 음악평론가 김관이 주인이었는데, 역시 이 다방에서는 명곡을 틀어놓고 음악 감상에 도취하는 젊은 문화인들의 꿈의 전당이 되었다. 이 '엘리사' 다방은 외상 잘 주기고 유명해서, 그 때문인지 오래 가지는 못했다.

〈살수차〉〈한강〉 등의 영화를 제작한 영화감독 방한준씨도 명동에 '라일락' 이라는 다방을 차렸다. 이 다방 역시 '엘리사' 와 마찬가지로 외상 잘 주기로 유명했다. 초창기의 우리 다방들은 영리를 찾기보다는 멋스러움을 찾았고, 그 멋을 알아주는 손님을 고객이라기보다 동고동락하는 하나의 동지로 맞이했던 것이다. 요즘처럼 손님이 와서 의자에 앉기가 무섭게 물 한 컵 갖다놓고 주문부터 재촉하는 지금의 세태와는 전혀 다른, 말하자면 이것도 호랑이 담배 피던 시절의 얘기인지도 모르겠다.

1940년대를 전후해서는 다방의 규모도 조금 커지기는 했지만, 또 이때가 태평양전쟁의 말기에 해당하기 때문에 다방의 수난기라고도 할 수가 있다.

이때 유명했던 다방으로는 소공동서 장노세씨가 경영하던 '나전구' 가 있었고, 강석연이 경영하던 '미모사' 가 있었다. 나전구는 프랑스풍의 커피와 명곡을 틀어주었고, '미모사' 는 이름 그대로 굉장한 미인이 마담으로 있으면서 손님을 끌었다고 하는데, 이 '미모사' 의 마담이 다방 마담의 효시라고 보는 이도 있다.

다방의 분위기라면 뭐니뭐니해도 명동의 '휘가로' 를 들 수가 있다. '휘가로' 다방은 매주 금요일마다 특별한 프로를 정해서 명곡 감상회를 열었다.

원래 이 '휘가로' 다방은 생음악과 클래식만을 연주하는 다방이라 실내에는 의자가 겨우 석 줄밖에 안되는 좁은 공간인데, 분위기가 워낙 엄숙해 아무나 함부로 드나들기가 어려운 격조 높은 다방이었다.

1938년경 어느 날, 이 다방에서 젊은이들이 레코드의 노래를 따라 모두 함께 합창을 한 일이 있었다. 어두운 일요일, 즉 '글루미 선데이' 라는 노래였다. 그 당

△ 1930년대의 종로 중앙 YMCA 건물(이 근처에 한국인 다방이 많이 있었다).

시 명동을 사랑하던 이 땅의 젊은이들은 명동의 '휘가로' 다방에서 다미아의 노래를 들으며 흥분하고는 했다. 진종일 비가 쏟아지는 어두운 날, 흐느껴 우는 듯한 다미아의 노래가 젊은이들의 가슴을 거세게 뒤흔들어놓은 것이다.

'봄은 돌아와 꽃은 피어도/그대 가버린 쓸쓸한 방안에…'로 시작되는 '글루미선데이'는 첫줄부터 일제하에서 상처받은 이 땅의 젊은이들을 매혹시켰던 것이다. '휘가로'의 문은 방음을 위해 두꺼운 나무로 돼 있었다. 그 문이 잠깐씩 열릴 때마다 노래가 밖으로 새어나왔는데, 그때마다 늘 다미아의 '글루미선데이'가 흘러나왔다고 한다.

독일 나치의 세력이 커지면서 유럽에서는 제2차 세계대전의 검은 구름이 밀려오는 가운데, 그런 불안과 위기감을 배경으로 다미아의 노래는 세계의 젊은이들을 매혹시켰다.

1930년대 말의 우리나라는 어떠했을까? 1937년 중·일전쟁의 발발과 함께 일제는 이 땅의 젊은이들을 전쟁터로 몰아넣을 준비를 하고 있었다. 1938년 1월에는 조선육군 특별지원병제도라는 것을 만들고, 그해 3월에는 중등학교에서 조선어 과목을 폐지했다. 이러한 상황 속에서 다미아의 '글루미선데이' 는 마치 다미아가 이 땅의 젊은이들의 아픔과 슬픔을 대변하는 듯 애절한 감성으로 흐느끼며 노래를 불렀던 것이다.

그러나 이 노래도 후에는 적성국 노래라고 해서 일제에 의해 금지되고 말았다.

일제 말 명동이나 종로에 있던 다방도 전쟁 말기에 접어들면서 탄압을 받게 된다. '휘가로' 니 '오아시스' 등이 적성국 이름이라고 해서 '휘가로' 는 겨울 나그네, 즉 '후유노야도' 로 고치고, '오아시스' 는 '전원' 이라고 이름을 바꿔야 했다.

해방이 되면서 모든 시민들이 거리로 쏟아져나왔다. 멀리 이역만리에서 독립운동을 하던 지사들이 돌아왔고, 일본 경찰에 쫓겨 숨어다니던 사람들이며 세상이 싫어서 은거하던 사람들까지도 다 거리로 쏟아져나왔다.

서울 거리에는 이들을 위한 만남의 장소가 더욱 필요했고, 따라서 명동을 비롯해서 충무로 · 소공동 · 종로 등 번화가에 새로운 다방이 생기기 시작했다. 물론 그 대부분은 일본 사람들이 경영하던 다방을 인수해서 이름을 바꿔 문을 연 것이었다. 해방이 되면서 명동에서 제일 먼저 테이프를 끊은 곳은 고전음악 전문 다방인 '봉선화' 였다.

이어서 '리버티' '三一' '에덴' 이 문을 열었다. 그리고 손소희 · 전숙희 · 유부용의 세 여류에 의해서 '마돈나' 가 문을 열자 이 땅의 문인들은 거의 명동에서 살다시피 했다. '마돈나' 에 이어 '남강' '미네르바' '오아시스' '고향 라뿌름' '낙랑' '휘가로' 등이 옛 향수를 자아내게 했고, 서울 역전에 있던 '돌체' 가 명동 한복판으로 옮겨와 명동의 다방은 최고의 전성시대를 구가했다.

6 · 25전쟁 전만 해도 앞서 말한 다방 이외에 명동에는 '문예살롱' '모나리자' 등이 있었고 종로에는 '서라벌' 이, 그리고 서소문에는 '자연장' 이 있어서 음악과 멋진 분위기를 제공했다.

당시 명동의 다방을 사랑하던 문인들로는 수주 변영로 선생을 비롯해 오상

순·김동리·조연현·서정주·김광주·조지훈·구상·김진수·김수영·조덕송·김중희·조병화·박고석·이진섭씨 등이 있었으며, 연극인으로는 이해랑·이화삼·주선태·김승호·김동원·유치진씨 등 많은 인사들이 명동에서 지내다시피 했다.

6·25전쟁이 일어나자 명동에 모였던 문인들은 제각기 흩어졌다가 서울이 수복되면서 명동으로 돌아왔으나, 이미 명동은 완전히 폐허가 돼 있었다. 그래도 대구로 피난갔던 '모나리자'를 필두로 코주부 김용환씨가 '금붕어'를, 그리고 '돌체'가 다시 문을 열면서 명동은 문인과 예술인의 거리로 되살아났다.

명동의 다방들이 다시 살아나면서 1955년에는 지금의 외환은행이 있는 곳에서 명동으로 올라오는 골목에 '동방살롱'이 문을 열어 더욱 활기를 띠게 된다.

당시 문단에는 '문예살롱'파와 '모나리자'파가 있었는데, '모나리자'파의 문인들이 대거 '동방살롱'으로 이동해왔다. '동방살롱'을 경영하던 김동근씨가 한강 밤섬에서 있었던 문화인 카니발에 참석했다가 돌아오는 뱃길에서 작고한 다음 연극인 이해랑씨가 이 다방을 맡아 경영을 했다. 게다가 바로 국립극장이 지척에 있는지라 문인들 틈에 김승호·주선태·최남현·김동원·장민호·박암 등 많은 연극인이 '동방살롱'에 진을 치게 된다.

아침에 나와서 커피 한 잔을 마시고 다방 구석에 꼼짝하지 않고 앉아 있는 사람도 심심찮게 볼 수 있는 광경이었는데, 이런 사람을 가리켜 '벽화'라고 했다. '동방살롱'에는 문인, 연극인뿐만 아니라 화가, 음악인들도 많이 모였다. 백영수·천경자·변종화 화백, 김인수·임만수씨 등이 단골이었다.

'동방살롱' 바로 건너편에 있던 '할머니집'을 무대로 해서 박인환 작사, 이진섭 작곡의 명동의 샹송 '세월이 가면'이 탄생한다.

명동의 다방에서는 문인들과 예술인들이 모여서 차를 나누고 연락하는 것에 그치지 않고, 많은 문화행사가 이곳에서 열렸다. 시 낭송의 밤, 출판기념회, 종군화가들의 전시회, 시화전이 열리고, 조촐한 작곡 발표회가 있는가 하면, 해외로 떠나는 예술인을 위한 환송회, 귀국 보고회 등 다채로운 행사로 명동의 다방은 그야말로 종합예술의 마당 역할을 충분히 해냈다.

또 한편으로는 당시 명동의 다방에서 맞선을 보는 일도 곧잘 볼 수 있는 광경이었다. '나일구' 다방에서 있었던 얘기 하나를 소개한다.

어떤 남녀와 가족이 모인 맞선의 자리였는데, 이 자리를 주선하던 중년 여인이 홍차를 시키자 자리에 있던 여러 사람이 다들 따라서 홍차를 시켰다. 그때만 해도 홍차의 티백이 드물 때라 뜨거운 물과 티백을 놓고 어떻게 먹어야 할지 모르는 터여서 먼저 홍차를 시킨 부인이 티백을 뜯어서 홍차를 잔 속에 털어넣었다. 자리에 있던 신랑, 신부며 부모들도 뒤따라 티백을 뜯어서 홍차를 잔 속에 털어넣었다. 그 홍차가 잔 가득히 불어나자 맞선 보는 신랑, 신부는 결국 홍차에는 입도 못 대고 말았다. 옛날 명동에서 있었던 한 토막 촌극이었다.